日本遊歩録

旅の風景

佐子 武
Takeshi Sako

春秋社

旅——逃避と創造　まえがきにかえて

ある夏の日暮れ方、浜を歩いて塩屋埼に着いた。ここの民宿を予約してあった。民宿は、浜から少し入った小学校の脇にあった。小さい子供を二人抱えた二十代後半と思われる奥さんが切り盛りしていた。小さな民宿であったが時節がら大忙しであった。ご亭主は浜で海の家をやっているのだという。翌朝宿を出る時、奥さんがおみやげだといって一袋のワカメをくれた。私も慌ててバックの中からキャラメルを一箱取りだすと末の子にあげた。それから奥さんは「これからどちらにいらっしゃるのですか」と聞いた。私は「そこの岬を回って、浜が終わるまで歩いて行くのです」と答えた。すると、この奥さんは一息ついて「いいですねえ、自由で……」と言った。その言葉に実感がこもっていた。

それから私は岬を回って、じりじり焼ける砂の上を北に向かって歩いた。

旅は万人の憧れである。目的の一番に挙げられるのは日常からの脱出、逃避であろう。人間は日常生活の規約、責任、焦り、画策等で自身をがんじがらめにしている。たぶん本来のこころを多少ゆがめてしまっている。たまには異郷を訪ね、憂さを晴らさねばならない。

また日常の単一さにうんざりしている。旅に出なければならない。人は失意の人に「旅に出なさい」と勧める。旅には日常の窮屈さ、単調さ、そして「絶望感」から脱出させてくれる効果がある。旅は必需である。

私も日常の窮屈さを嫌って、たびたび旅に出る。多くは温泉地である。そして日常空間と喧騒と、いじけの解消を試みる。私は湯ヶ島の宿の露天風呂で対岸の暗闇に蛍が二つ、三つ飛ぶのを見る。心身ともに疲れ切った私は、一仕事終えたところでここに逃れて来たのだ。こういう時に、私は旅の恩恵をまざまざと感じる。これが旅なのだ。

そして私の個人的なことをいうと、ある時から風景写真を撮るのを趣味とし、さらにワークとするようになる。どこかに出かけなければ風景写真は撮れない。ここのところは句材を求めて旅をした芭蕉と同じである。普段の土日、連休はもちろん、出張の時もなるべく土日にかけて行き、近くの温泉地に出かけ、周辺の写真を撮る。そうした目的を持たない同僚たちは夜の街にばかり詳しくなる。

また、ある時期より紀行文を作るのを、もう一つの目的とするようになった。私の旅は、憂さ晴らしと同時に「創造」の時間と空間に変貌する。

可愛い子には旅をさせよ、のことわざがある。旅は人生修行でもある。だから私は青年が旅することを大いに推奨する。思索し、見聞を広め、新たな出会いのために旅がある。犬も歩けば棒に当たるということわざもある。知らない土地を行き、日常的ではない経験を積めば、己を拡張、深化することができる。

大雅も鉄斎も中国明時代の文人董其昌《とうきしょう》の「万巻の書を読み、万里の道を行き、以て画祖をなす」を己の心にして絵を描いた。偉大な画人が、旅を己の人生と仕事の基盤と位置付けたのである。

第1部は私が愛する地の「印象と論評」である。第2部は純粋な「紀行」である。旅から生まれた私のささやかな記録に、いくらかでもご共感いただければ有難い。

日本遊歩録　目次

第2部 日本紀行（抄）――二〇〇三年から

北日本編

［カバー写真］
表＝養老渓谷、裏＝日光連山、袖＝九十九里浜
［表紙・扉］
栃木県塩谷郡の峠道から

日本遊歩録——旅の風景

日光連山

第1部 日本風景抄

風景抄

山寺

一　潮来付近

初めて潮来《いたこ》を訪れたのは社会人になった早々で、もう三十年以上も前である。ＪＲ線で佐原《さわら》まで行き、そこからバスに乗った。バスは利根川に懸かる水郷大橋を渡ると三々五々釣り人がたむろする横利根《よこ》川に沿って北上し、霞ヶ浦から流れ出る常陸《ひたち》利根川を渡ったところで右折して潮来に着いた。コンクリートの堤防越しに、流れるでもない常陸利根川の水面を見ていると、なんともいえぬ情緒があった。江戸時代、潮来は繁盛した遊廓であった。街をスケッチした渡辺崋山の画帳が残っている。鹿島詣でのコースに組み込まれていたらしい。ここの遊女のサービスが良いので居着いてしまう江戸の若旦那もいたという。水の、なんともいえぬ惰気となまめかしさが、そうした話を裏付けているように思えるのであった。川に沿って聳えるポプラの木々も風情を添えていた。

ある時、潮来の先の鹿島神宮を訪ねた。境内で、ここの出身者である塚原卜伝《ぼくでん》を思い出し、「剣道場はどこにありますか」と地元の人に聞くと、「今日は剣道の先生の集まりがあるのですか」といって教えてくれた。なるほど私も強そうに見えるのだなと思ってまんざらでない気分であった。剣道場は内部に丸柱がいくつも立っていて、いかにも鹿島新當流の道場にふさわしい造りであった。

境内の観光の後、佐原に帰るためにバスに乗った。景色が段々寂しくなり、やがて遠くに川面が見え、それが夕日にきらきらと輝いていた。乗客が段々少なくなって、バスが止まり、終点だと告げられた。私はバスを間違えたことに気が付いた。着いたところは大野村といった。先ほどから芦原の先に輝いて見えていたのは常陸利根川でなく北浦であることが分かった。私はバスガイド嬢の指示にしたがって、そのままバスに乗り夕闇迫る鹿島神宮に戻った。

潮来十二橋の水路（昭和56年撮影）

私はある時期から風景写真を撮ることを趣味にするようになった。風景を撮るのなら潮来十二橋を撮らねばならない。十二橋というと、普通、潮来の船着き場より潮来船頭さんの棹さす舟で対岸に渡り、水門から農業用水路に入って、そこに懸かる十二の橋の下を行き、さらにその先の与田浦《よだうら》の手前で引き返す舟遊びをするのだが、写真を撮るのに舟に乗って橋を見上げても仕方がない。それに、時期はずれで観光客もなく、従って観光の舟も出ていない。とことこと歩いて上流の橋を渡り、十二橋の村に入って写真を撮った。冬日のもと、観光用の木の舟が係留されて連なる風景は、実に懐かしく心和むものがあった。

やがて鹿島線が出来て、ＪＲで潮来まで行けるようになった。ある日の午後、潮来駅に降りた。十二橋に行こうと思ったが、歩くのが面倒なのでタクシーに乗った。運転手に、付近に魚を食べる店はないかと聞くと与田浦の先のウナギ屋さんを紹介してくれた。食事を先にすることにして、そこに着けてもらった。野っぱらの一軒家で、小上がりに座ると窓から彼方に与田浦が見えた。一本つけてもらった。酒が強くない私は食事が終わると真っ赤になっていた。支払いを済ませて店を出るとき、若い女将さんが「どうぞお気をつけて」と言った。きっと、この人ふらふらして沼にはまらなければよいがと思ったのだろう。与田浦橋を渡ると、たもとから、おおーいと呼び止める声がする。駅まで行くのなら安くするから舟に乗ってゆけという。十二橋まで行きたいと言って値引きの交渉をしてから乗舟した。木の舟で、もちろんエンジンで走る。十二橋の村に着くと、もう陽が傾きかけている。写真を撮ろうとしてわざわざ来たが、もう目的は果たせそうにない。食事を先にしたのが失敗であった。実はそれよりびっくりしたことがある。この日、十二橋の水路はきれいに護岸し直されてしまっていた。もうこうなっては昔の風情はありようがない。いずれにしてもこの日の撮影行は失敗であった。

五浦の六角堂

その後、潮来を訪れて驚いた。町が全体に埃っぽく、がさがさしている。いつの間にか、忙しく車が通過する町に変貌していた。かつてここは、わざわざ訪ねてきて一泊するところであった。そして昔を懐かしむところであったろう。しかしJR線も乗り入れた。裏に鹿島臨海工業地帯ができ、東関東自動車道も開通した。あまりに便利になり過ぎて一泊する処ではなくなってしまったのである。ここは多分、アヤメの季節以外は序でに立ち寄るところになったのだ。そういえば、のぞき込む常陸利根川の水面もかつてのなまめかしさを失ったかに見えた。

二　五浦付近

若い頃に岡倉天心の『茶の本』を読み、大いに感激し、天心に私淑したせいだろう、私は後年、天心が晩年の住まいと定めた五浦《いづら》付近を徘徊することになる。

天心は自宅前の海に突き出た岩頭に法隆寺の夢殿を模して瞑想処としての小屋を建てた。六角堂と呼ばれている。敷地の入り口から海に向かうと、松林の先に六角堂の三角の瓦屋根が見える。私が初めて訪れた日、雨模様で海と空の見分けがつかなかった。波は荒く、岩に砕ける音がこの場所を被っていた。音は私にはうるさいほどであった。

天心は、押し寄せる西洋化の波に抗して、ひとり復古を試みた人である。特に西洋諸国の弱肉強食的なやり方を嫌悪した。しかし残念ながら、それは当時にあっては時代に逆行する姿であった。彼は、やがて世俗の戦いに敗れ、失意の晩年をおくる。彼は偉大な敗者であったろう。過剰な海の音は彼の溢れるような詩才と熱情に丁度釣り合っていたかに思える。

ある時、水戸市内の観光をした。夕方、水戸駅に戻ると、どこかに泊まってゆきたくなった。駅員に、この先で海のそばに泊まりたいが、どこがよいかと聞くと磯原の山海館《さんかいかん》がよいだろうと言われた。それで下りの鈍行列車に乗った。磯原に着いても、どうも降りる気がしないので、もう少し先に行くことにした。段々暗くなり、勿来《なこそ》に着く頃には真っ暗になった。線路はこの先、海から遠ざかるばかりである。そこで下車して、駅員に海の近くの宿を紹介してくれるよう頼むと、海の近くの旅館は「浦島」一軒しかないという。宿に連絡を入れてからタクシーに乗った。

旅館は勿来の浜が終わって岩場になるところに岩にへばりつくような格好で建っていた。正真の波打ち際である。きっと、この宿は海水浴の季節は大賑わいになるのだろう。この日、泊まり客は私一人だけらしかった。風呂に入って部屋に戻ると夕食の支度がしてあったが、お膳には海の幸が所狭しと並べられ、その豪華さにびっくりさせられた。先ほど電話で宿賃の交渉をした時、ここいらの相場としては少し高すぎる額で手を打ってしまったらしい。魚は隣の平潟港《ひらかたこう》で揚がるということであった。

常磐線は茨城県の北の方で海に沿って走っている。松林越しに海が見える。白砂青松《はくさせいしょう》という風景は私の憧れるところであり、地元の千葉県にはほとんど無い（背の低い松の防風林なら九十九里浜や南総にある）。私は常磐線の下り列車に乗って、よさそうなところを見つけると次の駅で降り、浜を歩いて一駅分戻ってくるような散歩を幾度か試みた。

そういう散歩の帰りだった。麦秋であった。

車窓より麦の実れる色見れば　心楽しくなりにけるかも

五浦の近くで泊まるところを探した。五浦に五浦観光ホテルがあるが、ここは一人客を泊めない。特に一時代前は東京近郊の観光旅館の多くが一人客を泊めなかった。儲けが少ないためで、罰当たりな風潮であった。

大石眞人《まひと》氏の温泉案内書で湯ノ網鉱泉を知った。田圃が終わって山になる所に二軒の宿があった。奥の小泉屋には若き日の尾崎士郎が滞在したという。古い形式の日本家屋である。私が生まれ育った家に似ているので、とても懐かしい。通路として使われる長い縁側、庭とのしきりは雨

「小泉屋」旅館

戸だけで、ガラス戸など無い。縁側に沿って部屋が並び、縁側と部屋は障子で、各部屋間は襖で仕切られている。こうした造りの客棟が二棟あって、母屋とは屋根付きの渡り廊下で繋がっている。ある時、消防が来て、非常口はどこかと女将さんに聞いたそうである。雨戸を開ければどこでも非常口だと女将さんが笑って話していた。

ここでカラスが鳴くのを聞くと、あれは「七つの子」のカラスではないかと思う。作詞者の野口雨情は、ここから一山越えた辺りの海辺（磯原）の人である。東京で働く雨情は郷里に残した我が子（先妻との子で、ちょうど七歳ぐらいだったらしい）を思って作ったという。

湯は沸かし湯である。古風なタイル張りの湯舟に漬かっていると、どこで覗いているのか「湯加減はいかがですか」というご亭主の声が必ずした。

私はある時、風呂場で年輩でやせ形の男と一緒になった。そう遠くない街に住んでいるらしい。少年の時、体を悪くして、母親に連れられて、ここに療養に来たことがあったという。もう一度訪ねてみたいと思い、ここら辺りだというので尋ね尋ね来たという。当時は、いつも混んでいて、しかも健康な人などいなかったそうだ。昔の人は病気になると病院に入院する代わりに、こういうところに来て療養したらしい。そういえば、ここでは朝になっても床をあげにこない。客はだいたい連泊するのだろう、昼間も床の中で横になっている。昔の慣習が、そのまま残っているのである。ある夏の朝、朝食を摂ってから床に入っていると裏の松山で蝉が鳴き出し、それが全山で鳴き出し、もう私は蟬の声の中に棲息しているような心地であった。

三　養老渓谷

小学校の五年生ぐらいの時だったろう、学校で写生大会があって養老渓谷に行った。小湊《こみなと》鉄道の養老渓谷駅で降り、渓谷をハイキングし、その後写生をした。私はその時、何とよいところだろう、僕は将来ここに別荘を建てて住みたいと思った。個人の好みというのは生まれながらに変わらないように思う。私の内なるものが、初めて見る日本的というか、東洋的景観に共鳴したようだ。

次に訪れたのは社会人になってからである。渓流の脇に柿がたわわに実っていた。月曜日で人の姿もなかったので、手頃な枯れ枝を拾って何個か落とし、一つ食べてみたら渋かった。ここら辺りは渋柿が多いようだ。近くには干し柿を生産している農家もある。メインの探勝コース（中瀬遊歩道、往路三十分程）を歩いた帰りに吊り橋のところまで戻ると「養老渓谷ハイキングコース」の標示があった。地元の人に尋ねると、一時間半くらい要し、これから歩くのは無理だと言われた。もう、日が暮れかかっていた。

渓谷は厚い凝灰岩層を渓流が浸食して出来ており、横縞のある崖がいたるところに露出し、そこから清水がしたたり落ちている。この岩の壁を見上げて歩くのがハイキングコースのハイライトである。またこの付近では、凝灰岩の壁を穿った隧道を、あちこちに見ることができる。私はある時ハイキングコースの道を間違え、隧道が二つ連なる美しい光景に出くわした。実に東洋的で神秘的な光景であった。そこには人間と自然の慎ましい関係を読みとることができた。しかし近年、これら隧道の多くが、その内側をコンクリートの吹き付け被覆された。それは人間が自然を従えてしまった姿である。景観としても醜悪である。ハイキングコースにおける東洋的美しさの主要部分が消失したといえる。

そういえば、メインの探勝コースの真ん中に弘文洞《こうぶんどう》という名勝があった。支流（小川）が本流に合する両側が高い崖になっており上の方で繋がって天然の橋を作っていた。橋の上には草木が茂っていた。全体が洞を成し、雄大な風景であった（実は、これは耕地開拓のために穿たれた隧道であるという）。ある時、この天然の橋が突然落ちた。渓谷の目玉であった景観は一瞬にして失われた。こちらの東洋的景観は自然消滅であった。

近頃では千葉県でもボーリングにより各所で温泉が出るようになったが、古くからの温泉というとほんの僅かしかない。しかも皆、低温泉（鉱泉）である。養老渓谷は千葉県を代表する古くからの温泉である。湯は黒い。ここでは大正元年に天然ガスが噴出した。続いて大正三年に井戸から鉱泉が湧出した。丁度よいので天然ガスで鉱泉を加熱し、入浴用にした。かつて養老館では、天然ガスを燃やして浴室の灯りにもしていたという。平和な山里にふさわしい温泉の構成である。

養老渓谷に行く道路——特に内陸の中心地である上総牛久《かずさうしく》と渓谷の間——は実によい。牛久辺りからだんだん山地になってゆくのだが、高かろうはずがない房総の山地の一番低いところを川も道路も鉄道も走っている。美しく平和な車道である。紅葉たけなわの土日以外はいたって閑散としている。

養老渓谷の近くに梅ヶ瀬渓谷がある。ここは養老渓谷を小規模にしたような谷が、深く細く延々と続いている。明治十年代、宮崎県の人で陸軍省を辞した漢学者日高誠実《ひだかのぶざね》がこの地を千葉県より借り受け、梅が瀬と名付けて理想郷作りに当たったという。渓谷の奥に私塾を作り、寄宿舎には常時多くの子弟がいたと伝えられる。梅ヶ瀬川は養老川の支流で、この辺りではひと飛びで飛び越せそうな川幅でしかない。茶店のある入り口のところから往復二時間半のハイキングコースである。いったん山（大福山）に登り、帰りに渓谷に下りる周回コースもある。そして渓谷の最奥に塾の跡がある。日高大人《たいじん》が、なぜこんな山深いところに居を構えたか私には理解し難い。道も平坦ではない、渓流をあちらに飛び、こちらに飛んでようやくたどり着くようなところである。これは隠士の住みかである。上総一帯の青年の多くが彼を慕い、庵を訪ね、教えを乞うたという。これは江戸期の文人画が描くところの世界である。もはや、とうの昔に失われた風景である。

四　伊豆

写真家の田畑君の家は富戸《ふと》にある。伊豆急の駅から少し下りたところで、一番下まで下りると漁港である。この村は全体が急な斜面になっている。各家は上から下まで段々状に建っている。田畑君の家の居間からは相模湾が一望できる。正面は大島である。私は仕事の関係で訪れ、その度に、この景色に感嘆する。

富戸は温かい。真冬でも昼間ならストーブがいらない。ところがである、そこから車で二〇分も山に入れば雪が根雪になって残っている。つまり海から急勾配で上がって高山を成しているのである。伊豆では雪国と南国が同居している。

伊東の松川河口付近は、いかにも温泉街らしい雰囲気がある。ここに東海館、いな葉という文化財になりそうな二軒の旅館が並んでいる。両者とも木造三階建てで、東海館の屋上には方形の、

「東海館」(左)と「いな葉」

いな葉にはドーム型の望楼が載っている。東海館にはずっと以前に泊まった。残念ながら温泉が枯れて廃業し、今は市の管理になっている。ここの内部造作は見事である。いな葉の方は今なお健在である。懐石風の料理がうまい。私がここに二度目に泊まった時、ちょうど伊東の地震騒ぎの時で、寝ていると、どーんと地震が来るのであった。私は目を覚まし、ここが古い木造三階建てであることを思うと心地よいものではなかった。

下田駅近くの魚料理店「なかがわ」はおすすめの店である。伊豆の温泉に一泊した翌日は、わざわざ下田に出て、その一時間半ぐらい後に出る踊り子号を予約してから、なかがわに行き、刺身の盛り合わせと定食とお酒を注文し、充分に酔っぱらったところで踊り子号に乗り込むというのが伊豆訪問時の毎度のパターンであった。魚は地のものばかりで値段も安い。

庄屋の屋敷を改装した大沢温泉ホテルはいつ泊まっても気持ちのよい宿だ。なんといっても、この土地の隠れ里のようなシチュエーションがよい。松崎街道から少し入っていて、緑の山に囲まれている。そして宿の端正な建築——座敷の造作も池の作りも、これぞ日本の家だと思わせるものがある。浴室は全体に木で構成されている。

浴室内にたくさんの草木が配されているせいか、ある時、木の床上を緑色の小さなカエルが跳ねていたのにはびっくりした。湯は少し先から引いてくるので、季節によって温度が違う。冬期はぬるい。ここは女性と来て籠もるのがよさそうだ。大沢温泉の家族旅行から帰ってきた友人のS君にそう言うと、「そう、そう、僕もそう思って女房に言ったら、女房がぷっと膨れてしまったんだよ」と言ったのには笑ってしまった。

西海岸の松崎は整備が進み、訪ねる度に美しい街になっている。街から少し離れて旧岩科《いわしな》学校がある。明治十三年に建てられた擬洋風建築の小学校校舎だが、私はここを見学して、ああ自分が出た市川小学校の木造建物の原型はここにあったのかと大発見をした思いがした。立面構成も平面構成も、窓や廊下や教室内の具合も、わが小学校がこれを雛形としているのは明らかであった。明治の初めに小学校の雛形が作られ、それをモデルに全国の小学校が作られていったのである。

私はわが小学校校舎を懐かしく思い出す。わが小学校校舎は三十年ほど前に突然壊され、鉄筋コンクリートの現校舎に建て替えられてしまった（私に一言の挨拶も無しにですぞ）。わが小学校は私の記憶の中にしか存在しない。岩科学校の場合は現校舎が隣接地に建てられ、旧校舎は修復を加えられ手厚く保存されている。まことに幸せな状況といわざるをえない。

土肥《とい》は高校の臨海学校で逗留した。漁港があって砂浜があって温泉がある。あの時は沼津から船で行った。交通が未発達な一時代前は、伊豆は島の感覚だったのだろう。東側に伊豆急が開通したのも昭和三十六年になってからのことである。今でも沼津と西海岸の各町を高速艇が結んでいる。天候の加減で欠航したりするのが難だが、この海路は実によい。特に土肥から南のほう、松崎との間がとてもよい。切り立った崖に奇岩が配された様は絶景である。西海岸は鉄道がないのでマイカーとバスと船が、ここに住む人の足である。

この半島は大昔、プレート上の島が本土と衝突して出来たという。生成的にも、ここは島なのである。それで、この半島では、湯ガ島や天城の山の中にいても濃厚に島の気分がある。こうした気分は紀伊半島や房総半島にはない。両半島は感覚的に「古い大地」である。伊豆は南国の緑の島である。それで一人の詩人がやって来ると『伊豆の踊子』が生まれるのである。川端康成は修善寺から下田まで半島を縦断し、下田から船で東京に帰っている。彼は島を旅したのだと思う。

さて土肥であるが、二十年ほど前に再訪した。静かでよい町であった。ここなら居着いてもよいとさえ思った。ところが三度目に訪れた時、町の様子に変化が見られた。各旅館が高層化していた。それに朝の連続テレビ小説の舞台になって、急に脚光を浴びた直後で、町全体がなんとなく騒がしく、かつての落ち着きと美しさを失ってしまったように思えた。

伊豆でよく泊まったのは湯ガ島の湯本館である。ここはバブルの時にも一人客を気安く泊めてくれた。川端康成が長期逗留した伝統がある。ここを基点にして何度か「踊子歩道」も歩いた。

毎回、疲れない程度の距離を歩いては止め、バスに乗った。それで三回に分けて、湯ガ島、天城トンネル間を歩き終え、トンネルと河津七滝間を残している。

河津七滝の一番南にある大滝《おおだる》温泉天城荘も急変した宿の一つである。十五万坪の敷地内に河津川が流れ、見事な大滝が落ち、各所に野天風呂がある。大滝の脇に金鉱採掘の坑道があって、そこも洞窟風呂になっている。ここを訪れたのは、もう三十年近く前である。夕暮れの野天風呂に漬かって、カアと鳴いて谷を渡って行くカラスを見上げた。すると、ここぞ日本の故郷と思えたものだ。その後、大地震があった。七滝の車道が崩れ、その結果、名物のループ橋が作られた。そのしばらく後、宿から、大々的に改装したという葉書をもらった。再訪すると、かつてのひなびた宿は、なにやらヘルスセンターのようになっていた。もう、一人旅の旅人が泊まるところではない、仲間と来て、わっと騒ぐのに適していた。そういう意味では、また楽しい宿であろう。

一人で泊まるなら、その下の湯ヶ野温泉がよい。寂しい温泉の村である。ここの馳走は窓の下を流れる河津川の水音であろう。ある年の五月の連休時に一泊し、夢うつつに大きな川音を聞いた。

学生時代に友人と二人で初めての伊豆旅行をした。夕方、下田に着き、観光案内所に行って何しろ安く泊まりたいと言ったら、天城峠の上の八丁の池に山小屋があるからそこがよかろうと言われた。少し歩かねばならないが、天皇陛下も登った道だから大したことはないということだっ

浄蓮の滝

た。それでバスに乗り天城トンネルを抜けたところで下りた。既に日が落ちていた。先ほどの話とは違って決して楽でない山道を、急ぎに急いだ。杉の幹の間に満月が見え隠れした。やがて眼前が急に開けて山頂に出た。それは異空間を思わせる一種異様な光景であった。中空にも八丁の池の湖面にも満月が煌々と輝いていたのである。湖畔に山小屋があって、もう閉まっていたが開けてもらって入った。山小屋の土から、君たちが来た道は正規の道でないと聞かされた。どおりできつい道であった。食事の用意がなかったので売店でカステラ風のパンを買って食べ、段状のベッドにもぐり込んで寝た。翌日は教えられた道を下った。昨日は間違った道を登ってきたのである。下る道は、これなら天皇陛下も、と思える、まことに緩やかで快適な道であった。

次の朝、訪れたのは浄蓮の滝である。私は、その美しさに感動した。この滝はその後も訪れているが、この時見た滝が一番美しかった。季節、時間、陽の具合、そして青春——が関係していると思われる。この滝には伝説がある。近くの木こりの若者が、この滝の精に見初められ、命を落としてしまうのである。ライン川のローレライの伝説に似ている。この滝には、いかにもそういう魔性が棲み着いているような怪しい美しさがあった。私としては、この伝説はまったくの作り事のようには思えない。

いつだったか下田からの帰り、伊豆急の車窓から川奈ホテルのゴルフ場と青い海を見て「みかんの花咲く丘」を口ずさんでいた。後で調べると、この童謡は伊東出身の作詞家が、伊東から放送されるNHK放送のために詞を作り、作曲家が東京から伊東に向かう車中で作曲したものであった。私はこの歌が好きでよく口ずさむ。私は、伊豆という風土が大好きである。

五　箱根

箱根は思い出しただけでも気が晴れてくるようなところだ。

義姉の会社の保養所が強羅にあったので、学生時代に二回ほど泊まりに行った。二度とも五月の連休時であった。見晴らしのよい宿で、籐椅子などに座って窓外を眺めていると、山の上から白いものがひらひら降ってくるのであった。しばらく気が付かずにいたが、それは里より遅く咲き、散る桜の花びらであった。

ある時、ひとりで紅葉を見に行った。強羅公園の隣にある宿に泊まった。

グラバー邸より長崎港を望む

柳川風景

温泉津

敦賀湾

東尋坊

那智の滝

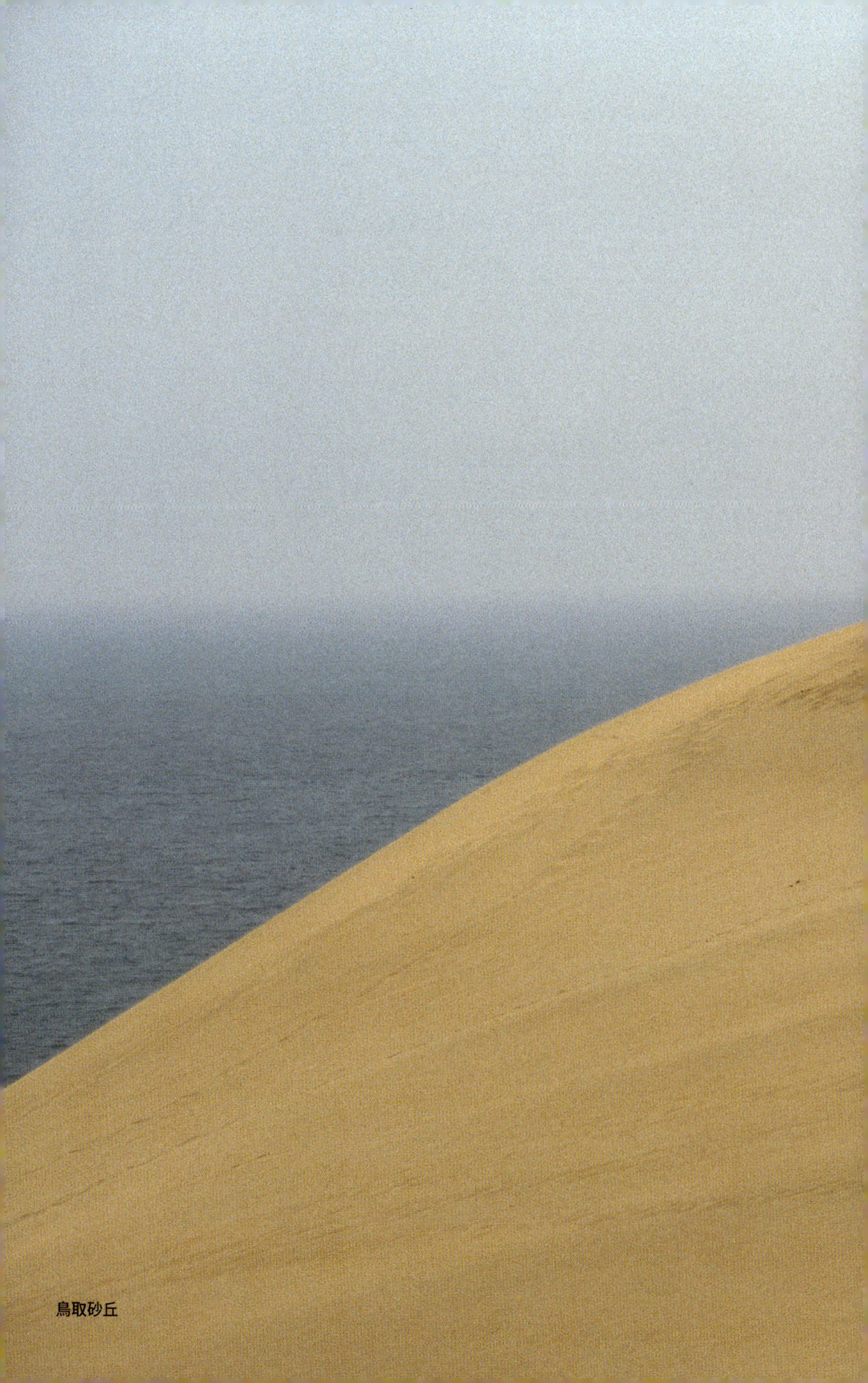

鳥取砂丘

岐阜県白川村

輪島の木地師

泊まった翌日、露天風呂で

湯舟より見上ぐる紅葉のなかぞらを　朝日を浴びて鷺のゆくなり

その日は大涌谷《おおわくだに》を見物してから自然研究路（遊歩道）を芦ノ湖に向かって下り、それから船に乗って元箱根に出、今度は箱根旧街道の石畳道を下った。遊歩道が終わって、麓に近いバス道を歩いていると、先の方で猿が二匹、道路を渡ってゆくのが見えた。その辺りまで行って猿を探すと小さな木の上に子猿がいて、私がいるので下りられずに木を揺らせている。当時は近頃と違って、観光地に人慣れした猿が出没したりすることが無く、野生の猿が珍しかった。私は子猿を見上げていたが、やがて目を地面に移すと五メートルほど先に大きな親猿がいて私を見つめている。動物園にいる去勢されたような猿とはまるで違っていた。体も大きく毛並みもよかったし、生気がみなぎっている。子猿に何かあったらただでは済まないといった殺気を私は感じた。「東京のサラリーマン、箱根山で猿に惨殺さる」という新聞の見出しが頭に浮かんだ。私は咄嗟に、先ほど大涌谷で温泉卵を購入したのを思い出し、バッグの中からそれを一つ取り出すと殻をむき、親猿に見えるように地面に置くと、そのままそっぽを向いてじっと立っていた。しばらくして見ると親猿も子猿もいなくなっていた。温泉卵はそのままであった。まあ後から考えると、殻までむく必要はなかったのだ。それで私はホッとして歩きはじめた。

しばらく行くと集落があって地元の人がバスを待っていたので「ここには猿がいるのですね」と話しかけた。

「ええ、沢山いるんです。湯河原で猿が沢山出て困って、鉄砲で撃ってよいということにしたら、山を越えて皆こちらに来てしまったのです。夜明け方、家の庭の柿の実を食べに来るのです。初め親猿が偵察に来て、それから家族をつれてやって来るんです」

この村は猿と一緒に暮らしているのであった。

結局、紅葉を見に行ったが、箱根山は常緑樹が多く、紅葉はあまり見ることができなかった。


昔の会社の仲間たちと箱根の外輪山をハイキングしたことがある。これが実に素晴らしい。仙石原のリゾートマンションに泊まった翌日、バスを乙女峠の下で降り、峠に登り、外輪山の尾根を芦ノ湖方向に歩き、途中で仙石原《せんごくはら》に下りた。

箱根は豊富な温泉の山である。昔、小田原の温泉研究所に行って話を聞いた。箱根は温泉を研究するのに大変よろしい。ここの温泉は地下に潜り込んだ芦ノ湖の水と雨水が地熱に温められて再び地表に出てくるような仕組みになっているが、一つの山ながら地域（地層）によって四つの異なる泉質になっている。処女水と呼ばれ、地表に初めて姿を現すマグマ中の水分が幾らか含まれている温泉もある。正確ではないかもしれないが、このような話であった。

ロープウエーに乗って芦ノ湖近くに来ると、下にトタン葺きの兵舎のような建物が見える。長い期間、何だろうと思っていたが、それは姥子《うばこ》温泉「秀明館」であった。姥子温泉は足柄山の金太郎の姥が発見したという言い伝えがある箱根でもかなり古い温泉である。それで、ある夏の終わりに訪ねた。訪ねてみると、ここは箱根の他の温泉旅館とどうも様子が異なる。旅館内は宿舎といった趣だし、従業員も親切ではあるが接待するといった感じではない。メインの岩風呂（湯舟の一方に天然の岩が露出して、そこから湯が出ている）に入っていると、姉弟が入ってきた。姉は十代の後半である。私がいても意識する気配が全然ない。弟に聞くと沼津から来て逗留しているのだという。それで分かったのである、ここは箱根には珍しい湯治場であった。ただし四半世紀ほど前の話である。

仙石原の「萬岳楼《ばんがくろう》」も珍しい宿である。山中に孤立した本当の一軒屋である。交通もタクシーかマイカーを利用するしかない（一応バスもあるらしい）。この宿は「何もないこと」を売り物にしている。温泉は箱根では珍しい硫黄の湯で、木製のひなびた風呂場と相まってなかなかよい。私はここに籠もって書きものをしたいと思っているのだが、以前、一人客は泊めないと言われた。

彫刻の森美術館は評価できる。野外彫刻を展示するのにまことにぴったりな場所を選んだと思う。ただ、この雄大な自然の中では、具象彫刻が映えない。具象性が無い方がよい。
箱根山にはヘンリー・ムーアがよく似合う。

六　奥日光

やはり東京周辺では伊豆と箱根と日光が一等の行楽地だと思う。これらは人に例えれば美人なのである。非日常時に接するなら、やはり美人の方がよい。

以上の弁解として一言。その伝からすると、わが地元の千葉県は決して美人ではない。それで若い頃は千葉県が嫌いであった。ださくて、歩いているとこちらもださくなってしまうように思えた。しかし不思議なもので、歳とともに段々嫌悪感が薄れ、三十も過ぎると何となく親近感が湧き、やがて、北総の沼や房総の海に流れ込む小川に木の舟が係留されているのを見たりすると、思わず「おお、わが風土」と口走るまでになった。美人ならざる土地もまたよいのである。

彫刻の森美術館（ヘンリー・ムーア作品）

奥日光を初めて訪れたのは小学校の修学旅行の時である。湯元温泉は今と違って、木造二階建ての旅館が並んでいたと思う。戦場ヶ原が、少し早めながら紅葉の美しい時で、帰ってから、その風景を描かされた。私は、その時の水彩画が上手く描けず苦闘した覚えがある。当時の校長先生が絵の好きな方で、生徒と一緒に描き、それが上手いので私は大いに感心させられた。校長先生の名は失念した。市川駅前のヤマザキパンの二階で水彩画展を開かれたことがあった。

昔、湯ノ湖の畔にバンガローが幾棟も建っていた。宇都宮出身の男がいて、それを借りてくれたので会社の連中が入れ替わりに泊まりに行った。七月の初めだったと思う。はじめは仲間がいたので奥の切込湖、刈込湖にハイキングしたりした。そのうち仲間は帰ってしまった。帰ってしまうと自分で夕飯を作らねばならないので、仲間が残していった食材で初めての自炊に挑戦したが、出来たものはとても食べられる代物ではなかった。翌日、目が覚めると曇天であった。私はその時、時計を持たずにいたので、今が何時なのかさっぱり分からないのであった。窓外を見ると湖畔をオリエンテーリングの少年達が時々通るのが見えるばかりであった。もちろん、ここで一人で居るのに時間が分からなくても一向にかまわない。時間というのは都会にいてこそ有効なのである。

風呂は隣の国民宿舎に入りに行った。そこは今、休暇村日光湯本になっている。国民宿舎の湯は良い湯であったが馬鹿げて熱かった。湯元の源泉の温度は摂氏四十度から八十度くらいまで幅があるらしい。現在では、湯元の湯はどこで入っても一様に熱くない。私が推測するに各旅館とも水で薄めているのではないか。それで、どこの旅館の温泉も、昔入った国民宿舎の湯に比べると、なんとなく薄まったような感じがするのではなかろうか。湯に限らない、癖も当たり障りも無く心地よいが、本当の良さを薄めてしまうのが現代である。

この時、初めて戦場ヶ原を歩き、また小田代原《おだしろがはら》に行った。小田代原に行く途中、林の中を歩くと、すぐそばでカッコウが鳴いて大変気分がよかった。戦場ヶ原は車で突っ切っても何てことはない、やはり湯川に沿った遊歩道を歩かなくてはいけない。私はこの湿原のハイキングコースが気に入り、その後、湯元の行き帰りに幾度も歩いている。

奥日光の源泉

奥日光は前をいろは坂で仕切られ、後ろを金精峠《こんせいとうげ》で遮られて一つの独立した天地を形作っている。坂を登るのも、峠を越すのも、この地に至るための儀式である。そして、大きな山と大きな湖と湿原と温泉がここの主である。木は青く、水は清く、空気はあくまでも清浄である。ここは都会生活に疲れた者にとっては居ること自体に価値がある。ここは仙境だと思う。

七　合掌造りの里

岐阜県白川村荻町《おぎまち》は合掌造りの里である。ここの北側の高台（城跡）からの眺望は見事である。山に囲まれた小さな平地に、合掌造りの民家が三角形の妻を見せて整然と並んでいる。初めて見た時、これは世界的な景観だと思った。

白川村に入るには北の高岡方面か、南の岐阜、高山方面から車を利用するしかない。今でこそ道路が整備されて不便なところではなくなったが、相変わらず山奥であることに変わりはない。かつて平家伝説があった。合掌造りは、屋根がきわめて大きい。それが古びれば、異様に蒼然としてくる。しかも、この建物の丈の高さは、なにやら住む人の異様な誇り高さを物語っているようだ。それが隊列を組んだように整然と並んでいる。「落人伝説」は、この地に迷い込んだ旅人によって連想され、やがて通説になっていったのではないだろうか。私も不思議に思うのである、この民家の内部に入ると外観からは類推できない豪華さと洗練さがある（特に和田家や明善寺のような上級の家だ）。囲炉裏の間《ま》の見事な梁の木組み、漆塗りの柱と板戸。座敷の典雅な造り、豪壮華麗な仏壇と仏間。この民家の外観は外部者に対して何事かを偽っているのではないかと思

荻町の合掌造り

える節がある。冬になって萱の雪囲いをすればなおさらである。実際もう、この家は大きな蓑虫のようなのだ。

合掌造りは大家族が住むための建物だという理解は誤りである。養蚕が盛んな頃はずいぶん多くの人が住んでいたようだが、人間は皆、一階部分で寝起きした。二階三階は簀の子敷きで、主に養蚕のための場所であった。かつては電灯もひいてなかったろう。だから、二階三階部分に煌々と灯りを灯した合掌造りの夜景写真は、歴史と関係がない観光写真である。

合掌造りを初めて見たのは、高岡から入って白川村を訪ねる途中、五箇山《ごかやま》の相倉《あいのくら》集落である。ここも世界遺産になった有名な合掌造り集落である。小雨が降っていた。萱屋根から湯気が上がっていたかと思う。私の眼前の民家はまるで雨の中にうずくまる生き物、例えばイノシシかなにかのようだった。

その後、街道の脇の大きな合掌造り村上家（五箇山。公開している）を訪ねた。主が一人、囲炉裏に座って家守をしていた。私は同行の柿崎教授、三沢カメラマンと囲炉裏端で、この家についての話を伺った。ご主人は釜の湯を汲み我々に茶を供してくれた。極端に寒い日であったが、火に向かった体の前面は暖かであった。この老人は日がな一日こうしているのだ。しかし火を見つめていれば決して退屈しないだろう。話をするのにも相手の顔など見なかった。皆、火を見つめて話した。私は囲炉裏の経験が無かったが、この時「囲炉裏」の何たるかを理解できたように思った。

荻町のはずれに旅館「城山館」がある。合掌造りではない。この街道沿いによく見られる古い造りの木造である。この宿には幾回も泊まっている。何の特徴もない宿である。どちらかというと粗末な宿だ。しかし実に立派な宿である。真心を籠めて客を迎えるというのはこういう宿をいうのだろう。料金も安く、いつも食事がよい。部屋が空いてさえいれば、仲間と一緒に行っても一人一部屋を提供してくれた。ある時、寝床の取り方を見て感心した。シーツのかけ方に心がこもっていた。そういえば、関係ないかもしれないが東京の紀尾井町の福田屋で宴会があったとき、最後に出てきたフルーツの切り方に感心した。とてもパクッと食べてしまうものの切り方ではない。面取りの見事さ——おぬし出来るな、という世界である。城山館は何年か前に息子氏に代が替わった。代が替わってから一度泊めてもらったが、悪くなったという評判にかかわらず、やはりよい宿であった。

荻町の合掌造り民家は大体が民宿を営んでいる。この町の主産業というのは民宿ではないかな。合掌造りの民宿には一度だけ泊まっている。一度泊まるのはよいと思うが、やはり荻町で泊まるなら城山館の方がよい。この民宿に泊まって驚いたのは、夜寝る時、電気ごたつを真ん中に置いて、各布団を放射状に敷き、各人が足をこたつにつっこんだ格好で寝るようにしたことだ。誰だったか「うちの嫁さんの実家もそのように敷く」と言った。雪国の知恵であろう。

初めての白川村行きの時、柿崎京一教授に連れられて、荻町からは少し離れた一軒家を訪ねた。この家は合掌造りではなかった。合掌造りが火災で焼けたので現在の家を建てたのだという。柿崎教授は長く白川村を研究しているのでここのご主人とは長いつきあいである。ご主人は我々にどぶろくを振る舞われた。もちろん密造である。この村は有名などぶろく祭りがある村で、どこの家でも密造を行っているらしい（単なる推測）。私は「これ、どこで作るのですか」と尋ねた。主人は、ニヤッとして家の裏手を指さした。裏に納屋があるらしい。それにしても美味い濁り酒であった。

一番最後に白川村を訪れた時、白川村は雪に埋もれていた。帰る時、城山館の前から高岡行きのバスに乗った。バスは庄川《しょうがわ》沿いに五箇山を抜けてゆく。スピーカーで流されるこきりこ節に合わすかのようにバスが揺れ、朝日を浴びた雪山が見え隠れした。バスは輝くばかりの雪の世界を進んだ。

八　房総の海

昭和四十四年のことと思う。初めて銚子を訪れた。銚子駅で銚子電鉄に乗り換え、終点の外川で降り、漁師町の路地を下って漁港に出、それから太平洋を右に見ながらアスファルトの道を歩いた。長崎鼻《ながさきはな》を回り込んだところで浜に降りると、犬吠埼《いぬぼうさき》と灯台が見える。

はるばるとここの浜辺に至りけり　この浜辺
　より灯台の見たさに
ただただに岸壁の妙に感じ入り　時を忘れて
　我は立ちたり

（実は時間をおいて再訪すると、岬の岩に草が繁茂し岩の美しさがなくなっていた。）

それから犬吠埼に登り、この小さな岬をひと巡り

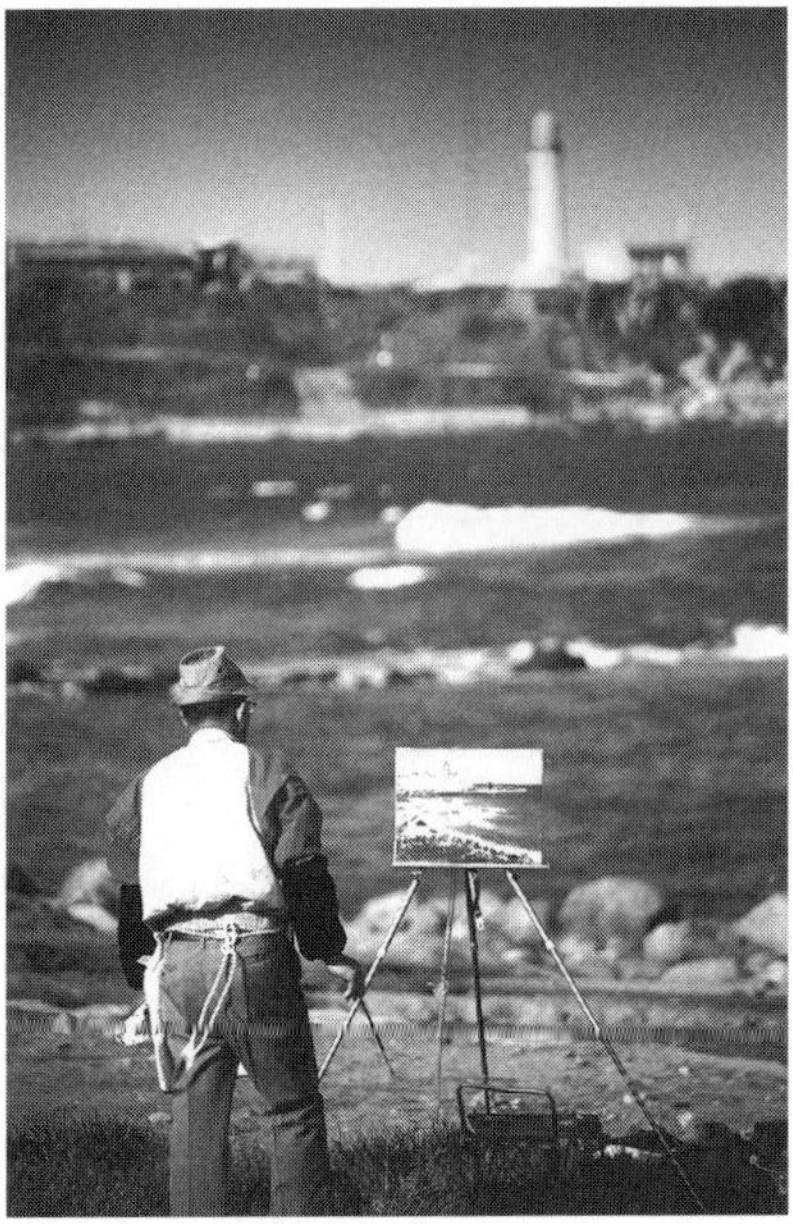
犬吠埼の灯台

してから、その先の君ヶ浜に降りた。近所の人なつこい犬が二匹、岬のところからずっと付いてきた。君ヶ浜が終わるところをあしか島という。沖にいくつもの岩があって、昔はここであしかが休んでいたという。ここで海と別れ、左に坂を上がり、なにやら人家の脇道のようなところを入ると、この地出身の国木田独歩の「山林に自由存す」の碑がある。

山林に自由存す
われ此句を吟じて血のわくを覚ゆ
嗚呼山林に自由存す
いかなればわれ山林をみすてし

なつかしき
わが故郷《ふるさと》は何処《いずこ》ぞや
彼処《かしこ》にわれは
山林の児《こ》なりき

碑は大きな自然石である。碑の裏に回ると、ここが海を見下ろす台地であることが分かる。ここからは銚子電鉄の海鹿島《あしかじま》駅がすぐである。

その後、私はこのコースを幾回も巡った。ある時は突端の外川港《とかわこう》から右に折れ、港のはずれの岩場を回り込んだところから遥かに屏風ヶ浦を眺めた。
また幾たびか陽の傾きかけた海鹿島の無人駅で二両連結の電車がカーブしてやって来るのを待った。快く疲れて銚子駅に着くと、まず指定特急券を購入してから、駅前の料理屋や、タクシーで銚子漁港の食堂に行き、魚を食べ一杯やるのを楽しみにした。酔っぱらって駅に戻り、待っている列車の座席に着いて一眠りすると千葉に着くのであった。

犬吠埼の風景の特質は、その清明さと寂しさにあろう。ここはどこよりも「地の果て」を思わせる。私が知っている全国のどこの岬よりもである。ここは、屏風ヶ浦から犬吠埼にかけての岩盤が固く、さすがの太平洋の荒波も浸食できなかったがために取り残されてしまったような場所だ。利根川に沿って訪ねて行っても、九十九里浜沿いに訪ねても、いずれも銚子は大地のどん詰まりである。

ほととぎす　銚子は国の　とっぱずれ

名句である。江戸の豪商古帳庵が銚子に遊んだ時に詠んだ。

この項の最後に出てくる御宿《おんじゅく》は南国の気に満ちている。そこから北上して九十九里浜の中頃までは、なんとかその気配が残っている。しかしそれから先、銚子に向かって進むに従い、暖かさと華やかさが急に失われてゆくように思う。野栄《のさか》や飯岡辺りは、もう寂しい。さらに銚子に至ると、その感も極まれりといったところだろう。なにやら寂しさに澄明さが加わって別天地を形成しているかに思える。

屏風ヶ浦の西端の刑部《ぎょうぶ》岬と、その六十キロ南の太東埼《たいとうさき》の間の砂浜が九十九里浜である。九十九里浜の景色といったら、よくもこんなに同じ風景が続くものだと感心するほど単調で変化に乏しい。

ある夏の終わり頃、一人九十九里に出掛けた。大網からバスに乗って白里《しらさと》に着いた。海の家に行って交渉した。

「着替え、いくらですか」

「八百円」(位だったと思う)

「えーと、着替えするだけでいいんだけど」

「でもあんたシャワー浴びるんだろう」

「いや、着替えたら一宮まで歩いて行くんだ」

「えっ、あんた一宮まで十一キロもあるよ」

「いいんだ、着替えだけで。いくら」

「二百円……」

変な会話だ。それで私は海水パンツに着替えて歩き出したが、九十九里に点々と並ぶ海水浴場の、白里の次の次の海水浴場に着く辺りで歩くのが嫌になってしまい、そこの海の家で着替えをして帰ってきた。

近頃は車で四季を問わず九十九里を訪れる。家から東方に道を取りどんどん進めば、どうしても九十九里にぶつかるのである。それから先は海だから進みようがない。そして私は来るところまで来たという変な満足感をもって引き返すのである。九十九里といったら風光明媚でも何でもない。ここには黒い砂と、青い海と、海の音と海の匂いがあるだけである。

日常の生活において、我々は常に目の焦点をごく近くに結ばせていなければならない。わが生活圏は視線を遮るものばかりである。家にいれば眼前に壁があり、表に出れば家屋があり、街は人と看板とビルだらけである。九十九里なら私の目を遮るものがない。ここなら目路《めじ》の限りを眺めていればよい。ここは何もないけれども、都会生活者にとっては何ものにも代えがたい物理的、心情的な自由と解放がある。

上総一宮《かずさいちのみや》は九十九里の南のはずれに位置している。昔、よくこの浜を散歩した。一宮の駅に着

一宮川（昭和56年撮影）

くとタクシーを雇い、大原《おおはら》方面に進んでもらい、浜のはずれ近くで落としてもらった。それから浜を、行きとは反対に北に向かって、てくてくと歩いた。こういう時は、たいてい一宮川の河口にある寿司屋に入り、一休みできたところでタクシーを呼んでもらい駅まで帰った。実は、この一宮川が、なかなかに風情がある。川沿いの道に、いかにも海岸近くという雰囲気の松が並んでいる。ここいらは古い別荘地で、松林の陰に瀟洒だったりモダンだったりする建物が散見できる。ただしみな朽ちかけた状態である。川を三キロほど遡ると駅に至る。昔、海水浴のシーズンに限り、駅と海岸の間を遊覧船が往復していたが、近頃も出ているであろうか。いずれにしても、まことに懐かしい川である。ここだけは昭和期戦前の陽が射しているように思う。

実は、私が生まれて初めて見た海は一宮の海であった。小学校に上がるか上がらないかの頃だろう。その当時、住んでいた茂原《もばら》から母と兄と三人で海水浴に来た。海水浴場は一宮川河口であった。川の中に飛び込み台が設けられ、海水浴指定区域内は水遊びする少年少女たちでごった返していた。つまり海水浴といっても真水の水遊び場であった。私らは、ここでひと遊びすると、松

一宮の海岸（昭和 56 年撮影）

林の砂州をつっきって海に出た。夏の陽が燦々と降り注いでいた。ここは、青い空と白い砂と押し寄せる純白の波だけが存在の全てであった。波は、幼い私が仰ぎ見なければならないほど大きく、とても怖かった。私ら以外には、波の寄せひきに合わせて進んだり退がったりして遊ぶ数人の女の子たちがいるだけであった。半世紀経った今でも、私はここでの光景を胸中に印画でもしたように鮮明に覚えているのである。

一宮の砂浜にはいつの頃か、海食を防ぐために沢山の突堤が築かれた。結果、素朴な海は様相を一変させた。遠く霞む太東埼の影が、ここが一宮の海岸であることを物語っているのみである。

九十九里浜が本当に終わるところの岩山が太東埼である。九十九里浜は両端が、刑部岬、太東埼という堅固な岩になっていて、両者に糸を結んで真ん中が引力で下がったような姿をしている。ある時、太東埼の手前でタクシーを降り、岬の下を海に沿って回ろうとした。波打ち際に独立したコンクリートの歩道ができていたが、なにやら通行禁止の標識があったような気がする。かまわず進んで、大分進んだところでコンクリート歩道が大きく傾き波が被っている。戻るのは癪なので強行を試みようとすると、辺りで釣りをしていた人が、おおい止めろと怒鳴っている。せっかくの休日、いい気分で釣りをしているところに変な奴がやってきて遭難でもされたらかなわない。彼らは岬の上に車を止めて崖を下りてきているらしい。私の歩いているコンクリート歩道と岬の崖の間はテトラポッドで埋めてあったが、テトラポッドを伝って行けと指示している。なるほどこちらなら進むのには難儀しそうだが生命の危険はなさそうである。それで、この難所をなんとか過ぎて崖を回り込むと、そこは美しい浜であった。地図を見ると海浜植物の自生地だという。この浜は少し行くと夷隅《いすみ》川に遮られて終わりになってしまうのだが、まことに宝石のように美しい。ただし、そこから国道に出るにはいい加減歩かねばならなかった。私はこの浜の美しさが忘れられず、後年、車の免許を取ると真っ先に訪ねていったものである。

　この浜の先、夷隅川の向こう岸から大原までの浜も幾度か歩いた。四キロほどである。起点と終点辺りにサーファーがいるが、あとは人っ子一人いない浜だ。この長い浜の先は岩山となり、御宿まで浜はない。夷隅川河口から長い浜を歩いて塩田《しおた》川河口に至り、そこから川を遡るとＪＲ

の大原駅に至る。駅近くに志村水産という魚屋さんがあり、そこの二階が食堂になっている。ここはたくさん魚が置いてあるが、皆、大原漁港で揚がったものばかりである。いい加減歩き疲れて、ここに上がり毎度魚を食べた。伊勢エビは刺身で食べたあと味噌汁にしてくれる。伊勢エビは値段の変動が激しい。高かったときは一尾四千円以上した。とりあえず正月の前などは注文しない方がよい。

近くに木戸泉の醸造元がある。ここの「醍醐」という銘柄が気に入っていて家でよく飲んでいる。同じ千葉県なので、市川の大門《だいもん》通りの酒屋に置いてあるのである。大原駅からは東京方面の快速電車が出ている。例によって、酔っぱらって乗り込んで寝てしまうのが私のやり方である。

御宿《おんじゅく》の浜が好きで、昔からよく訪れた。海水浴シーズンは人でごったがえしていてよくない。春か秋がよい。ここの浜は「月の沙漠」で有名である。どうしたわけだかしらないが、ここの浜は砂でなく、小さな貝の破片で出来上がっている。それで周辺の黒い浜と違って明るい黄土色をしている。また、かつては浜の幅が今よりずっと広かったという。そこに詩人がやってきて「月の沙漠」を作ったわけである。私の知っている浜のうちで最も美しい浜の一つである。ここの浜は明るくゆったりしていて寂しさの一抹も感じられない。浜の西のはずれの小さなホテルのラウンジで海を見ながらコーヒーを飲むのが私のお気に入りである。

浜は南に開いた弧をなしている。東端に漁港があってそこからは、ずっと岩山が続く。岩山の間にごく小さな浜があり海女の浜と呼ばれる。浜の隅にコンクリートでできた小屋がある。海女さんの基地である。房総のサザエは、この御宿で採れる。御宿から遠ざかるに従って高価《たか》くなるのだと、昔寄った九十九里浜の魚屋さんが話していた。海女の浜も実に美しい浜である。波打ち際の岩に腰を下ろし、しばらく荒い波を眺めた後に立ち上がり、私は「海よ、さらば」と口走ったことがある。去り難かったのである。

私にとって、外房の海こそが、海と呼ぶのにふさわしい。例えば伊豆に行って海を見ても、とても海とは感じられない。あそこの海の先には半島が見えたり島嶼が見えたりする。昔、松崎プリンスホテルのレストランから海を見ていると前方に陸影が見えるのでびっくりした。見えるのは本州で、左端が御前崎であった。外房の海なら遥かに水平線が望まれるだけである。この先はアメリカだ！　といったものである。こういうのこそ私にとっての海である。

九　旅人たち

むかし出た筑摩書房版の『大菩薩峠』の口絵に著者中里介山の写真が載っていた。帽子（クロッシュ）を被り、レインコートらしきものを着、リュックを背負った介山が杖に両手を添えて立っている。背景に山と湖が見える。充たされたよい顔をしている。私が憧れる境地を見てとることができた。このポートレイトには「旅人の像」と名を付けるのがふさわしい。

『大菩薩峠』は場面が日本各地を転々とする。そしてその都度、登場人物が替わり、かつ増える。初めの頃はともかく、巻を重ねるに従って収束は意図されなくなり、全体にゆっくりと拡散されてゆく。そして作者が死ぬ時が、物語が終わる時となった。

出版社に入社して百科事典の編集をしている時、科学もののライターをしているAさんが手伝いに来て隣の席にいた。その頃、五十の半ばであったろうか。この人はよく旅をしていた。例えばこうである。

「Aさん、紅葉を見に行きたいのですがどこがいいですか」

「○○からバスに乗って、△△に抜ける峠道がよい。それから、どこそこの道を行って、茶店があるから、そこを右に折れて山に登ってゆくとよい」

といった調子である。私は、地図をコピーしてきてAさんの言うルートを赤ペンで書き込んだものだ。私はこの人の旅のやり方に大いに教えられるところがあった。世間の人は既存の観光地を拾って回る。創造性はあまりない。いってみれば点の旅である。既成ルートに従って数地点を廻って帰ってくる。それで、あそこも行った、ここにも行ったと言う。そこに至る道程も、各点の間もすっかり抜け落ちている。東海道を行く弥次喜多の流儀は皆無である。Aさんは「面」の旅人といえるだろう。

この人がある時、しばらく山の温泉で書きものをしてくるといって出掛けた。資料をリュックに一杯詰めてゆくのだという。一週間も経って帰ってきたので「どうでしたか」と聞くと、ちょうど農閑期で、山の湯治場は農民が沢山押し掛けて毎日大騒ぎし、とても書きものどころではなかったという。

ある年の暮れだったろう、秋田からの帰りに米沢で降り、雪の白布《しらぶ》温泉を訪ねた。会津に抜ける峠の頂上近くに、いずれも豪壮な茅葺き屋根の東屋、中屋、西屋の三軒の宿が並んでいた。近年、中屋から出火して東屋、中屋の両館が焼失してしまったのはまことに残念なことである。この温泉旅館を贔屓にしていた人は多い。自分が一番好きな温泉だと言った京都の学者もいる。私も、この時東屋に泊まり、いっぺんに好きになってしまった。風呂場は板塀で囲われ、石の湯舟に湯が滝になって蕩々と落ちていた。

翌朝、宿の玄関を出たところで、この豪壮な家屋を振り返っていると、同じく宿から出てきた男が私を呼び止め、写真を撮ってくれという。四十代半ばぐらいに見えた。この人がやはり米沢駅までバスで行くというので同行することにした。バスの中で、今日はどちらまでと聞くと、どこの温泉に行こうか今考えているのだという。それに、ここに来る前も会津の温泉に泊まったのだという。どうも、この人は一人で当てもない温泉巡りをしているらしい。この人の正体や如何にというので、聞いて分かったことは、大手旅行会社のPR誌担当の社員で、一か月の内の二十日あまりを取材旅行をしているのだそうだ。私はこれを聞いて、何と幸せな商売があるものか、もしかしたらこれこそ私の理想とする職業ではないかと思ったものである。

白布温泉「西屋」

私は書籍の編集を業としているので、写真家とのつき合いが多い。そして彼らこそ現代の旅人でないかと思う。大阪在住のAさんは茅葺きの農家がある風景をテーマにしていて、撮影旅行に出ると一か月も一か月半も帰宅しない。ある地方を目指して出掛けると、車を乗り回して、その地方の埋もれた茅葺き農家を探すのである。車に寝て、何日かに一度、民宿の宿代を値切っては泊まって風呂に入るのだという。ある朝など、目を覚ますと車が雪に埋もれていてドアが開かなかったそうだ。

Mさんは文化財の建築物や近代の土木遺産を撮っている。一年の半分は地方に出張している感じである。Bさんは、今は病床にあるが大部な『日本の街並み』という本を出した。その撮影が佳境の時は、ほとんど東京にいなかったろう。Hさんは、京都、地方、海外と撮影に忙しい。彼は内弟子を連れて一年の半分は各地を飛び回っている。氏等にとっては旅することが食費を得ることであり、表現することであり、かつ生きることである。

昔、会社にアルバイトに来ていた女性が、辞めてインドを旅行するという。インドに行くためにアパートを引き払うのだという。家財道具は友人にやるという。家を畳んで旅に出る――剛毅な話である。彼女のやり方はまるで、江戸期の芭蕉のようだ。

そこにゆくと私の旅の仕方は、まことにスケールが小さく、しょぼくれている。普段は安全に生活し、たまに一泊か二泊かの旅行に出掛けては、また安全で単調な生活に舞い戻るのである。この限りでは、いかなる夢もロマンもない。

十　山陰と山陽

今回は山陰と山陽について書こう。

山陰はわざわざ出掛けない限り、序でに行くことがない所なのである。もちろん仕事で行くことは皆無である。山陰は現代の経済活動から無縁になっているのだろう。だから現代には珍しい良さが未だに残っているのだと思う。幹線になった山陽道と、忘れられた山陰道という図式である。

夜行で初めての山陰旅行に出掛けた日の昼間は本郷の茶道会館で大寄せの茶会があって会社の同期の女の子達と出掛けた。私はそこから一度家に戻り、旅支度をして再度出掛けたのだが、三人の女性達は面白がって見送るのだというので和服姿のまま夜行列車に現れた。見送られるのも初めてなら、こんな派手な見送られ方も初めてであった。出版社の女性達は、皆一様に性格が明るく、ざっくばらんであった。佐子さんは誘いやすいからと言って飲みに誘われるようなこともあった。

鳥取砂丘を訪ねたあと、近くの浦富《うらどめ》海岸を歩いた。私は自分の生活圏から遠く隔たったところに来ると、全く違った世界が現れるのであろうと思っていたが、そういうことは全くなかった。眼前に拡がるのは、以前から見知った親しみある日本の海岸である。それで、私は日本はどこに行っても、みな自分の家の庭のようなのだと早くも悟ったような気分になった。

松江は、ここなら住んでもよいと思えるような町であった。城の後ろに、元松平藩士の屋敷で、のちにラフカディオ・ハーンが住んだ家があって有料で見せていた。見学すると「何だ、我が家と同じではないか」と思った。私が生まれ育った家は明治の終わりに祖父が建てた平屋家屋で、南側に長く縁側をめぐらせてあり、庭との仕切は雨戸だけであった。縁側と座敷の間を額入り障子で、各部屋間を襖で仕切っていた。建具を取り払ってしまえば柱と最小限の壁が残り、それに屋根が乗っているといった姿である。つまり、その基本構造において、江戸時代の家となんら変わるところがなかった。

幾日かして萩に着いた。有名な松下村塾は意外に粗末な建物であった。

わびしさに涙が出るぞえ萩の塾　今朝降る雨に冴えよ藤波

萩駅で上りの列車を待っていると蒸気機関車が入ってきたのには驚いた。昭和四十七年当時でも、さすがにもう蒸気機関車を見ることはなかったのである。これが私が乗った最後の蒸気機関車であった。

津和野の城跡や町を巡った後、広島方面に行こうとして駅まで来ると次の列車まで、かなりの時間があった。私はベンチに座ってどうしたものかと考えていた。

つばくらめ　駅舎抜けたり　津和野駅

駅前を見ていると路線バスが止まっていて、これがなんと広島行きであった。しかも出発直前だったので私は大急ぎで飛び乗った。このバス行は大当たりであった。長時間にわたって渓流の蛇行に沿った美しい山間を進んだ。渓流は丸山応挙が描く流れの図そのままであった。私はこの経路を取ることで、ずいぶん得をしたような気がした。現代においては、綿密に計画を立てることは必要だし、また合理的であろうが、余裕さえあれば無計画が楽しい。無駄も多かろうが予期せぬ喜びに遭遇することもある。

バスは最後の方で錦帯橋《きんたいきょう》の脇を通った。これも得をした一つであった。私は錦帯橋に行ったことがあるかと問われれば、あるよと答えるに相違ない。

暗くなって倉敷の美観地区の入り口近くの宿に着いた。その翌朝、美観地区を巡り、日本にもこんなに美しい所があったのかと心から感動した。本瓦と白壁となまこ壁で構成された建物と、それが並ぶ風景はよほど私の好みに合ったようで、長く忘れられないものとなった。帰ってから、倉敷の写真集が欲しいと思って書店を探したが、適当なものが見つからなかった。それで、後年、岡山を訪れた序でに倉敷に寄れた時は、どうしても写真を撮りたいと思い駅前の写真屋さんでカメラを貸してくれるよう交渉したほどであった。その時は交渉がうまくゆかなかった。

念願叶って撮影ができたのは、初めの訪問から十五年も経ってからである。さすがに三度目は、しっかりカメラを持っていった。夕方、倉敷川河畔の旅館にチェックインし荷物を置くや、カメラを持って表に飛び出した。それで積年の恨みを晴らさんと、暗くなってシャッターが切れなくなるまで写真を撮った。翌朝も朝食の前に人っ子一人いない清々しい町を撮影して回った。

倉敷初訪時は、その後お決まりのコースである鷲羽山《わしゅうざん》に足を伸ばし、雄大な瀬戸内海を眺めた。私はこの時ほとんど初めて瀬戸内海を見た。鷲羽山に行く途中の浜が大きな塩田になっていて、昔ながらのやり方で塩を作っていた。

その後、必要に応じて中国地方の各地を折々に訪ねた。その地点をプロットすれば、まさしく点と線である。いや、脈絡の無い「点」といった方が適切であろう。

尾道は初回の旅で通り過ぎ、長い間、是非訪ねてみたいところの一つとなっていた。初回の旅から六、七年してからだろう、ある夕方、尾道の街を見下ろす山上に立った。ここから見た景色を、私はそれから二十年経った今も鮮明に覚えている。対岸の島が迫っていて、ここでの瀬戸内海は大きな川のようである。黒い陸と輝く水のコントラストが実に美しかった。その夜、尾道駅で、近くの料理店を紹介してもらって地の美味しい魚を食べた。

翌日、時間があった。友人と二人で、ぶらぶらして船着き場に出た。連絡船が頻繁に発着して

倉敷美観地区

いる。どこか島に行ってみようということになり、たまたま来合わせた船に乗った。因島《いんのしま》行きであった。もちろん乗客は地元の人ばかりで、我々以外に外来者などいなかった。因島の港に着いたので、乗り合いバスに乗り、山向こうの町に行ってみることにした。そこから尾道に帰る船が出ているはずであった。私はバスに揺られながら、これはどこかで見た風景だと思った。よく考えると、小学生の時に見た映画「二十四の瞳」の風景であった。それ以外に目にしたことがない独自の光と空気であった。瀬戸内の独自さについて付け加えると、後年、尾道と広島の中間の竹原に一日いたことがある。この町は頼山陽の生家が残る古くて美しい町なので私の好みに合うはずであったが、何か馴染めないものを感じた。それはこの町の明るさであった。私の生地や生活域にない明るさであった。竹原にいたのは真冬で寒かったにもかかわらず、私はその明るさに辟易とした。私はもう少し暗く湿気を帯びた風土が好みであった。私が因島で認め、いくらかの違和感を感じた景色と雰囲気の基盤もその明るさである。三陸海岸にも房総にも伊豆の海にも玄界灘にも、私が違和感を感じたこの明るさはない。瀬戸内は私にとって異質の地である。

話を戻すと、バスで因島の山向こうの町に着くと、そこからは尾道行きの船便があまり無いことが判明し、我々は、またもとの町に引き返した。

瀬戸内の町で印象に残っているのは牛窓《うしまど》である。昔の風情を今に残している町だといって写真家の馬場君が案内してくれた。大昔から栄えたところらしいが今は忘れ去られ、至ってのんびりした町である。集落全体に昭和二十年代、つまり私の少年時代の色と形と匂いがあった。

姫路城

初めて姫路城を仰ぎ見た時、日本にもえらい構築物があると思った。奇蹟の建物といってよい。これは城というより塔であろう。盆地の真ん中の小山に、辺りを睥睨するように聳えている。

姫路から北に入ったところに塩田《しおた》温泉がある。沸かし湯である。古風でひなびた上山旅館、高台に建って眺望が見事な夢乃井。両方ともよい宿だと思う[1]。

姫路の東の小野市に浄土寺がある。鎌倉初期に東大寺を再建した重源の開基である。浄土堂は方形瓦屋根の大きな建物で、内外とも全ての木部に丹《に》が施されている。内部はワンルームで天井がない。建物中央に棟に届かんばかりの阿弥陀仏と二体の脇侍仏が収まっている。ここでは、僧が列を組んで読経しつつ三尊の周りを巡り歩いたらしい。行道《ぎょうどう》という。つまり、この建物は三尊の覆屋であると同時に行道空間であった。私が見るところ東大寺の大仏殿も行道空間である。

丹波篠山《ささやま》は山奥の代名詞になっている。城跡を中心にした古風で静かな町である。妻入り商家が並ぶ古く懐かしい通りが観光の目玉である。

篠山近くのドライブインで昼飯を摂ったことがある。大阪の写真家味村氏が予約を取って案内してくれた。すき焼きであった。キノコが沢山用意されているので、味村氏に、これはなにかと聞くと、松茸だという。豪華でも立派でもない街道の食堂で、いくら産地とはいえ、こんなにたくさんの松茸を出すとは、しかもすき焼きにするとは関東に棲息する私には考えられないことであった。実は食堂の裏山は、この食堂の持ち山で、松茸はいくらでも採れるのだという。

ここいらの山里では畑と山の境に延々とトタンの柵を巡らせていた。猪避けだという。籠坊《かごぼう》温泉に泊まると予約しておいたボタン鍋が出た。ただ、鍋以外には何もない。飯があるだけである。さすが山中の温泉だと、呆れたり感心したりした。野生の猪に手こずっている土地だけあって、肉はイノブタでなく本物の猪である。ただし冷凍だということであった。まあ、一年中安定供給を必要とする旅館にあっては冷凍は当たり前のことであろう。伊豆辺りの温泉宿で出るボタン鍋はイノブタである。

岡山県の兵庫県との県境の山中に宮本武蔵が生まれたという大原宮本村がある。それにしてもなんと平和な山里であろう。はるかな山々が実にやさしく美しい。南下して兵庫県に入ると、江戸時代に因幡《いなば》街道最大の宿場町といわれた平福《ひらふく》がある。街道の裏側から見ると佐用川《さよがわ》沿いに土蔵が並び、こんなに古風で美しい姿がよくぞ残ったと感心させられる。町外れに宮本武蔵決闘の地がある。武蔵が十三の時、初めてここで試合し、有馬喜兵衛なる剣客を倒したという話を少年読み物で読んだことがある。

十一　沼

小学校に上がる前に数年間、千葉県の茂原《もばら》に住んでいた。駅から四キロほど離れた田園の中であった。すぐ近くを外房線の単線の線路が走っていた。茂原はかつては天然ガスで有名なところで、畑の中に採取用の小屋があり、そばに行くと地下水を汲み上げる発動機の音がし、なぜだか知らないが小屋の周りには銀色の砂が堆積していた。わが家族が住んだ掘っ建て小屋からは、人家というと、小さな茅葺きの隣家だけしか目にすることが出来なかった。東の方、田畑が終わって林になる手前に沼があった。農業用の溜め池であろうか、護岸も何もされていなかったから、自然にできた水たまりのように見えた。アメリカザリガニや雷魚がうじゃうじゃいたように思う。土地の人は「大どぶ」と呼んでいた。大どぶには底の平たい木の小舟が係留されていた。ある時、近くの少年達とそれに乗って遊んでいた。その時、沼の岸の葦などの生い茂る中に一もとの菖蒲が咲いていた。私は感動した。なんと床しい姿であ

平福

ろう。私は幼かったが、日本的な美しさの典型を、そこに見たように思った。たった一輪の自生の菖蒲、目に止める人とてないはずである。今でもこの光景が忘れられず、菖蒲園等で群生させられているのを見る度に「これではいかん、これではいかん」と呟くのである。菖蒲は、水から一本伸び、人知れず咲いているのでなければならない。

利根川の周辺には多くの沼があって、なにやら形状がみな似ている（干拓されたものもあるので、元の姿がである）。霞ヶ浦、印旛沼、手賀沼、牛久沼。実は、これらの沼は発生的に同じなのである。いずれも古代には香取の海の入江であった。つまり太平洋に通じる海であった。そして歴史的変遷があり、近世に至って利根川や小貝川《こかいがわ》の堆積作用で堰き止められて沼となった。

昔、牛久沼に写真を撮りに行った。駅からタクシーに乗り、沼の脇の小川芋銭《うせん》の碑のところで降りた。芋銭はこの地の縁者で、後年ここに住みつき河童の絵を描いた。郷土作家と呼ぶべき人である。碑の脇の小道を下りると牛久沼であった。夕方に近かった。水辺の草むらでイナゴが跳ねていた。帰りは何の変哲もない田舎の道を歩き、気分的にかなり疲れたところで牛久駅にたどり着いた。駅で時刻表を見ると、上りの電車まで大分時間があったので何か食べようと駅前の食堂に入った。大鉢にイナゴの佃煮が盛られているのが目に入った。それで私は飯をやめ、イナゴと酒を注文した。それから店のおばさんに尋ねた。

「これどこで採るのですか」

「牛久沼だよ」

それで採り方も聞いた。まず、トイレットペーパーの芯にビニール袋を付けたものを用意し、夜明け方の沼に行き、夜露に羽根が濡れていて、まだ飛べないイナゴを捕まえ、トイレットペーパーの芯の穴から袋に入れるのだそうだ。

私には牛久沼に河童がいそうに思えないが、印旛沼の北方の農道脇の溜め池などには、いかにも河童がいそうな雰囲気がある。私は妖怪は詩的イメージなのだと思う。詩的イメージなのだから否定しても仕方がない。ある時、たまたま可視化することだってあるかもしれない。私は妖怪と仲良く付き合うことに賛成する。そういえば、写真で見るネス湖には、いかにもネッシーがいそうな雰囲気がありますな。

北の牛久沼に対峙するように利根川の南に手賀沼がある。沼の北岸の我孫子《あびこ》には大正期に志賀、武者小路、柳宗悦等の白樺派系の文人が住んだ。沼を見下ろす美しい町である。

ある冬の午後、手賀沼遊歩道を歩いた。暖かな日であった。なんとも清々しい路である。遥か対岸の森が美しかった。一体あそこはどんな所だろう。何か未知なる世界が存在するように思えた。対岸は千葉県沼南《しょうなん》町という。後年、車に乗るようになってから、その辺りをよく走るが、本当に近代文明の匂いを消し去ってしまったようなよい所である。いかなる鉄道とも無縁であるところが、この土地のなんにもないよさを護っているのだと思う。

手賀沼風景

手賀沼ではクチボソ漁をしている。「ど（胴）」というウナギやドジョウを捕る竹製の漁具があるが、これを網にして長く連ねたような「張り網」が使われている。この網が水から引き上げられて干されている光景は手賀沼の風物詩である。ただ美しい自然があるだけでは寂しい。そこに網があることによって、生活が加わり、歴史が加わり、そして風景が完成するように思えるのである。

印旛沼に初めて行ったのは、もう三十年近く以前だろう。前の会社のS先輩が新検見川《しんけみがわ》に住んでいて、よく周辺を車で案内してくれた。Sさんの親戚が印旛沼の旧家で、古い茅葺き農家を改修して住んでいた。建て替えようとも考えたようだが、結局、新築するのと同じくらいの金を掛けて、現代生活が可能な家に改装した。私は、この心根と心意気に心から拍手を送りたい。床の高い、がっしりした家であった。ただ、訪ねた時は冬で、屋内は恐ろしく寒かった。私が生まれ育った家も同じような寒さだったろうが、一度、現代住居に住んでしまった以上、そうした家には居住不可能と納得せざるをえない。

印旛村の沼周辺は一面の田圃である。その中に平屋の仮設小屋が一軒ぽつんと建っていて魚を食べさせていた。もっぱら地元の人が利用する料理屋らしい。ある時、Ｓさんが電話で予約を入れてから一緒に出掛けた。小屋の内は全体が畳敷きになっており、窓から遥かに印旛沼の湖面が見えた。出てくるのは鯉や鰻料理である。鯉の洗いは、生臭かったが、それがいかにも田舎の料理店らしかった。ここで飲む酒の回りが馬鹿に早く、なんともよい心持ちであった。ここの緊張が全くない長閑な環境のせいである。残念ながら都会では、これほど美味く酒を飲むことも酔うこともできないのである。

佐倉宗吾は日本のキリストである。佐倉藩の圧政に苦しむ農民を救うために将軍に直訴し、一家もろとも磔刑になった。渡し守甚兵衛は禁を犯して彼に便宜を図り、入水して果てた。江戸時代初めのことである。実は、この話は史実かどうか検証できないのだという。ただ後世、芝居になって喧伝され、宗吾は救世者として尊崇された。今に名の残る甚兵衛大橋を渡り、宗吾霊堂に至って、その豪壮な本堂を見上げれば庶民の信仰の並々でないことが了解できる。佐倉宗吾は西の赤穂義士に均衡した存在であろう。

霞ヶ浦は手の平を上にして左方向にチョキを出したような格好をしている。中指と人差し指の間の半島が出島村《でじまむら》である。そして、出島村から南に眺める湖と、中指下方に当たる稲敷郡《いなしきぐん》から北に眺める湖とでは、これが同じ湖かと思うほどの違いがある。もちろん出島村から眺める湖が俄然よい。広々として、「これが霞ヶ浦だ」といったものである。ここいら辺りは車道と湖水間が一面の蓮田《はすだ》になっている。日本一の蓮根の生産地だという。水はいくらでもある。蓮は初め自生したのかもしれない。ともかく蓮田は生まれるべくして生まれたと思える。こういうのが一番祝福された「生産」といえるのだろう。

昔、ワカサギを獲る帆曳舟《ほびきぶね》が、この湖の風物詩であったが今はない。日を決めて観光用に出ているだけである。

人差し指の先から親指元に向かう（石岡から牛堀《うしぼり》に至る）国道を行くと、古い街道の匂いがする。一時代前なら、木枯らし紋次郎が歩いてぴったりしただろう。

私は五十を過ぎて車の免許を取り、自宅周辺を乗り回すようになった。すると、しばらくして、わが千葉県が昔の千葉県と違っていることに気が付いた。私の知っている懐かしい千葉県ではない。何が違ったのだ。そして、やがて分かったのである――田圃が消えている。田圃が消えると景色は一変する。まして、田圃が住宅地に変われば、とても同じ場所とは思えないのである。現在でも、ある規模で田圃が残っているのは手賀沼の南と、印旛沼の周辺と、九十九里一帯（太古、入江であった）でしかない。みな、東京への通勤に不便で、水が豊富にあるところである。沼が、懐かしい千葉県を守っているといえるのかもしれない。

十二　北海道

北海道は系統立てて周遊していない。幾度も訪ねているが、みな用事があってのことで、その時々の目的地周辺をうろついているに過ぎない。それで私の足跡をプロットすれば、広大な大地に僅かなゴマをばらまいたような具合だろう。私はいつかゆっくりと、この大地の隅々を車で廻りたいと思っている。仕事に役立たない私の運転技術は、この広い大地を巡るためにあるのではないかとさえ思っている。

学生の時から長い期間、北海道が私の旅行地の候補として挙げられることがなかった。若い頃は、重層する歴史が感じられないような場所に一切興味が持てなかった。それが三十も過ぎてから必要があって、この地を初めて訪ね、ここの良さは「歴史」が感じられないところにあるのだと了解した。原生林の木を切って牧草地に変えたというのは私のいう歴史ではない。足の下に怨霊の呻きが感じられるようなのが、この場合に私がいう「歴史」である。怨念が感じられないという意味において、ここはあまりにも「清浄な大地」である。

清浄といえば、私は北海道に行く度に帰って来たくなくなる。本州が、特に私の棲息する首都圏が、人口と人工物の過密により熱しきり、空気は汚れきり、全てがどす黒く圧縮され、私が戻ることを阻んでいるかに思えるのである。北海道は、私にそう思わせるほど心象的にも物理的にも清らかである。

北海道東部の丘からの景観

北海道の牧草地を車で行くと、ここは全く非日本的、非東洋的な風景だと思う。ここは北米的、あるいはヨーロッパ的風土である。旭川に生まれ育ち、高校の時、家族とともに関東にやってきた女性は、くねくね曲がった松の木を初めて見て大変な衝撃を受けたという。私は日本の領土内に北海道があることを大変嬉しく思う。我々は国内に、本州とも九州とも四国とも全く違う風土を有しているのである。

北海道の住居を観察すると、本土と違う風土であることが理解できる。まず、瓦屋根がない。樋がない。雨戸と戸袋がない。樋や戸袋は冬期に凍りついて役に立たない。樋や戸袋がないことは北海道の家を本土の家に比べて、かなりすっきりしたものにしている。現代仕居ならば、さらに窓と玄関戸を二重にし、外壁を厚くして断熱材をたっぷり入れてある。

中標津《なかしべつ》というところに縁があった。北海道の東の端で知床半島に近い。作家の畑正憲氏が住んでいるところで、氏とは仕事上のつき合いがあったので幾回か訪ねた。近頃は羽田からの直行便があるが、かつては釧路空港に着き、そこから車で行った。行くことが決定すると、釧路の関連会社の専務に電話をして車を出してもらった。牧草地帯を突っ切るアスファルト道は、直線だったり、緩やかにカーブしたりしていて、追走者も対向車もほとんどない。信号もない。専務は一人で行く時は眠くなるので、必ず途中で車を道路脇に止めて昼寝をするのだと言っていた。

畑邸訪問時に宿泊するのは決まって養老牛《ようろううし》温泉であった。牧草地が終わる山際に数軒の宿がある。ここは緑に囲まれ、渓流が流れ、とても北海道とは思えない風景である。本州の山間のひなびた温泉場と変わらない。縁があって泊まり、何となく私の好みに合った温泉である。藤屋旅館（のちに「旅館藤や」と改名）の風呂は、一番最初に泊まった時は脱衣所は男女別だったが湯舟の先で繋がっていた。それが次に行った時には、しっかり仕切られていた。その後、全国的に露天風呂が流行し、ここの宿にも作られた。しかし北海道は、夏でも夜になると裸で外にいれば寒い。北海道には、やはり露天風呂は似合わないのではなかろうか。この旅館は山田洋次監督の一行が、寅さんシリーズや「遥かなる山の呼び声」の北海道ロケ時に利用したというので、後年訪ねると、ロビーの壁にその時のスナップ写真がべたべたと貼ってあった。

阿寒湖を初めて訪ねた時、遊覧船に乗った。十月も二十日を過ぎた頃で、ここはもう秋の終わりという風情であった。少し小雨まじりであった。湖岸の常磐木《ときわぎ》と散り残りの紅葉の間に枝を拡げる白樺があたかも白骨のようであった。私はこの湖の周囲をいつか是非歩いて回りたいと思って人に聞くと、道はなく熊が出るとのことだった。

知床には標津からバスで行った。半島の中途にある羅臼《らうす》温泉で一泊した。S観光ホテルだと思ったが、名前の立派さに反してひどい宿であった。浴室は広く、なにやらプールに入っているような殺風景さであった。広い浴室といえば、札幌の奥の定山渓《じょうざんけい》で泊まった大ホテルも地下一階が全部浴場になっていて、沢山の浴槽が設けられていた。そこで、バスタオルを巻いたお姉さんがすたすた歩いているのを見ながら湯に浸かるわけだが、なんとも白ける浴場であった。定山渓の浴場は、まだタイルできれいに仕上げてある分、ましであったが、羅臼の浴室は、まともな仕上げもされていなかった。

実は北海道では思わず泊まるのを躊躇するような宿に出くわすことがある。ある時、小樽の近くの朝里川《あさりがわ》温泉に行った。小樽からバスに乗って一度海岸に出、札幌方面にしばらく進んでから内陸に入り、朝里川温泉のバス停で降りると、遠くに兵舎のような建物が幾棟か見える。えっ、今晩ここに泊まるの、と思ったが予約をしてしまっているので仕方がない。宿を訪ね、部屋に通されると大昔のアパートか下宿部屋のようである。それに何よりびっくりさせられたのは床にビニールの畳風シートが敷かれていたことであった。もちろん畳が古くなって痛んできたので、その上に敷いたのである。東京ならどんな貧しい家でも、こんなにみすぼらしくはない。ただこの宿の救いは湯がとてもよかったことだ。風呂場がよいというのでなく湯の質がよい。よく温まる湯であった。ただしこれは二十年以上前のはなしで、今は立派な宿屋に変わっていると思う。

羅臼に泊まった翌日はウトロに出、観光船に乗って知床観光をしようとしたところ時化《しけ》で出ないので、知床五湖をハイキングして帰ってきた。

ある秋の午後、札幌の北大のポプラ並木の写真を撮っていた。ファインダーを覗いていると急に暗くなった。私は陽が雲に隠れたかと思って、太陽を探すと、太陽は丁度、はるか地平線上の山並みに隠れるところであった。私はびっくりした。私の棲息する地域では、このように早い時間に日が沈むことはない。それに私の町なら、太陽はまず家や建造物に隠れ、薄暗さが一定時間続いてから本当の日没が訪れるのである。北海道ではいきなり日暮れる。やはりここは異なる風土の地である。

仕事で札幌周辺の牧畜用建築の写真を撮って回ったことがある。その時、江別《えべつ》の町村牧場にも寄った。ここはもう使われていない。馬場カメラマンがマンサード屋根の大きな牧舎を撮影した。帰ろうとしたが、先ほど北大の越野教授に案内図を書いてもらった時、ここの小屋組が見事だと聞かされたのを思い出した。私は見たいと思ったが、二階に上る梯子もなく、ただ天井に穴が空いているだけなので面倒に思い、馬場君に「ちょっと二階に上って屋根裏を見てくれ」と言った。馬場君はよしきたというので二階の床によじ登り、そして言った「すげえ、バイキングの船みたいだ」。なにバイキングの船！　そう聞いては私もじっとしていられない。よじ登ると、木で組み立てられた蒲鉾《かまぼこ》型の大空間を見た。以前は干し草でいっぱいだったろうが、今はがらんどうである。その空間の高さは普通の家の三階分ほどあった。柱はなく、木材を両側から持ち寄せるようにして組み立てている。充分に暗かったが、いくつか空けられた小さな窓からわずかな光がさしていた。馬場君は早速三脚を立てて撮影を始めた。私も負けじと手持ちのカメラでたくさん写真を撮ったが、後で現像すると、どれもこれも真っ暗な中にただ窓の部分が白く抜けているだけであった。

小樽も幾度か訪れた。海猫屋をはじめとする個性的な喫茶店でコーヒーを飲み、寿司屋で腹ごしらえをし、運河と港を訪ねるのが毎度のコースである。運河は大分埋め立てられたようだが、装いも新たに、散策路として整備され残されたのは本当によかったと思う。この街は、かつては全体に裏寂れた雰囲気が漂っていたが、運河の整備に伴い、おしゃれでお伽の国ぽい観光地に変身した（海猫屋は二〇一六年に閉店）。

函館の六十キロほど北に八雲《やくも》という酪農の町がある。太平洋に面していて、ここらあたりで渡《お》島半島《しまはんとう》が一番細くなっている。この八雲の山間部に手斧で木の熊を彫る柴崎重行氏がいた（平成の初め頃に亡くなった）。ある時、私の編集書籍で「木を愛する人々」の一人として、この方を取材すべく函館に向かった。空港には柴崎彫刻の写真を撮っている吉村博道カメラマンが迎えに来てくれていた。氏は空港の売店でイカの塩辛を買った。柴崎さんの家でジャガイモを食べるのに、これが欠かせないのだという。それから氏の車に乗り込むと、山間を走り、やがて海岸を走って夕方近くに目的の八雲に着いた。八雲では柴崎木彫鑑賞会長でパチンコ店経営のA氏が待っていた。三人で夕食をとり、その日は町のホテルに泊まった。この町はぽつんと独立していて、東京から来た者にとっては荒野の中の西部劇の町のように思える。

翌朝は晴れ上がっていた。三人は起きると早々に出立した。井上氏は途中の牧場で車を止めると、搾りたての牛乳を購入した。やはり、ジャガイモに欠かせないのだそうだ。柴崎邸は森に囲まれた山の牧場で、もうここは北海道的な光景ではない。昔、フランスの山荘に住んでいた人がやって来て、フランスの山中の風景にそっくりだと言ったそうである。柴崎氏およびご家族に紹介され、その後すぐに朝食になった。もちろん井上氏待望のジャガイモである。塩辛をのせたジャガイモも、採れたての牛乳も、なかなか美味かった。食事が済むといよいよ柴崎氏からの聞き取りと写真撮影となり、氏が仕事場にしている戸外に場を移した。氏は、木陰に寝かせた大きな木の幹を仕事台に、輪切りの木に腰を下ろして、手斧で熊を彫り出す。もちろん氏の作品は写実的

柴崎作品

な熊ではない。氏に言わせると木という塊りを彫って、別の塊りを作るのだという。氏は出来かかりの熊を両手にして姿を見、また台上に置くと手斧を振り下ろす。だんだんと蹲《うずくま》る熊の形になり最後にノミを加えて細部を仕上げる。鳥がさえずり、風の音がし、木をはつる音が響いた。

私が柴崎邸を訪ねたのは、この一度だけであるが、今でもなんとよい人に会い、なんとよい風景の地を訪れたことかと思う。氏は当時七十代の後半だったろう。この地から一歩も出ることなく、熊の制作に専念されていた。

A氏は柴崎作品を普及させようと奮闘中であった。私は小さな柴崎作品をA氏から一つわけてもらって帰った。それでしばらく会社の机の上に置いておいた。すると、来る人間が決まって手にし、なで回してゆくのである。白木の熊は手垢で少し黒くなった。

デザイナーのA氏が、それを注意してくれたので、私は早速、家に持ち帰って、我が家の飾り棚におさめた。ここで「皆が思わず手に取る」ということに注目せねばならない。これが多分、柴崎芸術の真骨頂なのである。

実は柴崎作品に別の所で出会ったことがある。柴崎邸を訪ねてから数年後、仕事で酒田の元市長邸を訪ねたことがある。この方が家を新築してまもなくのことであった。家を建て替えると、もとの家の家財の多くを処分しなくてはならない。旧家なら、なおさらである。以上は事前説明である。そして、このお宅の飾り棚を見ると一つの熊の彫刻が置かれていた。実際は茶色かったと思うが、黒光りしているような雰囲気であった。毛並みを細かく線彫りした、それはよい作品であった。全体に優しさに満ちていた。私はご主人の許しを得て熊を手に取り裏を返してみた。すると、私の予感どおり柴崎氏のサインが刻まれていた。それは柴崎氏が手斧を使う以前の若い頃の作品であった。ずっと前からこのお宅にあったという。私は多くの家財が処分されたであろう後に残された、この作品の運命に感動した。そうだ、よいものはこのようにして残ってゆくのだ。「もの」は折々に審判に会う、残すか、あるいは処分するかの。そして真に価値有りと認められたものが残され、そうでないものが消えてゆく。これは原理であろう。私はこのこととこの想いによって、人知れない喜びを感じたのであった。

十三　上越線に沿って

ある秋である。三連休であった。紅葉でも見てやろうと思って、連休初日の昼近くに上野駅に行った。まだ東北新幹線も上越新幹線もなかった頃である。上野駅は行楽地に向かう人々でごった返していた。気分的には十和田湖の紅葉が見頃であろうから、そっちの方に行きたかった。もちろんこの日、十和田湖方面に乗れる列車などあろうはずがない。とりあえず、高崎線の鈍行に乗った。行き先は高崎に着くまでに考えることにした。何となく草津に方向を定めた。列車を乗り継いて暮れ方に万座鹿沢口《まんざかざわぐち》に着いた。駅で草津の旅館に電話すると、どこも一杯だと断られた。まあ、当たり前の事態であった。それで渋川まで戻ってきたところで、とっぷりと日が暮れた。仕方がないので、その日は渋川駅前の旅館に泊まることにした。それまで「駅前旅館」には何回か泊まっているが、何となくわびしいものである。「お客さーん、お風呂が沸いてますよ」と呼ばれて風呂に入り、このお銚子はずいぶん小さいな、おまけに上げ底だなどと一人考えながら酒を飲むのである。そういえば私が最初に泊まった駅前旅館は学生の時で、花巻駅前であった。旅館に泊まり慣れていなかったし、お金もなかったので、飛び込むなり「一番安い部屋いくらですか」と、いきなり聞いた。変なのが来たなという様子で女将さんが料金を言った。私は、表にもっと安い額が表示してあると言って、その額で泊めてくれるよう頼んだ。この旅館の表には「いくらからいくらまで」と料金が表示してあったが、もう古くなっていたらしい。女将さんは、まあ仕方がないという様子で、なにやら布団部屋みたいな部屋に案内してくれた。窓は廊下に面して一つあるだけだった。私はそこに二泊したが、案外と居心地は悪くなかった。

渋川に泊まった翌日、上越線の下りの鈍行列車に乗り込んだ。ぼんやり窓外を見、長いトンネルを抜けて越後湯沢に着いたところで試しに降りてみた。駅前の観光案内所で質問した。「紅葉を見たいのですが、どこに行ったら見られますか」。係の男は怪訝な顔をし、窓から身を乗り出し周囲の山を指して「ほら、青々としているでしょう。まだ紅葉していないのです」。そこでまた下り列車に乗った。列車の中で温泉案内書を見、小出《こいで》周辺にいくつか温泉地があることが分かったので小出で降りた。やはり観光案内所に行って、今晩一人で泊まれる温泉はないかと聞くと、今日はどこも一杯だと言われた。ただ、越後駒ヶ岳の麓に駒の湯というのがあって、電話もないが、山小屋になっているので行きさえすれば必ず泊めてくれると教えてくれた。それでタクシーを雇って駒の湯に向かった。ススキの中の砂利道を進むのであるが、あまりの景色の良さに私は、これは歩かねば損だと考え、「ちょっと止めて下さい」と言ってタクシーを降りた。天気は上々、駒ヶ岳は悠然と構えている。私は雄大な景色を独り占めにしているような気分で歩いた。

駒の湯は、駒ヶ岳の麓の、砂利道からは少し下がったところにあった。脇を谷川が流れている。玄関と見受けられるところに行き、いくら呼ばわっても誰も出てこない。それで、そこより下にある厨房に下りていって、泊まりたいと言うと、玄関を入った一番手前の部屋に勝手に上がってくれと言う。言われたようにすると、部屋はガラス窓からの陽射しで丁度日溜まりになっていて、その陽の当たる畳上に大量のかめ虫が群がってた。私はまた厨房に行き、「あの、変な虫がいっぱいですが」と言うと、玄関の突き当たりにホウキとチリ取りが掛けてあるから掃いて捨てるようにと指示された。ただし虫を踏みつぶすと、えらく臭いから十分注意するようにと言われた。私は、こんなに沢山のかめ虫が居たら、いま調理している夕食にも沢山飛び込むのではないかと不安になった。しかし後で夕食が出されると一匹も紛れ込んでいなかった。家に帰ってから父親に話すと、それは客に出す前に皆取ったのだろうと言われた。

さて宿に着いたらなによりも温泉である。母屋から突き出た谷川脇の半露天状の浴場に行き、入ってびっくりした。湯が冷たい。脇に小さな沸かし湯が用意されているので、そちらに漬かって早々に出た。宿の人に聞くと、一時間半ほど入っていて下さい、そうすると身体の内部からポカポカしてきますということであった。私がいくら気が長いといったって現代社会の住人だから、そんなことはとてもしていられない。さて暗くなって、さらにびっくりした。宿のおじさんが部屋に石油ランプをぶら下げにきたのである。この宿には電話だけでなく電気も通じていなかったのである（これは昭和四十七年当時のはなしである）。

越後湯沢の湯には何度も入っている。ある年の五月の連休に、どこかの温泉宿で執筆をしようと急に思いついた。朝、湯沢の観光案内所に連絡すると、三国屋という宿で泊めてくれると言う。それで早速出掛けた。三国屋は駅の近くの小さな宿である。家族だけで経営している。私は部屋に通されると、バッグから電気スタンドを取りだし、「これ使ってもいいですか」と、案内してくれたここの娘さんらしい人に尋ねた。このことで、彼女は私を作家と決めてしまったらしい。部屋に来る度に、いいのが書けますかと声をかけるのであった。さすがは湯沢である。『雪国』の伝統が生きている。

この宿は小さな宿でもあり、浴室なども貧相であった。ただし特筆すべきことに飯が実にうまかった。近くの親戚（湯沢の北隣あたりの町らしい）から、混ぜもののない「こしひかり」を届けてもらい、それを家人も食べれば、客にも饗しているという。おかずなど何もなくともいいといううまさであった。私は、この日、日本の米のうまさに驚嘆した。残念ながらこの宿は今はない。

近頃は湯沢に行くと中屋に泊まる。市街地の北の端が山になっていて、そこに高半と中屋の二軒の旅館が並んでいる。高台に建つので眺めが実によい。高半は川端康成が泊まって有名な宿だが、中屋の裏に当たるので眺めの点では中屋の方が優れていよう。まるで湯沢市街地と三国山脈

法師温泉「長寿館」

を展望するための宿のようである。ここは従業員教育もよく、食事もうまいのでお奨めの宿である。

また、温泉といえば、湯沢から三国峠に行く途中の貝掛《かいかけ》温泉も評判がよい。山の中の全くの一軒宿だが、山小屋風の造りと、何となく都会風なもてなしがよい。湯はぬるいが眼病に効くので有名である。都会から来て一泊し、自然の中で英気を養おうというのに適した宿だと思う。

湯沢から三国峠を越えて関東に戻ったところ、峠の真下のようなところに法師《ほうし》温泉がある。前の会社の先輩が行った時にはランプの宿でびっくりしたと聞いた。それは昭和四十年くらいのはなしだろう。昔の温泉宿といった趣がよいし、古風な風呂場が実に素晴らしい。広い湯舟は河原の玉砂利敷きになっていて、そこから湯が湧き出ている。ここは食事もよいし（近頃訪れると調理長が替わっていて昔ほど美味くなかった）、値段も妥当である。自然環境はいうまでもない。何拍子も揃った実に素晴らしい温泉である。

宝川《たからがわ》温泉を初めて訪ねたのは、もう三十年近い昔である。ＪＲの水上《みなかみ》駅付近は雪が一メートル四〇センチほど積もり、その日もさらに降り続いていた。バスを宝川温泉のバス停で降りると、そこはもう白一色の世界であった。私はスキーもしないから、これが雪国を訪れた初めての経験であった。宿では古風で美しい日本間に通された。二方に窓があった。番頭さんが窓を開けると雀が一羽飛び込んできた。この宿の有名な露天風呂は、この日、実に快適であった。体が温まると岩の上に座って休んだ。雪が降っているので温まった身体がすぐ冷えた。するとまた湯に浸かり、それを繰り返して一時間半ぐらい平気で入っていられるのであった。経営者が宗教的な人なのだろう、湯の隣の岩上に坐禅堂があったので、私は学生時代を思い起こして一人静座した。食事もよく、従業員教育も実に行き届いていた。この夜、床について目をつむると、闇から雪が降ってくるのであった。それは先ほど露天風呂で見た光景のリピートであった。実に快く眠れた。

私は、その十年後に、仲間とここを再訪した。残念ながら素晴らしい宿は変貌していた。大いに賑わって、やたらに忙しい宿になっていた。従業員の振る舞いはなっていなかった。食事は、運ばれた時に既に冷えていた。変わらないのは売り物の露天風呂とまろやかな泉質だけだろう。旅をすると、時たまこういう経験をするが、実に残念なことである。宝川温泉の場合は、十年の間に代が替わったのだと思う。

若い頃、榛名山《はるなさん》の中腹の榛名町《はるなまち》（現在は高崎市に編入され、高崎市榛名山町《はるなさんまち》の一部）を幾回も訪ねた。ここに土地を持っているY先生が、そこに陶芸村を作ろうと計画し、そのお手伝いをしようとしたのである。その土地は村のはずれの別荘分譲地で、それより先（上）はもう人家がなかった。七百坪くらいの区画であった。計画に加わった陶芸家のM翁と一緒に訪ねた時、M翁は草ぼうぼうの敷地を歩きながら、この草も食べられる、その草も食べられると私に説明した。私はびっくりした。私がもし一人でこういうところに放り出されたら即座に餓死するであろうが、実際は食べ物だらけなのである。私は無知の恐ろしさについて考えざるをえなかった。

いよいよ、その土地に茅葺き農家を移築しようということになり、建築史家の宮上茂隆先生と、この村にある処分されそうな物件を見て回った。するとどこの家でもお茶請けに自家製の白菜の漬け物を出してくれた。どこの家の漬け物も実にうまかった。私はそれから三十年近く生きているが、この時の漬け物ほどうまい漬け物を食べたことがない。その日は、宮上先生と、榛名山のちょうど裏側に当たる伊香保《いかほ》の千明仁泉亭《ちぎらじんせいてい》に泊まった。伊香保という街をY先生は、コンクリートで固め尽くした実につまらない街と評したが、私に言わせるとコンクリートで固め尽くした実に面白い街であった。千明仁泉亭は木造三階建てだか四階建ての老舗で、これまた、まことによい宿であった。

陶芸村計画は途中でとん挫した。それで困ったのは、茅葺きの家を移築するつもりで、屋根を葺くための萱《ススキ》を用意してしまったことであった。敷地に運び積まれた萱の量は恐竜の死体ほどの分量であった。格好も似ていた。刈って、運び、適当量に束ねるのに既に五十万円ほどかかっていたと思う。もちろんY先生の出費である。Y先生とは喧嘩別れの格好で、私は二度とその地を訪ねることがなかった。しかし、しばらくはその萱の山の行く末が気になったものである。

十四　京都

関東以外で一番多く訪ねている土地は京都であろう。学生時代以来、間欠的に、あるいは連続して何回訪れたか知れない。もちろん、こんなことでは京都をよく知っているとはいえない。京都という「奥深い土地」にとって私は単なるエトランゼにすぎない。

はじめに京都人の中華意識について触れたい。京都に育って京都の会社に勤めている男が言った。会社の社員旅行でどこに行っても、みんなで、ああやっぱり京都が一番だといって帰ってくる、と。なんと恐ろしい人々であろうか。また、中京区の町家に住む人からもらった原稿の一節

「やがて東京へ都落ちの私。」うーむと唸るべき思い込み方である。

先の会社員氏は、京都で売れる製品なら全国どこでも売れると言っていた。京都人こそ、本当に良いものを見出す確かな眼を持っているというわけである。なにしろ自分たちには歴史的な背景があり、普段、本物に囲まれて生活しているのだということらしい。

この地では、家造りにも庭づくりにも伝統が息づいているのは確かである。伏見の桃山城の東側に新興の高級住宅地がある。ある設備会社の社長が立派な家を建てたので見せてもらったことがある。お訪ねすると、この地区ではまともに家が建たないというはなしが出た。社長氏が言うには、この上のお宅（ここは傾斜地になっている）では家が完成するまでに大工が三回替わった。南隣の建築中のお宅では屋根が載ったところで施主が来て、形が気に入らないといって屋根を作り直させた。窓を開け西隣の敷地を指さすのを見ると基礎だけができている。ここは基礎ができたところで施主と大工が喧嘩になり、そのまま六か月も放っておかれている、とのことであった。良し悪しは別として、もう東京には見られなくなった、「文化としての家」を造る伝統が生きているのである。この社長氏のお宅は完成したばかりであったが、さすが京都と感心させられるような和風の庭が出来上がっていた。

京都在住のN先生と祇園の小料理屋で飯を食べた。帰りに、もう一軒寄りますかと言って先生は料理屋の並びのしもた屋の格子戸を開けて入った。ここの表には、いかなる看板もなかったし、格子戸の中には照明らしい照明もない。それから先生は、入った格子戸のすぐ右側にある木製ドアを押した。びっくりしたことにそこはバーであった。ここは一見《いちげん》さんお断りというような生やさしいものではない、一見さんは存在すら知ることが出来ないのである。

京都のホテルの中に入っている店やガイドブックに載っている店で会席料理を食べても美味くないことが多い。なんだか格好だけついていて、やたらに甘いだけだったりする。しかし、中京区の旦那衆が通って夕飯を食べるような店には見事な味の店がある。四条河原町《しじょうかわらまち》の路地の「三《さん》栄《えい》」もそういう店である。私は白木のカウンターに腰掛けて主人が薦める煮物などを食しながら、これは一体いかなる味付けをしたのだろうと考えたりする。一般に、まず一流のものを沢山見聞賞味しておかなくてはいけないとされる。一流のものに触れておくと、それを基準にして他のものの値踏みができるのである。つまり、まず百点の位置を確定させておかなければ己の尺度は作りようがない。「三栄」は、日本料理における私の基準になっている。

確かに京都には京都人が自負するのに妥当な優れた文物が沢山残されている。それらのうち私が一番享受したのは「庭」であろう。京都に行く度に庭巡りをした。何回も訪れるので、いつもの散歩道のように思える参観アプローチもある。京都が戦災などにあって庭の多くが破壊されていたとしたら、我々は他に代替物を持たないために、この国の貴重な文化の一面を、そっくり失っていたに違いない。そういえば、我々は震災と戦災と近代化とでたらめな経済主義のために、貴重な江戸文化の多くを既に失ってしまっているのである。

日本庭園の傑作は圧倒的に京都にある。なぜであろうか。京都が千年の都であったということが理由の全てではない。大きな理由は、何よりも、この地の美しい風光に求められるのではないか。庭の数々の名作は、この地の美しい風光に触発されて作られ、この美しい風光に支えられて存在している。

また京の庭の基盤になっているのは京の風土である。大昔に湖底であった京都が、苔を生む風土であることに注目せねばならない。東京では苔が育たない。それで京風の庭の作成は困難である。有名な苔寺（西芳寺《さいほうじ》）の庭の成立当初は苔がなかったという。あの庭は不本意に苔で被われたのである。京都で創られる庭は、作者の意図にかかわらず、徐々に京風に染められてゆく。竜《りょう》安寺《あんじ》や大仙院《だいせんいん》の石庭が苔で被われないのは、掃除を欠かさず、守る人の大変な努力によって白砂の庭が保たれている。大徳寺の聚光院《しゅこういん》の庭なぞは本来の石の庭が苔に覆われてしまっている。人間と自然が合作し、これもまた捨てがたいといったところである。

実は庭に限らず、日本文化の核となる部分は、京都の美しい風土において創始され、長い期間をかけて熟成されたのである。それが江戸をはじめとする各地に伝播し移植された。京都の風土は日本文化の故郷といってよい。

七、八年前であろうか、初めて桂離宮を訪れた。私が編集していたシリーズ書籍上で何度も取り上げ、写真もさんざん扱った後である。そろそろ紅葉が始まる頃であった。初めて見るこの庭に私は本当にびっくりさせられた（残念ながら一般参観では建物内は見られない）。奇蹟の造形世界といってよい。八条宮家《はちじょうのみやけ》の初代親王が、王朝の夢の空間を再現しようという空前の構想を立て、実施し、子供の二代親王が現在見る形に完成させた。お二方は本当によい人生をやったと思う。この世に理想とする美的世界を構築する——これはユートピア計画だと思った。

私がそれまで感心して見てきた京都の各寺院の名庭も、この離宮の美しさと規模に較べると色あせる心地がする。桂離宮は細部が十分に美しく、さらに全体構想が見事である。私は残念ながら、桂離宮に関しては賞賛するしか能がない。

桂離宮を二度目に訪ねたのは、ある年の八月の終わりであった。連日暑い日が続き、雨もほとんど降っていなかった。私は訪れてびっくりした。苔は色を失い、また、ところどころ剝落し地の土が露出している。初回に見た時の美しさがない。まあ、こんなに広くては庭に水のやりようがないのは分かる。管理の人員が不足しているということも後で人から聞いた。しかし、天下の桂離宮だ。こういう状態にしておくには忍びない。なんとか善処して欲しいものだ。その時、係員に、あの苔は枯れてしまっているのかと聞くと、そうではないということなので、少し安心したものだ。とりあえず、桂離宮の夏の参観はお薦めできない。

この項の初めで原稿の一節を紹介した中京区の住人は吉田孝次郎という人である。この方の祖父が明治末に建てた町家が長く貸家にしてあったのを、ある時取り戻し、見る影のなくなるほど改装してあったのを奮闘の末、元に戻し、「無名舎」と名付けて保存公開している。

このお宅を初めて訪れたのはちょうど二十年ほど前である。もちろん、京都の町家というものを見たのは、この時が初めてであった。しかし私は、この鰻の寝床のような家を一遍に理解できた。というのは丁度同じ頃に建てられた我が生家と基本構造において同じだったからである。もちろん私の家は町家ではない。南面に庭を持つ古い日本家屋である。思うに、吉田邸は、わが生家に店を付け、細長い敷地に無理無理押し込め、しかも快適に住めるよう精一杯の人智を働かせたものであった。

吉田邸の道路に面した部分は店の間である。昔、商売の場にしていたところである。今は格子がはまりっぱなしになっている。その左脇に格子戸があって、入ると土間（通り庭）になっている。土間はずっと奥に続いている。進むと右に玄関があり、さらに進むと台所になっている。左側が流しやコンロで右側が台所の間である。台所の間の右奥は二間続きの座敷になっている。土間はさらにトイレや風呂の脇を通って蔵まで続く。店の間と座敷の間に中庭（玄関の奥になる）、座敷と蔵の間に奥庭がある。こうした町家の型が成立したのは割と新しく江戸時代になってからのことだという。

吉田邸の座敷に座っていると、外界から隔絶した一つの天地に居るように思える。不思議なことに自然は豊富にある。二つの庭である。緑があり、光が射し、風が通り抜ける。つまり町家内は外部とは隔離されながら充足している。一歩表に出ると、京の古い街が息づいている。そして、街全体が美しい山に囲まれている。古代そのままの山である。山が千数百年の歴史を閉じこめているかのようである。こういう所に棲息していると、意識も関東平野にいるのとは自ずから違ってこよう。自分が宇宙の中心であるかに思えてくるのかも知れない。

宮上先生の紹介で、西本願寺の向かいの路地を入ったところの旅館に泊めてもらったことがある。旅館業を表看板にしているのでなく、馴染みの美術や建築の先生が学生を率いて京都に来た時に泊めているような宿である。吉田邸ほど典型的でも立派でもないが一応町家の造りである。朝食は出してくれるが、夕食は出ない。二階の部屋にいると奥さんがやってきて、煎茶お好きですかと聞く。はい、と言うと、しばらくして玉露を運んできてくれたのでびっくりした。それで奥さんは世間話をしていった。娘さんが適齢で、奥の座敷一杯の嫁入り道具を買い込んであるのだが、肝心のお婿さんがまだ決まはらしませんと言って笑った。なんとも京都らしいはなしである。

都ホテルはよいホテルだと思う。玄関部分を改装する前が特によかった。ある夏、連泊した。

中庭のプールで泳ぎ、古風な室で昼寝をし、夜は外で食事をしてから戻って、ここのバーで飲んだ。朝、ここのレストランで食事をすると東山と、その一帯の高級地が一望できて実に素晴らしい。このレストランにビーチサンダルで入っていった時は係員が飛んできて、以後やめてほしいと注意された。

大徳寺には多くの塔頭《たっちゅう》があり、優れた庭や茶室が沢山あるが多くが非公開になってる。かつて、塔頭の一つ高桐院《こうとういん》（公開）を訪ねた。ここには細川三斎（忠興）が作ったという茶室がある。書院から続いているのだが張り紙がしてあって入室を禁じている。学生の頃はどこの茶室も自由に入れたものだ。まあ、近頃のように観光客が多くては、自由に入れていたのでは茶室が傷んで仕方がなかろう。ただし私はその当時、ちょうど茶室に興味を感じていた時だったので、ちょっと入らせてもらい薄暗い中で座っていた。中で座ってみないことには茶室は理解しようがない。

それにしても粗末でぼろな茶室だ。この茶室は北野の大茶会に出展したものを移築したと聞いたが、多分事実に違いない。元もと仮設建物なのである。それで充分に粗末なのだ。しかしこの蹴飛ばすと崩れてしまいそうな粗末さがなんともよい。もしかしたら、日本の家というのは、こういう蹴飛ばすと壊れてしまうようなのが理想なのではないかなどと、とりとめなく愚考していた。すると外の庭から茶室の中を覗いた観光客が私を認めて「びっくりした。三斎公が座っているのかと思った」と言った。私は三斎公に間違われて非常にご満悦であった。東京に帰ってから、宮上茂隆先生に自慢げに話すと、「僕なんか院生の時、薬師寺の三重の塔の中で実測をしていたら、修学旅行生が覗いて『あっ、なんかいる。浮浪者だ！』と言われた」と笑っていた。

宮上先生は不世出の建築史家だったが若くして亡くなられた。私が編集していた「住まいの文化誌シリーズ」では長く顧問をしてもらっていた。構成案が出来上がると見てもらい意見をもらった。制作途中でも私の判断に余る場合があると相談に乗ってもらった。

私はこの人の学問を助けたことが、後にも先にも一度だけある。

ある時、宮上先生に「銀閣寺を撮影することになったので、あした馬場カメラマンと一緒に京都に行くんだ」と言った。先生は「僕も奈良に行く用事があるから、京都に寄ろうかな」と言う。それで翌日の夜、宮上先生と都ホテルで落ち合い、翌々日の朝、一緒に銀閣寺に出掛けた。指定の時間は七時半である。九時から参観が始まるので、その前に撮影を済ませようというわけである。それで庭内に観光客はいなかったが、従業員一同が掃除や盛り砂作りで大忙しであった。この時は銀閣と東求堂の外観を撮るのが目的であった。

撮影が一段落する頃に馬場カメラマンが銀閣の二階を指して「あそこに登ると眺めがいいんだぜ」と言った。馬場カメラマンは、その前年の暮れにテレビの仕事で来て、銀閣に登りビデオ撮りをしているのであった。そして、先ほど私が会ったここの事務局長とは、その時のつき合いで懇意になっているという。「あそこに登ると眺めがいいんだぜ」という馬場君の言葉に、そばにいた宮上先生が「上がりたいなあ」とボソッと言った。私は上がりたくもなんともなかった。私が上がったところで、東京タワーに登ったというほどの意味しかない。しかし宮上先生が登りたいというのであればわけが違う。私としては、何が何でも登ってもらわなければならない。私は馬場君に「ちょっと事務局長に頼んできてくれ」と言うと、馬場君は、おいきたというわけで事務所に行き、やがてOK、OKと言いながら出てきた。我々一行は早速、銀閣二階に上った。登ると、確かに庭の眺めが抜群によい。おなじみの庭を新たな視点で眺めることができ感動的でさえあった。先生は二階の柱などの材を子細に見て回って「やっぱり思ったとおりだ」と言った。何ですかと聞くと、柱に意味のない埋木などがある。移築なのだそうだ。この二十分ほどの見学により、宮上先生は後年「銀閣移築説」を発表した。銀閣は高倉御所より移築され、しかも、元の姿のままの移築ではなく、大胆に改築されているというのである。私はこの学者を、日本のシャーロック・ホームズだと思っている。ほんの少しの痕跡から隠された真実を明らかにしてしまう。その後、銀閣移築説が肯定されたとも否定されたとも聞かない。今の中世建築史家はそれを審判する能力も興味もないのであろう。

我々が銀閣の上で、絶景かなとやっていると、九時を過ぎ、いよいよ観光客が入ってきて、我々を見つけて騒いでいる。それが管長の耳に入り、事務局長が血相を変えて飛んできて、すぐに降りよと言う。なんてことはない馬場君は許可を取っていなかったのである。先ほど馬場君が事務局を訪れた時、ちょうど事務局長が不在で、馬場君はなんと、事務の女の子に「ちょっと登りますから」と言ってきたのである。事務局長から、とても考えられないことをしでかしたというので、さんざんに叱られ、こちらは平身低頭して謝ってやっと解放されたのであった。

十五　奈良

奈良を初めて訪ねたのは、高校の修学旅行の時であった。特に飛鳥の地に衝撃を受けた。鬼の雪隠などの名所を巡るうちに強烈な懐かしさがこみ上げてきた。そして、ここは以前にも訪れたことがあるという感懐に襲われた。まことに「大和は国のまほろば」であった。その後、飛鳥を二度歩いている。いつ歩いてもよいところだ。いつかまた訪ねるであろう。最初に歩いてから四十年になるのに、その風景が今でも少しも変わらないのは見事である。

法隆寺

学生時代、奈良を訪れると東大寺門前の日吉館《ひよしかん》に泊まった。いつも春休みの時だった。夜になると玄関ホールの大きな火鉢を囲んで話が弾んだ。学生や学者の卵やカメラマンがいた。宿の主

飛鳥資料館で

人もいた。ご主人は仏像を奈良からよその美術館などに運び出す際の「梱包日本一」といわれていた。皆、奈良を愛し、文化を志向する人ばかりであった。見ず知らずの人たちであったがすぐ仲良しになった。今日はどこに行ったのだと聞かれたので私は、法隆寺と中宮寺を見て帰ってきたと言うと、それでは駄目だ、法輪寺と法起寺と慈光院を回らなければならないと言われた。それで次の日、早速教えられたとおりの道を歩いた。牧歌的で絵のように美しい散歩コースであった。それから二十年もしてから行ってみると、道はアスファルトになりコンクリートの建物も散見され、歩いても少しも嬉しくない道になっていた。

慈光院は大和郡山を見下ろす高台に建っていた。ここの書院に座り白砂の庭越しに見る大和盆地の風光は実に見事であった。遥かな円やかな山並み、いくら見入っても、いかなる事件も発見し難かろう大和盆地、千年前と少しも変わらないだろう景色がシネマスコープの画面のように拡がっていた。後年訪れると、前面にその景色をわざわざ隠すようにゴルフの練習場ができていた。なんてことだろう……。

日吉館の夕食は、決まってスキヤキであった。宿の人は食事用の部屋に七輪と割り下とスキヤキ材料と取り皿とご飯さえ用意しておけばよかった。客が来ると、前の人を立たせて、交替に座らせた。「また、スキヤキ〜っ」と言う客に、おばさんは、贅沢言うんじゃないよと応じた。

ある春、日吉館は超満員であった。廊下にも玄関の板の間にもびっしりと布団が敷かれた。私はうまい具合に宿の人を追い出した玄関前の部屋に寝かされたが右肩が箪笥に当たり、左肩が隣の男の肩に当たった。夜中に女性客が玄関のガラス戸を叩くが誰も起きてゆかない。どこにいるのか、おばさんも起きない。仕方なく私が起きていってガラス戸を開けてやると、近くに下宿している女子大生で、下宿に帰ったら鍵がかかっていて入れてもらえないので泊めてくれと言う。泊めるも泊めないも、この宿はアリのはい入る隙もない、説明して帰ってもらった。

日吉館は、奈良を愛する青年や研究者を長年にわたって泊めた。会津八一《あいづやいち》が逗留したことでも有名である。しかし私が泊まった十年後に閉館した。その前に「あおによし」という連続テレビドラマになって放映されていた。

奈良は京都と違ってそう頻繁には訪れるところではない。奈良、京都間は近いといっても、新幹線を利用した序でにちょっと立ち寄るというわけにもゆかない。それでもたまに行くことがあり、行くと近頃はだいたい奈良ホテルに泊まる。ここの旧館の部屋は古風でよろしい。今どき脚付きのバスタブというのも珍しい。そして朝食時のレストランがよい。ここは奈良公園の一角に位置していて、窓外を眺めると無く眺めていると古い都にいるという実感と喜びが湧いてくる。

大神《おおみわ》神社は、三輪山をご神体にしているので、拝殿だけがあって本殿はない。山は禁足地とされ、登るためにはお祓いを受けた後、白いたすきを掛け、専用の木戸から入る。ちょっとした登山となる。途中ところどころに石の群があり、頂上にさらに大規模な石組みがある。古代祭祀における磐座《いわくら》である。

Bカメラマンが、この山頂の磐座の写真を撮ってきた。もちろん神社では写真撮影を禁じている。B君の写真は実に神々しく撮れている。ちょうど宗教関係の本を編集していた時なのでそこに載せたいとB君に告げた。当時私は、この神社についての知識をほとんど持っていなかったのである。B君は渋っていたが無理に提供してもらった。校正刷りが出た時、わが研究所の社長であった高橋氏に見せた。すると磐座の写真を見つけて「佐子くん、これ大丈夫か」と言った。私は「大丈夫、大丈夫」と言って取り合わなかった。そして、いよいよ本が出た。実は、それからが大変であった。出ると同時に大神神社より抗議の電話が入り、内容証明付きの手紙が届いた。私は狼狽した。いくらなんでも日本最古の神社と喧嘩などしたくない。未配本の分に修正を加えるなど、できるだけの処置をとった上で、高橋氏と上司だった島津氏と三人で大神神社に謝りに行った。

この大神神社と天理間に歩く古道があって山辺の道という。いつか歩いてみたいと思いながら果たさずにいる。

天理教本部には、高校の修学旅行時に訪ねた（この時の主目的は天理参考館の見学である）。信者らは拝殿で、悪しきを祓うて助けたまえ天理王のみこと——と詠いつつ礼拝していた。私はこの姿を実に美しいと思った。それで今に至るも天理教に対して好意を持っている。


浄瑠璃寺には学生の時に訪ねた。バスに揺られて行った。山の奥の美しいお寺という印象である。近頃再訪した。小雨が降っていた。相変わらず美しい寺であった。庭は、池の此岸より彼岸である阿弥陀堂を拝するように設計されている。本尊の九体仏が秀逸である。

室生寺も学生の時に訪ねた。ここも美しい所を訪ねたという印象がある。いつか、もう一度訪ねてみたい。門前に土門拳が定宿にした橋本屋があるので、今度はそこに泊まりたいと思っている。

十六　庄内

庄内はもっとも好きなところの一つである。一番の理由はやはり森敦《もりあつし》の『月山《がっさん》』の影響であろう。あの作品が、私のうちに抜き差しならない庄内のイメージを植え付けている。つまり、私にとって、ここ庄内は訪ねる前から美しいところであった。もちろん実際に風光明媚なところである。美しい水田。そして、その果てに連なる美しい山々。山は信仰の山である。そして平野の一方は海に面している。あそこは山と海で仕切られた一つの天地である。私の生活圏から遥か離れたところに清らかな一世界がある。

月山登山道

初めて庄内を訪れたのは、竹中さんが鶴岡にいた時である。二月で雪がちらついていた。ちょうど黒川能の時期で、黒川村の神社に案内してもらった。暗い拝殿内で村人による能が演じられていた。その夕べ、竹中さんに湯田川《ゆたがわ》温泉の七内《しちない》旅館に案内してもらった。湯田川温泉は鶴岡の奥座敷といった立地である。村全体が静かで田舎びていて大変好ましい。七内旅館は特に気に入った。木造の古い建物である。湯は道路の向かいの共同浴場から引かれている。浴室自体が狭いが、特に湯舟が小さく一畳半ほどしかない。大人二人が漬かるといっぱいになる大きさだ。実はこの大きさが湯を適温に保つのに丁度よいのだそうだ。これ以上広いと湯が冷めてしまう。人間に合わせず、湯の温度に合わせた、この非現代風な姿勢は天晴れといわざるをえない。ここは料理もよい。いつか泊まった時、ドイ

湯田川旅館の帳場

ツかどこかの青年が一人で正座して食事をしていた。日本に滞在しているらしく誰かに紹介されて来て、ここを根城に庄内観光をしていた。そうした風景がこの地とこの宿にぴたりであった。

帳場になっている部屋は、天井が張ってあったが中央に囲炉裏が切ってあった。囲炉裏の脇に事務用の古風な（勉強机風の）木の机と椅子が置かれているのがおかしかった。私は、この宿が気に入って、都合三度訪れている。

庄内には印象的な建物が多い。羽黒山の老杉の間にていていと聳える五重塔。瓦の置屋根の蔵が妻を連ねて並ぶ酒田の山居《さんきょ》倉庫。また、鶴岡の致道《ちどう》博物館は、ここらあたりの建物博物館である。印象に残るのは見事なプロポーションの西洋館「旧西田川郡役所」、旧藩主のご隠居所と庭園。豪壮華麗という言葉がぴったりな田麦俣《たむぎまた》の多層民家「渋谷家」。田麦俣では、明治期に養蚕が盛んになり、屋根裏を利用するために、それまでの寄せ棟造りの屋根に高八方《たかはっぽう》と呼ばれる破風窓を設け、平屋根に八方と呼ぶ小窓を開ける改造を施した。その結果、他に例を見ない意匠の民家「高八方」が誕生したという。

各地の民家を一カ所に移築して見せる民家園（致道博物館もその部類である）には良さと悪さ

がある。良さは、もちろんいろいろな民家を一か所で見られる点である。また、民家園があるがために消失することなく長く保存される家があることである。段々消えてゆく伝統的な建物をどこかに保存しておくのは重要な仕事だと思う。欠点もある。建物は本来それが建てられた風土（立地、景観、生活環境）と一体になっているものである。移築していなければ、こういう風景の中で美しく見えるようにデザインされたのだなとか、こういう地形だからこういう建物形状になっているのだなとか、この風土なのでこの素材を使ったのだなというようなことが納得できたりする。また、門や蔵などの付属建物との関係も理解できる。母屋一棟だけ、全く違う場所に移されて展示されても、理解のしようがないことが多い。さらに、民家は人が住んでいた方がよい。無人になった家屋はミイラ標本に近い。中に住む人間と、

山居倉庫

多層民家（高八方）渋谷家

その生活が家屋を血の通ったものにしているのである。

私は田麦俣の地に高八方を訪ねてみたいとずっと考えていた。近年になり、酒田の土門拳記念館を訪ねた帰りに、ようやく夢を果たすことができた。庄内の山に秋が来る頃であった。

田麦俣は、庄内平野から六十里越街道《ろくじゅうりごえ》（国道一一二号）を行くと『月山』の注連寺よりさらに奥になる。村は幹線からはずれた谷の斜面にあった。村の入り口のところが墓所になっていて、そこから目的の多層民家が二棟見られた。一棟は民宿になっており、一棟は民俗資料館になって公開されている。もう一棟どこかに、テレビで見た鷹匠が住む家があるはずだが訪ねずじまいであった。昔はこの村落の建物全部が高八方だったのだろう。民家の写真を撮っているM君によると「高八方は瞬く間に無くなった」という。全く残念なことである。しかし数棟でも残ったのは幸いであった。私は、この山村の高八方を見て強烈に「文化」を感じた。この民家は飛騨や五箇山の合掌造りに比肩しうる。面白いことに両者とも養蚕のための建物である。もちろん養蚕は明治の日本を担った産業である。そして、養蚕がなくなった今、日本の東西の山深いところに二種類の文化財としての家屋を残したのである。

田麦俣の高八方

注連寺

注連寺は山間ながら開放感がある美しい里にあった。本堂の建物がいかめしい。さすが即身仏（ミイラ）を収蔵している建物である。本堂脇の濡れ縁から月山が遠望できた。本堂に宿坊が連なっている。宿坊の二階は広間（畳敷き）になっていて、森敦が越冬したところだという。日溜まりにかめ虫が動いていた。

庄内は風光明媚な地であると同時に、重層する文化の地である。両者が渾然となって一つの天地を形成しているところが、この地の尽きない魅力といえよう。

人の車に同乗して六十里越街道（鶴岡から十王峠を越えて田麦俣に入り、志津、本道寺を通り山形城下にいたる街道。湯殿山への参詣道として栄えた）を庄内から山形に抜けたことがある（つまり東京方向に戻った）。延々と続く山道。やたらにトラック、ダンプが行き交う埃っぽい道であった（山形自動車道の建設中であったのかもしれない）。私は、この行程にうんざりした。庄内を脱出するというのは容易なことではない。車がなかった昔の人はどうしたのだ。

庶民は庄内から出なければ、それですむ。参勤交代の大名行列はどうしたのだ。まさかこの道を行ったとは考えにくい。私は、ずっとこの疑問が頭から離れなかったので、一番最後に（平成二十五年）庄内を訪ねた折、致道博物館の係員や、藤沢周平記念館の学芸員女史をつかまえて尋ねたものである。両氏とも同僚や郷土資料館等に問い合わせてくれた。それで分かったのは、大名行列は庄内平野を清川まで行き、そこから最上川沿いに新庄に出、南下して山形を通り、米沢の手前を福島に山越えする道を取った。六十里越街道を通ったのは直訴状を持って江戸に向かう百姓一揆の一団だと教えてくれた。かつては、最上川がこの地を脱出するメインルートであった。

庄内は、陸の孤島のような地ではあったが、北前船によって京阪に通じ、参勤交代によって江戸に通じていた。それで、文化度は決して低くなかったのである。北前船によって庄内の米と最上川上流で産する紅花が京阪に送られ、京阪からは、塩と木綿と古着と磁器が届けられた。もちろん紅花は都で染織と化粧用の紅に加工され、木綿と古着は、この地の人の衣服となった。

また、庄内平野は日本有数の穀倉地帯である。いつか飛行機で酒田空港に着陸する際、緑なす水田中に吸い込まれてゆくような感があった。

この地の文化として、他に特徴となるのは出羽三山（月山、湯殿山、羽黒山――修験道を中心にした信仰の山）の宗教文化である。さらに、明治になってからの洋館建築や庶民建築が挙げられよう。この地に残る建物は、まことに結構である。この地の人の進取の気性と、美意識は侮りがたい。

いずれにしても首都圏に住む者からすると、庄内は幾重にも重なる山の先の別天地である。街も山も田も空気も真に清浄である（ように思える）。

街は酒田（港町）と鶴岡（城下町）だ。両所とも古さと落ち着きを残していて好ましい。酒田の観光の代表になるのは山居町《さんきょまち》の倉庫だろう。この倉庫がユニークなのは、今も現役の米穀取引所の倉庫として使われていることである。訪ねた日もトラックが横付けされて物資の出し入れが行われていた。かつては大八車が横付けされたのだろう。私はこの倉庫を見ていて、なぜ、このように三角の屋根を続けた姿になっているのだろう、まあ、それ故に美しいのだが、長い一体の屋根にしてしまえば作るのに手間がかからなかったろうにと思ったのだが、よく見ればこの倉庫は一体の倉庫ではなく、切り妻、置き屋根の個別の土蔵を平側を接するようにして建て並べてあるのであった。それで、全体としてなんとも独創的な姿になった。

脇の川を渡ったすぐのところに、この地の豪商本間家旧邸と、これも大きな廻船問屋旧鐙屋《きゅうあぶみや》の建物があって見学させている。現在では最上川を渡った風光明媚なところには私が尊敬する写真家土門拳の記念館ができている。ここには仕事で（写真を検索、借り受けに）何回か訪れている。

小説『月山』の舞台になったということで、注連寺境内には「森敦文庫（記念館）」が建設され、年に一度ファンが集まるお祭りが催されていたはずだが、平成二十五年に訪れると無くなっていた。建物の老朽化が主な理由とされているが、来場者の減少が一番の理由であろう。これは現代という時代の熱して冷めやすい風潮を示しているかと思われる。一時、地方に沢山できた造詣芸術家の美術館も、「森敦文庫」と同じ行く末をたどるだろう。

この村の、さらに奥、いっそう開けたところに大日坊があり、注連寺に同じく即身仏を蔵している。即身仏は鶴岡市内の南岳寺にもある。即身仏は僧が、出羽三山の厳しい修行で精進潔斎し、五穀十穀を断ち最後に断食してできるそうである。私としては、これは密教の「即身成仏」の教義の大いなる誤解、曲解の上の産物、場末的代物と思える。人は、この身のまま仏であるという崇高な教えが、生身の身体を仏像みたいにする奇習になった。真言密教は陰陽男女の性的な結合を唱えた立川流という淫靡な一派も生んでいる。密教の、本能的な感情や欲望を肯定する面を勝手に拡大解釈している。即身仏も立川流も低俗な解釈による下手物であろう。と、言ってみたものの、この即身仏についての解釈は、あるいは無責任な旅人の思い付きかもしれない。即身仏は、空海が死後においても生きて人々を救う活動をしているという信仰上にある。即身仏を成就した者は、自分も死後も生きて（身を残して）人々を救おうという志を抱いた人である（この志はイエス・キリストに近い）。現在においてもこの地における信仰の対象になっている。詰まらん――と言って切り捨てるのは不敬かもしれない。

ここから六十里越街道を山形方面にさらに進むと田麦俣の集落がある。この村については先にも記したが、細述しよう。村は高八方《たかはっぽう》と呼ばれる特殊な多層民家で有名である。かつては三十二戸の高八方があったというが、いま残っているのは二棟だけである。編集仲間のSさんは、昭和四〇年代中頃にこの地を訪れ、この民家を眼にして（飛騨の合掌造りを男性的とすると）、その母性的な美しさに大いに魅せられ、以来、四季を問わず幾度も訪れ、ある時は滞在したという。その当時は四，五軒の高八方があったはずだと言っている。

この村はかつて出羽三山の修験者の基地になっていて、各戸は農業の傍ら道者宿《どうしゃやど》（宿屋）をしていたという。民家の専門家によると、高八方は、みな改築によって出来たもので創建当初の姿ではない。明治になって養蚕が盛んになると、それに相応しいように、それまでの寄せ棟の農家を改築した。むかし宿泊に当てていた屋根裏を蚕室とし、通風、採光を考えて妻側を高く切り上げ（これを高八方と呼んでいる）、平側の屋根に大きな窓（八方）を設けた。こうして世にも珍しい多層民家が形づくられたのである。もちろん、この造形に大いに関与しているのは、庄内地域に残る精巧な茅葺きの技術の伝統である。八方と呼ぶ窓も、ここの多層民家における独創でなく、庄内民家における古くからの伝統造形である。思うに、こういう真に美しい造形は一夜にしてはできない。人々の長年にわたる試行錯誤と創意工夫の結果であり、結晶である。また、この高八方は田麦俣だけにあったのでなく近郷各地に見られたようだ。ただし田麦俣のように群集していることはなかったようである。

庄内と、その周辺には私の好きな温泉も多い。海沿いの湯野浜温泉。海岸に高層ホテルが建ち並んでいる。また平野の果てるところの山裾にひっそりと湯煙を上げる湯田川温泉。藤島町《ふじしままち》の田んぼの中の鉱泉宿（地蔵の湯）や、月山麓に分け入って登山口近くの志津温泉の一軒宿にも泊まっている。

私は平成二十五年に庄内を訪れた時、湯田川温泉の七内旅館（前述）に四度目に泊まってやろうと考えた。私にとって、庄内に来たらなんといっても泊まるのは湯田川温泉で、湯田川温泉といえば、七内旅館に決まったものである。ところが、近頃の温泉ガイドブックに七内旅館が載っていない。JTBの時刻表の後ろの旅館一覧にも載っていない。私が最後に泊まったのは多分十五年ほど以前だ。あるいは潰れてしまったかしらん。それで、致道博物館の受付で聞いてみると、そんな旅館は知らないという。地元の人が知らないようでは、いよいよ潰れていると考えた方がよい。

そこで、この日は湯どの庵に泊まることにして、湯田川温泉に向かった。湯田川温泉は県道を行くと、そのまま温泉街に入るようになっている。山裾のどん詰まり地といってよい。旅館数十五軒ほどで、ここにはきらびやかさなど一切ない。進入すると、はたして七内旅館があったところは空地になっている（一角に足湯が出来ている）。やはり廃業しているのだ。

羽黒山は今では山頂まで車で行ける。でもこの山は杉木立のなかを徒歩で登らないと、ありがたさがないように思う。便利というのは一面において不幸である。今や歩いて登り、深山の霊気を体感しようというのは、奇特の人であろう。中腹の五重の塔が堂々として立派だ。山頂に三山を合祀する出羽神社がある。

とはいう私も、実は今回初めて歩いて登った。杉並木の石段を写真に収めたいがためである。

この道は聞きしに勝ってよい。私は、ずっと以前より、こういう光景を写真に撮りたかったのだ。小規模なものなら、これに類した光景は各地に見られる。しかし、こんなに大規模な杉木立の石段はめったにお目に掛かれるものではない。私としては珍しく三脚を立て（この即席カメラマンは普段は手持ちで撮るのだが、こういう奥行がある風景を撮る場合は、どうしても三脚が必要だ）、念願の風景をじっくり撮り、大いに満足した。大いに目的を達したところで、勝手ながら二の坂の手前で引き返した。山頂の神社は三十年前に詣でているからよいということにしたのだ。

月山について、森敦氏の説明を拝借すると、庄内平野から見ると臥した牛に似、左に低く頭をたれてみえる辺りを羽黒山、背のもっとも高いあたりを特に月山、右から下って隠しどころともいうべきところを湯殿山といい、これを弥陀三尊の座になぞらえて出羽三山と称している。出羽三山というと三つの山があるように思うひとがあるが、実は月山ただひとつの山の謂いである、ということになる。

月山の北東麓といったところに肘折《ひじおり》温泉がある。肘折温泉は本当に山の中の湯である。六十里越街道の方からは、ちょうど月山の裏側に当たる。山形県出身で、幼い頃から度々ここを訪れていた友人が「いい。いい」と度々言うので、私もぜひ一度訪ねてみたいと思っていたのだが、なにせ遠い。高速を下りた後、羽州街道を北上し新庄の町を経由して回り込まねばならない。それでも、ある夏の終わりに意を決して訪ねた。朝七時半に車で家を出て、何処にも寄らずに急ぎ、たどり着いたのが二時半である。七時間もかかっている。この温泉が面白いのは、新庄から山に入り、ある程度登ったところの谷間に突然「温泉街」が現れることである。こういうところに一軒宿の温泉があるのは毎度のことであるが、山中に忽然と街が現れるというのは、私の知る限りここにしかない（長野県の野沢温泉に、多少この気分がある）。街は山中に完全に孤立している。小、中学校はあるが高校はなく、病院は二十キロ離れたところにしかないそうだ。標高はそうたいしたことはないのだが、山のど真ん中なのでとても涼しい。この日、新庄の街では外気温が三十二度あったが、ここでは二十六度である。曲がりくねった路地の両側に旅館とおみやげ品店が軒を連ねている。地元の人に聞きつつ老舗の丸屋旅館に到着する。古風ながら、なんとなくモダンで感じがよい宿である。時間が早いので他の客はまだ到着していない。さっそく内湯の貸し切り風呂に入る。ここ肘折では湯上りに部屋に居ても暑くない。湯から出て汗だくというのは嫌なものだ。夏の温泉場は山中に限る（近頃は、どこの温泉宿も冷房完備で、この説明は意味をなさなくなっている）。

食事の前に宿の向かいの共同浴場に入りにゆく。コンクリートづくりの殺風景な湯屋だが泉質がまことによい。旅館の湯より数段よいように感じられる。聞くと、湯源が違う。それでいくらか泉質も違うらしい。それから、共同浴場の湯は旅館の湯より高温である。つまり旅館のように水で薄めていないのである。旅館では観光客に合わせて、熱ければ水を加えねばならない。その分、温泉の良さが殺がれよう。仕方がないことである。共同浴場には地元民が二人入っていた。彼らは世間話をしていて身体を洗う気配がない。漬かって汗を流せば、それでよいのであろう。

竜安寺石庭

金閣寺

銀閣寺庭園

桂離宮

中棚温泉

法師温泉

諏訪大社　上社御柱木落し

諏訪大社　下社御柱木落し

伊豆半島南端部

鵜原の崖中の小海水浴場

佐原風景

心地よく眠った翌朝は宿前の通りに朝市が立つというので六時に床を出、下駄を突っかけて表に出る。近村の人が店を並べている。売っているのは多く野菜類である。ここに湯治に来て自炊している人たちの食材でもあるようだ。写真を撮ろうとしたが、今日は曇天である上に早朝なので暗くてシャッターが速く下りない（私は、未だ、時代遅れのフィルムカメラを使っている）。何枚か撮ったが、現像すると皆ブレていた。

この日は最上川に沿って下り、鶴岡に入る予定である。最上川の船下りの様子はテレビの旅番組で度々紹介されている。船は新庄から酒田まで行くのかと思ったら、景色のよいごくわずかな区間（山間部の十二キロ）の乗船である。まあ、名所観光というのは、こうしたものである。右手に川を見て走り、庄内平野に入ったところ（清川）で川から離れると今度は一面に拡がる田んぼの中を進んだ。

付記――「高八方」で思いつくこと

本文で記したように、「高八方」の美しさは庄内民家の伝統デザインに裏打ちされている。特に、その美しい屋根デザインを支えているのが、この地に残る茅葺き技術である。我が家の四畳半を再生してくれた藤野棟梁に言わせると、茅葺き職人は、しょっちゅう刈り込みの手を休め、離れたところに行っては屋根を眺めて、張り具合やカーブの調整に当たるという。茅葺き職人は床屋に似ている。床屋の職人もやたらに刈っているわけではなく、デザインしつつ刈っているのである。ただ床屋はわざわざ離れて眺める必要がない。鏡を見れば用が済む。

また、茅葺き職人は植木屋に似ている。かつて、近所の井上さんのおばさんが非難して言うには、植木屋に入ってもらうが、植木屋というのは、あまり働かず、縁側に腰掛けては煙草ばかり吹かしている。分からんちんな婆だ。植木屋は茅葺き職人と同じで眺めては樹のデザインの検討をしているのである。それどころか、植木は茅葺きと違って経年変化する。将来の姿まで予測して枝をはらい、刈り込まねばならない。煙草を吹かして庭を見る植木屋は多分立派な植木屋なのである。

十七　会津

会津の良さを認識したのは仕事で天鏡閣を訪ねた時のことである。天鏡閣は有栖川宮威仁親王《ありすがわのみやたけひと》が明治四十一年に猪苗代湖畔に建てた西洋館である。長く荒れるにまかせていたが、二十年ほど前に建物を修復し、家具を再現し一般に公開している。私が訪れた午後、辺りには雪が積もり、雲が低くたれ込めていた。薄暗い建物の内部に係の人に案内された時、私は身が震えるように感動した。何か自分の内なるものと、この建物が共振したのである（つまり強烈に私の好みに合ったのである）。

天鏡閣内観

この日の夜、ここから磐梯山をぐるっと回り込んだところの熱塩温泉に泊まった。熱塩温泉は広い会津の盆地がいよいよ山になろうという際に旅館が密集して建っている。笹屋本館は古風でよい宿だ。まずはお奨めできる。熱塩温泉には、この後三度泊まっている。木賃宿風だが笹屋別館もよい。私はこの宿の湯に入って、もう何年にもなるが、ここの湯のぬくもりを未だ忘れないでいる。

翌日は雪であった。同行の馬場カメラマンに喜多方を案内してもらった。馬場カメラマンは長く日本の街並みを撮っていたので、全国の古い街を自分の庭であるかのように熟知していた。喜多方の街も、特異な蔵の集落である三津谷地区や杉山地区もこの時が初めての訪問であった。喜多方を観光した後、会津若松市街を抜け、日光街道を南下した。この街道沿いには、まだ大内宿《おおうちじゅく》風の民家が幾軒か見られた。湯野上から右折して大内宿に寄る。渓流に沿って大内に向かう支道では、馬場カメラマンの「ブレーキを踏むな」の声に叱咤されて、ドライバーのT助手が懸命であった（昔の車はブレーキを踏むとハンドルが固定してしまうのであった）。

大内宿を見た後、再び日光街道に戻り関東に向かう車中で、私は会津という「重厚な文化」を思った。そして会津を去りがたい気持ちでいっぱいであった。

かつての会津周辺の山間には、他所に無い特筆すべき良さがあった。

社会人になって間もなくの頃である。友人と会津若松観光をした後にひなびた温泉を求めて只見線に乗った。早戸《はやと》という無人駅で降りると、辺りに一軒の人家もなかった。アスファルトの道をてくてく歩いて鶴の湯に着くと、今日は満室だと断られた。また、てくてく歩いて竹の湯に行くと今度はうまい具合に泊めてもらえた。驚いたことに、風呂に入って、食事をして八時を過ぎると、宿の人がみな寝静まったしまったことである。

さらに早戸温泉における静けさというのが見事であった。実は静けさというのとも違っている。この宿では都会の雰囲気の一抹も感じられなかったのである。私が数日前までいた都会は、もう山また山の向こうの遥か彼方のところのように思えた。都会の全てが、もう全く違う世界のことのように思えたのである。これが、かつての会津の奥の雰囲気の特質であった。そして、この圧倒的な隔絶感は、ここでしか感じることのできない気分だったのである。距離的になら首都圏から、そうかけ離れているわけではない。首都圏からもっと離れた山間はいくらでもある。まあ、新幹線も磐越自動車道も開通していなかった当時、この地に至るのに一日掛かりであったというのも事実には違いなかったが。

実はこれと同じ気配は、その後、大内宿を訪ねるために泊まった湯野上《ゆのかみ》温泉の宿においても感じることができた。まだ浅草に通じる野岩《やがん》鉄道が開通せず、会津若松を経由しなければここに至れなかった時代である。湯野上の場合はどん詰まりである会津若松のさらに奥の行き止まりの地という理解があった。しかし、この隔絶感は、こうした私の理解とは別のものであったろう。不思議なことに、私はこの両温泉地以外に今に至るまで、これほどな隔絶の雰囲気に遭遇せずにいる、北海道でも九州でも紀伊半島の山中でも。ただし平成の初めのに早戸温泉を再訪し、鶴の湯に投宿した時には既にその雰囲気は無かった。こうした雰囲気は現在でも奥日光の湯元で、ほんのわずかに感じることができる。不思議なことに次に触れる、秘湯と呼ぶのにふさわしい二岐《ふたまた》温泉にも、そうした雰囲気は無い。

二岐温泉は湯野上温泉から東に十二キロほど入った山上の谷にある。谷川に望む傾斜地に数軒の宿がへばりついている。いい湯である。特に大丸あすなろ荘の昔ながらの岩風呂がよい。くり抜かれた岩の床から湯が滲み出ている。大丸あすなろ荘に二度目に訪れると、昔の山小屋風の宿が、瀟洒なリゾート風旅館に建て替わっていた。部屋も洗練されて都会的だし、料理も懐石風で美味い。結構な宿と思う。その時は紅葉を見に行った。ところが計算がはずれ、山下の湯野上は紅葉の盛りだったが、山に入るにつれて葉が落ち、二岐に着くと全くの冬山であった。もう、雪も降ったと宿の人が言っていた。

あすなろ荘の裏に大和館がある。木賃宿風である。ここも、もちろん湯はよい。

喜多方は蔵の街である。この里に二千棟を越える蔵が現存するという。一時代前には、一人前の男ならば蔵を建てなかったら恥とばかり、せっせと蔵を建てたらしい。路地を歩けば至るところに蔵を目にするが、さすがに壊れかかったり、補修せずにほころびているものが多い。もう、蔵に保管している布団や着物や什器類が意味を持たない時代になっているのだから当然のことであろう。蔵は山や川と同じように単にこの街の景色として残っている。

初めてこの地を訪れた時は「喜多方ラーメン」は知られていなかった。もちろん当時も現在と同じように沢山のラーメン店があり、町の人はせっせとラーメンを食べていたのである。それがやがて宣伝され観光客の知るところとなり、この地の名物となった。ラーメン店は観光客が支える以前から、この地の人が支えていたのである。朝の七時から開けている店さえある。町の人はそれぞれにひいきの店があるようだ。浮気などせずに馴染みの店で食べている。私はこの地を訪れる度に食べ歩いたが、大体どこの店もうまい。また、観光案内書で推薦されている大型店の隣のひっそりした小店の方がうまかったりするのが面白い。ここの人が何でこんなにラーメンを食べるのかは、何でこんなに沢山蔵を建てたか分からないのと同じように分からない。

狭い街の中には造り酒屋が多い。そのせいか、この地には酒豪が多い。せっせとラーメンを食べ、せっせと酒を消費しているのである。ここから東に十キロほど山の中に入ると大塩温泉がある。ここも雰囲気のよい温泉場である（熱塩と違って沸かし湯である）。ここに写真家の藤森武氏と彼の友人である塩川の住人二人と一緒に泊まったことがある。塩川は会津若松と喜多方の中間の町である。地元民二人の飲みっぷりはすごかった。とても付き合っていられない。それに「やり方」が、いささか豪快である。風呂から上がると、塩川の住人の一方であるA君が、若松からコンパニオンを四人呼んだと言う（勝手に）。まあ、成り行き上結構ということで、やって来たコンパニオン嬢とわいわいがやがや馬鹿を言いながら飲むうちにA君が私の隣に来て「彼女たちは今日は帰らなくてもいいと言ってますよ」と耳打ちする。面白かったのは、普段、僕は女好きですよと豪語していた藤森先生が「そりゃあまずいよ、そりゃあまずいよ」と真顔で言い出したことだ。もちろん十二時を過ぎた頃に彼女たちは、さっさと帰ってしまった。

塩川の住人のもう一人は、陶芸家の一重孔希《いちじゅうこうき》氏（ユニークなパーソナリティであったが、残念なことに令和三年ころに亡くなった）である。陶仏や白磁の食器を作っている。この辺りの名士である。扇ヶ峰の麓に窯を築いている。辺りは牧場である。この人が面白いものを作っているので紹介したい。焼き物ではなく、露天風呂である。喜多方の醸造元から、ほうろう製の醸造釜を譲り受けてきて陶房の脇に据えた。これが湯舟である。大人が四、五人も入れるほど大きい。母屋の勝手口から木の桟橋が作られ、釜の横に至ると少し広くなって洗い場になっている。そこは釜の縁と面一《つらいち》になっている。湯舟にどぼんと入れば、むろん足が着かないので後ろ手に両手を拡げて縁を摑んでいるのである。火は下から焚く、湧かすのには何時間もかかるようだ。燃料は薪

一重陶房

で、こちらは本業の登り窯用に沢山保管してあるので、いくら使っても困ることはない。真っ暗な中で湯に浸かり、星空を見上げているのはなんとも剛毅な気分であった。

会津若松で好きなのは、回遊式庭園の御薬園《おやくえん》、街はずれの東山温泉、飯盛山のさざえ堂であろうか。新潟方面から磐越自動車道に乗り、板下トンネルを抜けたところから、この街を見下ろす景観は広々と穏やかで実に見事である。また、冬の晴れた日に、郡山から磐越西線に乗って車窓から見上げる雪の会津磐梯山の姿は、目を開けておれないほど眩しくそして神々しい。

喜多方について書き加えたい。

私は喜多方をたびたび訪れているうちに、ここがきわめて特殊な地域であると認識するようになった。そのことについては以前、私家版の写真集の説明で書いたことがあるので、ここに再録してみよう。

一重氏の露天風呂

喜多方は実に不思議な街である。その一――やたらに蔵が多い。人口三万人ほどの街に二千数百棟の蔵があるという。蔵を建てなかったら、一人前と見なされないような気風がかつてあったらしい。その二――ラーメン屋が多く、朝七時から開いている店があるし、住人は昼の宴会の前に、誘い合ってラーメンを食べにいったりしている。その三――造り酒屋がやたらに多い。人々は恐ろしい情熱を持って酒とラーメンを消費しているように思える。その四――人々はグルメである。私はこの町の酒場で、生まれて初めて蟹の刺身と馬のレバー刺しを食べた。
この住民には、いくらかの偏執狂的な気質が感じられる。誰か、まじめに研究してみて下さい。
（以上）

何度目かは忘れたが、私は平成十五年にも喜多方を訪れた。その時、路地を歩いてびっくりしたことがあった。というのは、その九年前に来たときには露地奥に壊れかかった蔵が沢山あったが、この度はそれらがおよそ壊され、空き地になり、多くが駐車場に利用されていたことである。もちろん表通りの蔵は壊されていな

喜多方の壊れかかった蔵

い。それらは大切な観光資源である。それに表通りの蔵は裏の蔵と違って店蔵で、今でも立派に役立っている。裏の蔵は純粋な道具蔵である。九年前にもほとんど壊れかかっていたのだから、九年経っても残っていると思うほうが実は常識はずれなのである。喜多方は変貌している。私がかつて見た喜多方は、もしかしたら最後の喜多方なのである。

これに関連して、私に面白い発見があった。私は古物に興味を持っていて、特に漆ものが好きである。実はその頃、都内で骨董市に行くと会津の刳り抜き膳といわれる漆塗りの丸膳が大量に出てきていた。多分、それ以前は、あまり外に出ていなかった。私は喜多方の蔵が無くなっているのを見て、丸膳が大量に出回る理由を知った。みな壊された喜多方の蔵から放出されたのである。

会津若松は会津の中心都市である。ここは姿美しい山々に囲まれ、まことに風光明媚である。ただし戊辰戦争の一か月にわたる市街戦で、全市が焼き払われ、古い町並みが残っていないのが、まことに残念である。鶴ヶ城は現代において復元されたコンクリート造なので書くに値しない。昔のままの石垣が歴史を感じさせる。

会津の刳り抜き膳

鶴ヶ城の近くの「御薬園」は私が大好きな庭園である。会津に行くたびに寄ってもう七〜八回は訪ねているだろう。

主屋と大きな心字池と、中の島の茶室と、それから主庭園の脇の薬草畑から成っている。ここは私にとって、とても懐かしい。どうもその理由は、庭の大部分を占めている池にあるようだ。わが旧屋にも大正のはじめ頃に作られた池があった。もちろん一般家庭だから、そんなに大きいわけではない。せいぜい二坪といったところだ。その池は我が家の南面に縁の下に入り込むような形になっていた。私は、この池をずっと見て育った。それで、我が池に似た池を見るととても懐かしくなるのである。京都にある橋本関雪の旧居（白沙《はくさ》村荘《そんそう》）を訪ねても懐かしさがこみ上げる。あそこもここと同じように敷地全面に大きな池が作られている。ただ、あそこは京都である。他の地には感じられない「京都」が生きづいている。京都はすばらしいが私にとっては外国に近い一種の違和感がある。しかし、会津の御薬園には違和感がない。関東と変わらない空気が流れている。ここは、言ってみれば我が「ふるさと」である。また街の奥にある東山温泉がよい。湯川の両脇に老舗旅館が並んでいる。何といってもお奨めするのは「向瀧《むかいたき》」である。建物が抜群によい。庭もよい。少し高価いが、わざわざ訪ねて泊まる価値があるだろう。東山温泉は江戸時代、会津の遊郭だったということであるが、今でもちゃんと芸ができる芸者がいるそうだ。私が呼んだわけではない、岩間の料理店「栗の家」主人が、感心して報告してくれた。

旅館「向瀧」

会津高原駅より国道三五二号を西行すると、やがて沼田街道にぶつかるのだが、その中間で道を左に折れると湯ノ花温泉、国道をさらに進んで次の谷を左に入れば木賊《とくさ》温泉がある。湯ノ花温泉口と木賊温泉口の間の国道沿いに前沢曲がり屋集落がある。まあ、なんと多くの曲がり屋（雪国の農家の型で、L字型平面をしている）が残ったことか。屋根にトタンの覆いもせず、原型を留めている。こういう見事な集落を見ると、ここら辺りが長い年月、いかに近代文明から隔てられていたかが分かる（大内宿の場合も同じである）。湯ノ花温泉の奥にも、前沢集落より小規模な水引曲がり屋集落がある。

実は、ここだけでなく南会津に残る風習（実は会津の北部平坦部を除く全域の風習）だが、これらの茅葺き農家の内部の棟下には火伏せ（火防）の呪具がくくりつけられている。呪具は一対

前沢の曲がり屋住宅

の木製の陰陽根で、家の建前時に作られ取り付けられる。火伏せといっているが、性神であり、夫婦和合、子宝、子孫繁栄を願ったものである。会津の人は家屋を性の呪物と捉えているらしい。私は、この奇習こそが会津という風土を象徴するものではないかと思っている。土着的でおどろおどろしく、いささか秘教めいている。見方を変えれば、心底朗らかで、また力強い（この風習については、拙著『おじさんの骨董論』に詳述した）。

国道三五二号をさらに西に進むとの沼田街道にぶつかり、左すると檜枝岐《ひのえまた》村、右すると南郷村である。（檜枝岐村については、本書第2部の「イリュージョンは商売になる」で紹介している）。南郷村は伊南川《いながわ》沿いに（つまり沼田街道沿いに）南北に延びる村である。ここらの風光は、なんと平和だろう。日本の原風景かと思われるようなところである。鉄道もなければ、観光地でもない。どこかに行くために通らなければならないところでもない。在るのは山と川と田んぼだけである。もう、平和であるしかどうしようもないようなところである。よそ者にはおおよそ無縁のところと言ってよい。東京の人で、ここら辺りに来た人はごく少ないに違いない。この沼田街道はどこまでも進むと只見町《ただみまち》に至る。

会津というのは不思議な地域である。会津全域に同じ民俗的習俗があるという。つまり会津というのは地域名であるとともに文化概念でもある。会津は大きく山に囲まれ（中も山であるが）、かつては訪ねるのに難渋する独立区であったのだ。それで他に見ないような習俗が醸成され、近代化とも無縁で現在に至った。私にとってとても嬉しい「異郷」である。分厚い文化の遺臭がある。檜枝岐には歌舞伎が伝わっている。南郷村にも今では途絶えてしまったが、大量の歌舞伎衣装が残されている。近くには歌舞伎舞台が残っている村もある。衣装を見る限り（南郷村さゆり会館内で展示されているのを見た）、単に農民の娯楽といって見過ごしてしまってよいようなものではない。

私はある年の九月初め、奥会津南郷民俗館に行き（前述の火ぶせの呪具を見に行った）、なんとなくこの地が気に入ったので隣に建つ村営（今は第三セクター運営）の温泉旅館「さゆり荘」（さゆり会館を併設）に泊まってやろうと思った。まだ、午後の二時という早い時間であった。さゆり荘受付に行くと、部屋は空いているが、もう夕食の用意が済んでいるので食事が出せないという。こんな食堂も見当たらないようなところで食事が出なければ話にならない、夕食が出ないなら泊まるのを辞めるが、なんとか交渉してみてくれと言うと、係氏は電話で食事係と交渉し、出来るそうだと報告してくれた。そこで泊まることにしたが、部屋を用意するので三十分ほど待つように言われる。私は「民俗館は見たが、他に見物をするところはないか」と尋ねると、湿原でもよいかと言う。湿原——大いに結構。そこで教えられたとおり、車でホテル脇の道を上り、今はススキだらけのスキー場の脇を通って、さらにどんどん上ると、やがて道が通せん坊されて

宮床湿原

いて、山に登る歩道脇に「宮床湿原」の表示がある。ここから十分ほどの登山である。湿原というのは、沼が埋まって陸地になる寸前の状況と理解しているが、どこもここも、みな高地にある。この湿原も山のてっぺんにあるといってよい。もちろんもっと高い山が周囲を囲んでいる。案内板の絵図によると、円い湿原の周囲に遊歩道があり、真ん中を木道が走っている。先ず木道を行って右半分の遊歩道を帰ってくることにしよう。湿原は、単なる原っぱのようで、あまり湿っていない。それでも所々に小さな流れがある。本日はここの観光客は私一人である。上がり口に車が止まっていなかったことで分かる。木道が終わる辺りは湿原も末期状態で、ただ遊歩道より一段低くなった、まばらな林という状況である。

遊歩道を行くと木々の先に湿原が見え隠れする。しばらく歩くと、この低地でなにか音がする。見ると、なんと熊がいる。熊は立ち上がって小さな樹の大きな葉っぱを食べている。子熊である。私の背より低いであろう（あとで知ったところによると、本州の熊は小さいのである。これは子熊ではなかった）。私から五〜七メートルほどの距離か。熊が大きくないのと、私より低い位置にいるのとで、あまり怖いという感じがしない。野生の熊を見るのは初めてである。真っ黒である（当たり前か）。それにしてもあんなものを食べても腹の足しにも栄養にならんだろうと考える。生野菜をドレッシングなしで食べるようなものだ。そのうちに熊が動いた。こちらに気付いたのである。私はやばいと思って、駆けだした。二十メートルも走ったろうか。もう十分だ。あとは後ろを見い見い普通に歩く。多分、人間も熊も共にびっくりして逃げたのだ。私の判断では、熊は人間を食べるわけではないから追いかけてきたりしないだろう。

実は近ごろ野生の動物に縁がある。この二か月ほど前のこと、千葉県の養老渓谷温泉に一泊した翌朝、麻綿原《まめんばら》高原を訪ねた。山の上にある寺で、いつの時代か住職がアジサイを植え、境内一面アジサイだらけになっている。鹿とイノシシ除けというのでアジサイ畑は金網の柵で囲われていた。日曜日であったが、もう、アジサイも終わりに近く、小雨模様だったので、この名所も人出がわずかであった。見学後、アスファルトの下り道を車で進むと、道の端の方に小さな動物がたくさんいるのが見える。犬の子のようであった。すぐそばまで近づけて車を止めると、それはなんとイノシシの子である。六、七匹はいたろう。体長三十センチといったところか、身体が縞模様になっている（それでウリ坊の名がある）。皆、車に驚いて、一生懸命山のノリ面を登ろうとしている。私としては車を下りて子細に見たいところであるが、近くに親がいるのは明らかなので、車の窓を開けて見入っていた。なかなかかわいい。近頃は、私は野生の動物に、裏庭の池の金魚と同じくらいの親近感を感じている。

さて、宮床湿原から宿に戻り、受付の女性に熊を見たことを話すと、「南郷では珍しい」と言った。「それでは私は運がよかったのですね」と言うと笑っていた。翌朝、民俗館を再訪した折りに受付のおじさんに話すと、「熊注意」の札を出さなくてはいけないかなと言った。また、朝とか夕方でなく、日中見るのも珍しいとのことであった。

南郷村全景

「さゆり荘」は高台にあるので、部屋からも浴場からも、この村の全域が見渡せ、まことに気分がよい。食事はなんてことはないが、宿料が安いので、ほとんど文句がない。

この南郷村には会津盆地から山を二つ越えてやって来たことがある（熊に会った一年後のことだ）。だいたい私の考えによると、他国に行ったらメインの道路でなく、なるべくマイナーな道を行くべきである。メジャールートを何回走ったところで何の発見もありはしない（そういう意味では高速道というのが一番いけない）。この時、通ったのは会津坂下から会津高田、それから山を越えて昭和村、もう一つ山を越えて南郷村に至る山道である。夏だったが、行き交う車もほとんど無い。なかなか快適であった。南郷村の中心部を貫通している沼田街道に出る手前が「さゆり荘」であった——なんだこんなところに出たのか。

反対ルートで、この山道を行ったこともある。この時は、檜枝岐温泉に泊まった翌朝で、晩秋の光と空気を満喫してやろうと思った。一面の暖色の中を進んで、なんとも心楽しい。南郷村から一山越えると昭和村である。昭和村はからむし織りの里で（からむしはイラクサ科の植物で、その表皮から繊維をとり、伝統の上布を作る）、立派な町営「からむし織の里」ができている。ここは本当の山里である。冬季は行き止まりの村である。私が来た道は閉鎖され、高田に行く道も田島に行く道も閉鎖。唯一、只見川に出る道だけが通じている。この（檜枝岐温泉から南郷村経由で行った）時は、既に山道を充分堪能したので、この後、只見川に出る平坦な道路をとった。只見川に出たところが金山町《かねやままち》である。川に沿って会津坂下インターに向かうと次の町が三島町で、その次が柳津町《やないづまち》になる。

奥会津の只見川に沿ったところに三島町がある。都会人に理想のふるさとを提供しようという「ふるさと運動」を提唱し、山村のもの作りを継承、発展させようと生活工芸運動を推進している。千葉大学の宮崎教授が、この村を研究対象にし、また運動の実践指導に当たっている。この街には東京方面から行く場合は、いつも磐越道の会津坂下経由になる。もちろん温泉がある。早戸《はやと》温泉には二度泊まっている。近頃は、もっぱら町営ふるさと荘（宮下温泉）である。簡素で低料金の宿舎である。素っ気ない宿であるところが一人旅の私には似合っているようであり、心地がよい。

小正月に訪れた時、民俗行事を見せてもらった。道具の歳取り（農具類を並べてお供えをして感謝する）、団子刺し（豊作の予祝）、鳥追い（稲の安全な生育を願う子供達の行進）、さいの神（歳神を迎える火祭り）など。すべて会津地方に共通した民俗と思われる。

柳津町には斉藤清美術館がある。版画家斉藤清は、この地の出身で、柳津、三島辺りの里の風景を詩情豊かに描いた。特にこの人が描く雪に埋もれた奥会津風景がよい。

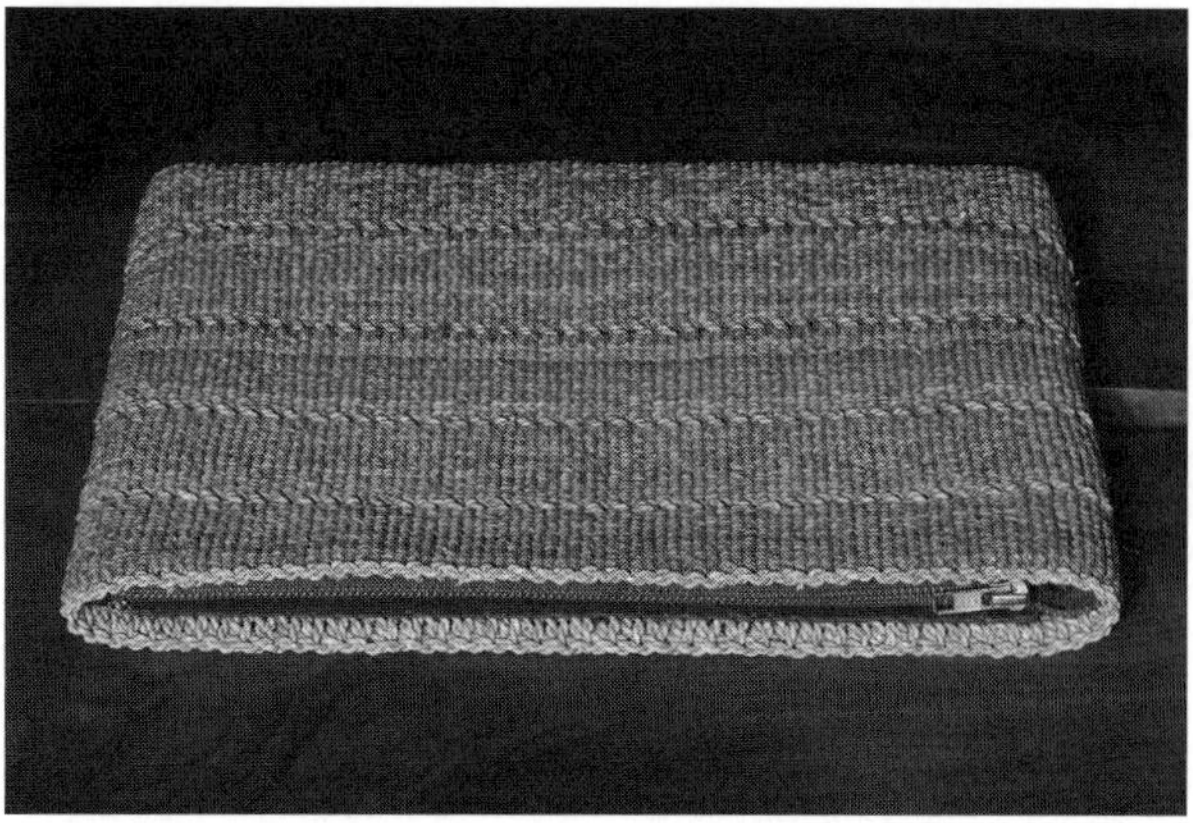
ヒロロとモワダ製のバッグ（三島町製）

ある冬である。この冬は十二月、一月と雪がまとまって降り、その後はあまり降っていないらしい。雪国全般に、そうであるらしい。三月になって大分春めいてきている。この冬最後の雪国行を試みる。

斉藤版画（斉藤清がこの地の雪景色を上手に描いた）や、かつて訪れた時の記憶から、この冬最後に訪れる所として、この三島町が妥当に思えた。訪れるに当たっては初回の訪問時に紹介され、今も年賀状をやりとりしている中丸氏に挨拶せねば失礼になろう。当時、氏は現役を退いていたが、かつては三島町生活工芸館の館長をされていた。それに、かつて訪れた集落への行き方なども教えてもらいたかった。出発前に電話すると、それなら明日、自分が案内してやろうと言う。町営ふるさと荘に宿をとってもらう。

宿で食事をした後、中丸邸に呼ばれる。酒となる。快活な二人のお孫さんがいる。五歳のお姉ちゃんと三歳の弟である。居間を駆け回って出ていったりするのであるが、それが実にかわいい。二人とも器量がよいせいもあるが、それ以上に、その邪気の無さが実に見事である。都会の子供では、こうはゆかない。この町が人間の生活環境として、まことに相応しいことを証明しているようだ。中丸氏は「町長の演説でも聞きますか」と言って、隣の町長宅に電話する。以前、ここに来た時は佐藤町長であったが、今は斉藤町長になっている。飲むうちに、用事を終えた斉藤町長が現れる。町長は「これからはモノづくりの時代です」と言う。私もモノを作る人間なので大いに共感する。新生三島町の基礎を築いた前町長は傑物であったが、現町長もなかなかなものと見受けられる。

夜間いくらか降雪したようだが、翌朝は晴れ上がっている。中丸氏に案内され、只見川の支流である大谷川を遡って山の集落を訪ねる。川沿いに距離を置いて三つの集落がある。十三年前の取材時にも訪ねた地域である。町から山に入るに従って雪深くなる。もちろん道路は除雪されている。集落脇の大谷川は早く流れ、もう春の小川といった風情である。

三島町全体に言えることだが、昔の家が壊されていない。つまり勾配がきつい茅葺きの家がトタンを被されたとはいえ残されているのである。この風景は十三年前に三島町を始めて訪れた時と少しも変っていない。実に立派なことと思う。現代住居と違って伝統的な家屋は地域ごとの個性を有し、風景と調和し、美しいのだ。ただ、被覆トタンの色については少し意見がある。奥会津の民家にはだいたい赤か青のトタンが使われている。これはよくない色だ。美しくもなければ風景にも合わない。というより風景を壊してしまっているようにも思える。余所の地域でよく見かけるシルバー色のほうがよい。黒もよいかと思う。いずれにしても無彩色が好ましい。古い民家を残すためにトタン被覆が必須というのなら、どなたかその任にある方が是非検討、指導して欲しい。さらに写真を撮る者として少し残念なのは、トタン屋根の雪はすぐ落ちてしまうことである。ただし住み手にとってはまことによい材であろう。今朝、(雪に埋もれた)斉藤版画の風情は望むべくもない。

車が最奥の集落に着く。道は、冬期はここで行き止まりである。各家が坂道に沿って並んでいる。景観としては、三つある集落のうちで一番優れている。山ブドウの蔓で篭を作る永郷翁の家を訪ねる。ここらのお宅は玄関の引き戸を開けると小さめの土間があり、板の間に上がってガラス戸をひくと囲炉裏がある居間となる。現在では囲炉裏はだいたい潰されて炬燵が置かれている。永郷さんの家の居間の隣は一段低くなった仕事場だが、この空間には見覚えがある。昔訪ねた時、永郷さんはここでカンジキを作っていた。山に入った時にカンジキが毀れようものなら命に関わるので、カンジキはしっかり作らなければいけないと語っていたのを思い出す。永郷宅を出て道を少し下ると、先ほどから雪かきをしていた老人がどうしても寄ってゆけと言うので立ち寄る。炬燵で茶の接待を受ける。栃餅をいただく。奥さんはヒロロ(深山寒菅《みやまかんすげ》という植物の異名)でバッグを作っている。ここらの人は客が来るのをたいそう喜ぶふうがある。

ここを出ると、ちょっと下ったところにある栗城《くりき》さんのお宅に寄る。栗城さん宅は居間の続き間に囲炉裏が残され、今はそこにストーブが置かれている。奥さんはストーブに背中を温めさせながらブドウ蔓を編んで手提げらしきものを作っている。年老いた舅、姑さんがストーブに向かってちょこなんと座っている。雪深い里の面白い図である。

隣の昭和村が本州唯一のからむし（イラクサ科の植物）生産地で、立派な「からむし工芸博物館」と研修施設ができているというので、この後、見学に行く。夏だと山を越して行かれるのだが、今は駄目である。いったん町に戻り、只見川に沿って遡り金山町に入ってから、再び山に向かい昭和村に至る。からむし織りを見学して三島町に戻ると夕刻であった。

翌日は、まっすぐに帰ることにする。市内は無雪だが、磐梯山の下に来ると、かなり根雪になっている。来る時には曇った空から雪が舞っていた。帰路は磐越自動車道をそのまま〈いわき＝太平洋側〉に抜けることにする。同じ道ながら郡山の西と東ではどうしてこんなに印象が違うのだろう。この季節だから特にそうなのだと思うが、陰鬱重厚な前者と明朗快活な後者といったところであろうか。単調ながら、牧歌的でなんともよい山の高速道である。私はこの道路から見るような景観にかつて出会ったことがない。緩やかに起伏する山々。鉄道線路も見えなければ、街も見えない。時々、山の谷に小さな集落が遠望されるばかりである。

郡山以東は既に春の気配である。

裏磐梯地域は本来、人が住まなかったところだろう。町はおろか民家もないといってよい。「会津」は文化概念だと思うので、この地域を会津と言ってよいかどうか知らないが、私がよく訪ねるところなので書くことにする。

ハイライトは五色沼《ごしきぬま》である。秋たけなわという時節に歩いたことがある。二十個ほどの沼がかたまっていて、それらを巡るハイキングコースができている。沼の色がそれぞれに違い、奇跡的と思えるほど美しい。あまり美しいので私の写真にならない。つまり美しい女の子を撮るようなもので、美しい女の子が写るだけで、少しも面白くないのである。

ある晩秋、檜原湖《ひばらこ》の脇を通り、山形県に抜けたが、これは山越えの優れたドライブ道である。峠の頂上を越えたところに白布《しらぶ》温泉がある。

真冬である。安達太良《あだたら》山麓の沼尻温泉に泊まった翌朝、檜原湖の西岸を行き喜多方を目指す（檜原湖を囲む道の北半分は冬季交通止めである）。湖畔の道路は通れても除雪が不完全である——結構！　きょうび、日本の雪国の道路という道路が除雪されてしまって、雪国を行く感じがまるでない（冬季にアスファルトが露出した道は興ざめである）。雪国の道には雪がなくてはいけない（というのが、私の勝手な主張である）。外気温はマイナス三度くらい。道が大きく北にカーブし坂道が多くなると車が多少滑る気配がある。湖には色とりどりの小さなテントが張られている。氷上でワカサギ釣りをしている。そうした景色を見た後、左折する道を取り、湖と別れる。

分岐したすぐの所の高台に道の駅があるので寄る。まずはここから湖の写真を撮ろうと建物の脇を歩いて行って戻ってくると「ここから入れますよ」とガラス戸の内からおばさんの声。ここを守っている方である。大きな道の駅だが、この時期、従業員はこのおばさんだけ、客も私一人だけである。それで、侵入者はすぐ注目されてしまうのである。「ウィークデイに一人旅とは自由業ですか」と聞かれる。失業者ですかとか、年金生活者ですかとか聞かれなくてよかった。世間話をする。雪道の運転について、「何しろゆっくり走りなさい。走っていれば必ず目的地に着くのだから」と有り難い忠告。ゆっくり走ってさえいれば、とりあえず大事故にはならないですむらしい。お茶缶を一つ買っておいとまする。ここからは下りである。途中に大塩《おおしお》裏磐梯温泉場がある。かつて喜多方を訪れた際に二度ほど泊まっている。鉱泉ながら悪くない。ここを過ぎて進むと、間もなくして平地になって喜多方の街になる。

安達太良山麓の中ノ沢温泉が気に入っている。さらに山寄りの沼尻温泉にも一泊している。両温泉は同源泉で、安達太良連峰鉄山下の湯元より引き湯している。硫黄のとてもよい湯だ。嘗めれば甘みのないグレープフルーツのような味がする。いかにも温泉という感じである。

中ノ沢で毎回泊まるのは（財）沼尻勤労者保養センターがやっているホテルぼなり（奇妙な名だが、磐梯熱海に抜ける母成り峠の下にある故の名）である。

中ノ沢温泉には温泉街らしい気配はほとんどなく、いたって素っ気ない。「ぼなり」の立地は、宿の集落から少し山に入ったところにあるので、まるで一軒宿のようである。リゾートホテル風の鉄筋コンクリートの高層建て。ここが変わっているのは、客を、一万円以下で泊める「本館」客と一万五千円ほどで泊める「和風館」客に分けている点である。両客の区域は玄関、浴室以外は全く別になっているので、差別しておいても気まずさはない。私は、いつも和風館部に泊まっている。和風館といっても、そういう名前にしているだけで、特に和風っぽくはない。この宿は浴室も部屋も結構で、気分よく過ごせる。私はこの日、足裏を少し負傷していたが、この湯に漬かったら直った（前日の熱塩《あつしお》温泉もよかったのかもしれない）。食事は前日の山形屋（熱塩温泉）と同じようなものが出るが（まあ、どこの温泉旅館も似たようなものだが）山形屋のような美味さがない。こちらが悪いというより、山形屋が褒められるべきなのだろう。

五階の部屋から眺めると奥に続く道路以外には人工物らしきものが見えない。一面緑の山である。道路の奥にミズナラの原生林があって、地元の人に「神の林」と呼ばれている。進入すると、道が分岐し、右方は達沢《たつさわ》不動滝《ふどうたき》で行き止まりになる。私は一泊した翌朝、小雨の中を訪ねてみた。高さは、そう大したことはないが、幅広の滝で、おそろしい量の水が流れ落ちていた。修験道の聖地だという。滝脇に不動堂があった。不動というのは、わが信奉する大日如来の化身である。

ホテルの廊下に、ここで産するこけしの展示と、むかし通っていたという沼尻軽便鉄道のモノクロ写真が掲示されている。軽便鉄道は国道一一五号線に沿って沼尻硫黄鉱山と磐越西線《ばんえつさいせん》の川桁《かわげた》駅を繋いでいた。私の持っているガイドブックによると「高原列車は行く」のモデルの鉄道という。「高原列車は行く」は私の小学校の頃に流行った流行歌で、私も仲間と歌った覚えがある。

箱根登山鉄道がモデルと聞かされていたので、現実と違いすぎると疑問を感じていたが、モデルがここなら納得がゆく。歌詞における地域類推語句は——山越え谷超え、牧場、白樺、山百合、いで湯、峠、五色の湖といったところ。私の知る限りでは、これらは箱根鉄道にも、小海線《こうみせん》にも、草軽《くさかる》電鉄にも合っていない。やはりここに一番合致している。

近頃出た温泉ガイドの本を見ると、ホテルぼなりの近くに、やはり独立して建っている万葉亭が読者投票で好評である。ある晩秋、泊まってみた。ホテルぼなりのすぐ近くにあった。そしてその立地にいたく感心する。宿は低層で山を背にして雑木林に囲まれている。大自然の中に一軒ぽつりとある風情。この日、樹々がちょうどよい具合に色づいている。この宿の人気の秘密の第一は、この立地であろう。続いて感心したのは風呂場で、木の湯船は珍しくないが、ここの浴室は湯船に限らず、床も壁も天井も全て木である。ガラス窓の外には部屋で見るのと同じく紅葉の雑木林が望まれる。料理は懐石風。宿泊料は少し高いが、まあ、結構な宿である。朝、車を出すとちょうど風が吹いて葉っぱが雨のように降ってきた。

裏磐梯は度々訪れるが、秋元湖、小野川湖をかすめて通るレークラインと磐梯山脇を猪苗代湖に山越えする磐梯ゴールドラインは走ったことがないので、ある訪問時の帰路にこのコースをとった。レークラインの途中でモミジの名所として知られる中津川渓谷にさしかかったので下車して少し歩いてみる。本気で歩く気はないので、ちょっと行って戻ってくるつもりであったが、なんてことはない十五分ほど歩いて中津川の渓流にぶつかったところで探勝コースは終わりになってしまった。川岸に沿ってもう少し進んで対岸に渡り秋元湖に出る道があるらしいが、この日は増水していて、これ以上進めない。有名な名所というのは往々にしてこのようなもので、実際に訪れてみると期待に反してかなり小規模なことが多い。といっても中津川のこの辺りの岩の造形はさすがに見事なものである。

十八　風景拾遺

仕事で熊本に行くことになった。羽田に着くと熊本便は台風の影響で欠航だという。福岡に行き、そこから汽車で熊本に行くことにした。福岡からの汽車も止まり止まり進んで一向に熊本に着かない。やがて日が落ち、遂に田原坂《たばるざか》付近の駅で立ち往生してしまった。沢山の人が乗っていたが、みな近所の人らしく、家に電話をするので大混雑であった。私と連れの友人は駅前の旅館に泊まることになった。旅館は急な客が沢山あって俄に活気づいた。寝床に就いて思った、もう二度と、この駅に降りることも、この宿に泊まることもなかろう。これも一興で、台風も乙な計らいをする。翌朝は、熊本の訪ね先から車で迎えにきてもらった。

小倉に、まだ明るいうちに着いた。ホテルに入るにはまだ早いので、タクシーに乗ると、古い街並みを案内してくれるよう頼んだ。運転手は、何を言われているのか分からないという様子であった。つまり、初めて小倉を訪れた私にとって、むかし見た映画「無法松の一生」が小倉に関する資料の全てだったのである。あれはもちろん明治から大正にかけてのはなしである（ここは空襲にあっていることも後年知った）。今の小倉には、あの映画の面影のかけらもない。私はそういう錯誤をよくする。京浜急行の金沢八景駅に降りた時も、有名な「金沢八景」を訪ねたいと言うと、それは江戸時代のはなしでしょうと言われた。

小倉では夜、ホテルで教えられた料理屋で魚を食べた。その帰りに街を歩くと、祭りが近いのだろう、路地のあちこちで祇園太鼓の練習をしていた。

唐津に行く仕事が出来た。当時、上司だった島津氏が北九州出身で、唐津に行くならぜひ呼子《よぶこ》に寄ってきたらよいと言う。氏が若い時に両親につれてゆかれ、港に臨む割烹旅館で魚を食べたのが大変よかったという。旅館の名前も教えてくれた。空港に着くとレンタカーを借りて海岸線を辿り七ツ窯を訪ねた。七ツ窯は呼子近くの美しい海食海岸である。ウィークデイのためか、観光客がほとんどいなかった。良い天気であったが風が強く、景色を撮ろうとして構えたカメラが微妙に揺れた。教えられた呼子の旅館は、かつては木造であったろうが鉄筋コンクリートになっていた。港に面していて、窓からの眺望が格別である。料理は教えられたとおり豪華で美味かった。

柳川《やながわ》は古風で独自な街だ。川下りをした。まだ寒い時で、覆いのない木の舟の真ん中に炬燵がぽんと置かれていた。なんだか変な感じであった。今でもそんな風にしているのであろうか。一巡りした後に料理屋に上がった。川魚店でなく、海魚専門店であった。魚は美味く、また安価であった。

呼子の朝市

七ツ釜

那智の滝を訪ねた時は雨であった。それも台風がらみで、那智大社の参道で急に降り出した。土砂降りであった。屋根付きの御手洗は雨宿りの参拝客で超満員になった。雨水が滝になって石段を流れ落ちた。しばらくして小降りになったので、那智大社に参り、滝に向かって進んだ。雨がわが行く道を清めてくれた感があった。初めてみる滝は薄暗い中に白く長く

湯の峰温泉

落ち、まことに神々しかった。

翌日はよく晴れていた。瀞峡《どろきょう》巡りをし、熊野本《くまのほん》宮大社《ぐうたいしゃ》に参拝し、夕方、湯ノ峰温泉に着いた。山の中である。ここは、なんとのんびりした温泉の村であろう。本宮大社に近く、ずっしりと歴史の気配も感じられる。私は休暇を取ってやって来たので、宿に着くと儀礼的に会社に電話を入れた。すると、用事が出来たのですぐに帰ってきてくれという。そういわれたところで、ここから帰るとなれば、急いだって東京に着くのは明日の午後になる。そう説明すると、それなら急いで報告書を作ってＦＡＸして欲しいという。私は、えらいことになったというので、急いで湯に入り、晩酌もせずに飯を食べ、報告書の作成にかかった。しかし頭が働かない。もう頭が都会からも、仕事からも遥かに離れてしまっているのである。それでも苦闘して、午前一時を過ぎた頃にようやく報告書を書き上げることができた。

帰ってから、建築史家の宮上先生に湯ノ峰温泉がいかによかったかを話した。先生は得たりと応じた。昔、奈良の薬師寺で実測調査をしていて、暑くてまいった時に地元の人に、どこかに涼しいところはないかと尋ねると、それは山また山の向こうにある湯ノ峰温泉だと教えられたという。それがずっと忘れられずにいたという。私の話を聞いて、そんなによいところなら、両親を連れて行こうかとはなしていた。しかし、間もなくご母堂が亡くなられ、ご本人も病を得て幾年か後に帰らぬ人となった。

学生時代はいつも貧乏旅行であった。その乏しい旅費もそろそろ底をつく頃、大津の丘の上のユースホステルに行き着いた。泊めてもらいたいと言うと、予約もしないで来るとはけしからん、泊められないと拒否された。実際、満床だったに違いない。係氏としては門前払いはしたものの、途方に暮れている若者を目の前にして少し気が咎めたのだろう、逢坂山《おうさかやま》の月心寺《げっしんじ》ユースホステルなら泊めてくれるだろうと言って連絡してくれた。宿泊先の目処がつき、ほっとして玄関を出ると、遥か下方に拡がる琵琶湖が春の午後の陽を浴びてそれは美しかった。私の頭を芭蕉の句が占領する。

行く春を近江の人とをしみける

この句はまことに名句の名に値する。
月心寺は京阪京津線の大谷駅からすぐのところにあった。国道一号線に沿って塀がある。古風な玄関に立って案内を乞うた。いくら呼ばわっても応答がなかったが、やがて玄関の衝立の陰から一人の青年が現れた。現れた男はなんと千葉の大学の同期生であった。園芸学部の男であったが、なぜか顔見知りであった。大いに驚き、「おまえ、ここで何をやっているのだ」と聞くと、この春休みに九州一周の自転車旅行をし、帰りに仲間と別れて一人でここまで来たところで倒れ、そのまま居着いて十日以上になるという。私は一泊すると、そこのところの事情が理解できた。ここにいると、我が家にいるように落ち着けるのである。もし、疲労して息も絶え絶えにここにたどり着いたら、どっと疲れが出て私であっても寝込んでしまったであろう。そして、ここがそういう雰囲気である理由も理解できた。この寺を仕切る庵主《あんじゅ》さん（と皆が呼んでいた）の人柄によるのである。尼さんだからもちろん坊主頭だ。作務衣を着て飛び回っていた。片手が不自由で、足も不自由らしい。雰囲気としておばあさんだが、そんなに歳はいっていなかったろう。この人にかかると、宿泊客はみな彼女の息子であり、娘なのだ。来る者は拒まず、去らない者を追い出そうなどとするはずがない。先の同期生は、ここを拠点に観光をしているわけでなく、一日中この手伝いをしているのであった。この男に限らず、ここの泊まり客は率先して宿の作業を手伝っていた。喜んで皆そうしているように見えた。すべては庵主さんの人徳によるところであった。

食事の後だったか、庵主さんがこの寺の由来を話してくれた。ここの庭は銀閣寺の庭を作ったのと同じ相阿弥《そうあみ》の作であること、この寺は、元は日本画家の橋本関雪の別荘であったこと、ここの住職は、本来なら天竜寺の管長になるべき偉い人だったが政争に敗れたかして、ここに落ち着いていること（この方を見たように覚えている）など。

庭には大きな池があり、その対岸の斜面に相阿弥作とされる古風な石組みがあった。男性の寝室は池の先の離れ（別棟）であった。その夜、離れの座敷には布団が敷き詰められ、奈良の日吉館ほどでないにしろ満杯の盛況であった。ここは大津から京都に抜ける峠道にある。本来なら、夜ともなれば狐の鳴き声でもしそうな山の中なのだが、離れの裏は塀一枚隔てて国道一号線に接し、夜中に走るトラックの音がかなりうるさい。これが、このべらぼうに心地よい宿舎の唯一の欠点であった。朝の七時になると、庵主さんが「おはよー、おはよー」と庭から叫び、泊まり客が起こされるのであった。覚えていることはそのくらいで、その他いろいろあったろうが細かい点は思い出せない。私は、この時は一泊して辞したと思うが、一、二年後に関西を回った折り「庵主さんの人柄にひかれて来ました」と言って再訪した。庵主さんは、その時「せっかく私を目当てに来てくれたのに、忙しくて相手ができなくて申し訳ない」と謝られた。

その後、短大の卒業生で、大学に手伝いに来ていた青年がいた。風景写真を撮っていてカメラマンの卵みたいな人だった。助手室でこの人と話をしていて、たまたま話題が月心寺になると、この人もこの寺が好きで度々訪ねていることが分かって嬉しくなった。月心寺の庵主さんは多くの青年に愛された。それから二十年もしてからだろう、永六輔が「私が推薦する宿」として月心寺を雑誌で紹介していた。記事は読まなかったが大いに納得し、わが喜びとした。同時期であろうか、『月心寺での料理』という庵主さんの著作が出版された。それにより、庵主さんが交通事故に遭われて、からだが不自由になったこと、吉兆の大主人も認める料理の名手であることなどを知った。

私は、ここや奈良の日吉館の宿泊経験により、宿屋というものに対して一つの理解を得た——主人の心得次第で一つのユートピアをつくりうる。旅館運営はユートピアづくりなのである。男子が取り組んで悔いのない仕事であろう。実際には無理と分かっているが、私も機会があったらやってみたいと思うほどである。

これとは関係のない話かもしれないが、ある時、学友から次のような話を聞いた。一人の先輩が卒業に当たり、（千葉大学に工芸意匠科を創設した）小池新二教授に言った。「私は、せっかく工業デザインを学んできましたが、実家が北陸の旅館で、卒業したら家業を継がなければならなくなりました」。すると小池先生は「旅館経営も立派なデザインです」と答えられたという。小池先生はデザイン教育に尽くされた方だが、好ましい私的世界を築かれた立派な人間であった。わが大学の教授を辞した後、九州芸術工科大学の初代学長になった。

彦根の郊外にダイニックというクロスの会社があり、私が編集していたシリーズ書籍の表紙のクロスの特染め立ち会いのためによく出掛けた。ダイニックの工場は多賀大社《たがたいしゃ》の先の山の中にあった。昼過ぎに着いて仕事を済ますと夜は駅前のホテルにチェックインした後、街のスキヤキ屋に繰り出した。彦根は古い街である。真ん中に国宝の彦根城がある。新幹線は停まらず、観光地としての派手な売り出し方もしていないせいで、街全体に落ち着きがあった。夜の七時にもなるとメイン通りの店がみな閉まってしまう。店が閉め掛かるアーケード通りを急いで河原町《かわらまち》の千成亭《せんなりてい》の座敷に上がって近江牛を食べた。すきやきかシャブシャブであった。居心地のよい店である。食事の後は裏の路地を辿った。暗い路地の町家のドアを押すとスナックであった。それなりに常連客がいるのだろう、小さな街としては、この一角にそういう店が沢山あった。カウンターに腰を掛けて水割りを飲み、カラオケを歌った。なんとも飲み心地の良い街であった。実は私の祖父が彦根から出てきている。曾祖父という人は河原町で古美術商を営んでいたという。母は、私がたびたび彦根に行くので、ご先祖様が呼んでいるのだと言った。私の母は生まれるとすぐもらわれてきて実子として育てられ、父は養子なので、私は祖父とは直接の血の繋がりはないのだが、やはりその姓を名乗っている以上、彦根はご先祖様の地であった。そのためか、私にとって酔い心地も寝心地もきわめてよい街である。

取材で金沢市内の天神橋近くにある友禅染の工房を訪ねたことがある。古い住宅街の一角である。友禅染の工房といっても、そこの町家の一軒である。ここでは昔ながらの手作業で着物地に絵を描き、裏の浅野川で友禅流しをしていた。金沢では山も川も街もまだ昔ながらの清らかさが残っている。

浅野川の上流に湯涌《ゆわく》温泉がある。山の湯である。泉質が実によい。私は旅館「やまね」の湯に入って感激した。また、高台に西洋風の高級旅館「白雲楼ホテル」があって実によい風情であったが、今は不況のため閉じていると聞く。その奥に民家園「江戸村」があって貴重な家屋が多数移築されている。湯涌温泉と江戸村をセットにした訪遊を是非お奨めしたい。

輪島を訪れたのは寒い時であった。町なかの旅館「やしき」に投宿した。この旅館は、私が泊まった時、昔ながらの宿を観光旅館に改めるべく徐々に改装を進めていた。食事の間は改装が済んでいて、柱や板戸も漆が引かれ、いかにも輪島らしい室内になっていた。ここに二泊したが夜は外に食べに出、朝食だけを摂った。膳は、大きな角盆から飯茶椀、汁椀、皿、小皿と朱い輪島塗であった。もちろん座卓も輪島塗である。私は、この時、漆の食器で飯を食べることの幸せを知った。私はいつか我が家でも漆の食器を揃えて、ここの食事を真似てみたいと思っている。夜は、輪島の職人達（木地師や曲げ師や塗り師）が集まり、がやがやるような飲み屋に行った。なにやら、仕事の話か、その関連の議論をしているらしい。職人の町である。こうして明日も輪島の漆器が作られてゆくのである。

一緒に行った仲間達とともに輪島の作家角偉三郎《かどいさぶろう》氏の家を訪ねた。新築の町家であった。もちろん仕事場を兼ねている。私はここで氏が作った合鹿椀《ごうろくわん》を二客購入した。郊外に独立した仕事場があるというのでつれていってもらった。小雪が舞っていた。仕事場は、田圃の中にぽつんと建った古い茅葺きの家であった。暖房は石油ストーブと囲炉裏の火だけである。恐ろしく寒かった。囲炉裏の周りには制作途中の作品が散らばっていた。その後、角氏の案内で一行は柳田村の福正

角偉三郎の合鹿椀

角偉三郎作品（へぎ板）

寺を訪ねた。海岸に沿って進み、途中車窓より有名な千枚田を見た。福正寺では本物の合鹿椀を見せてもらった。昔、この辺りに住んだ木地師たちが作り、この村の住人が日常使った食器である。角氏はさかんに「いい、いい」と言って見入っていた。氏はここの合鹿椀をモデルに自分の合鹿椀を作っている。そして氏の作品が契機になり、合鹿椀は今や日本全国の恐ろしく沢山の漆作家の制作するところとなっている。

千葉大学のM教授が研究対象としていた新潟県の山村と庄内の村を案内してもらったことがある。この時、瀬波《せなみ》より庄内まで海岸の道を行った。道は海岸に沿って延々と続いている。私はこんなに美しい海岸は見たことがないと思った。十一月の初めのよく晴れた日である。私は窓外を眺めながら、もし自分が車に乗るようになったら是非この道を再訪したいと思った。その後免許を取り、その思いが今でも頭にひっかかっているが、この道は私にとってはいささか遠く、未だ実現しないでいる。しかし、ここに至る途中や周辺の温泉に寄りつつ、私はいつかこの道を訪ねたいと思う。

ある夏、奥花巻の大沢温泉に行った。新幹線の新花巻駅で降り、タクシーに乗った。途中、宮沢賢治ゆかりの各所に寄ってもらった。賢治が住んだ「羅須《らす》地人協会」の建物が花巻農業高校内に移築されている。建物の玄関の脇の壁に黒板が掛けてあり賢治の字で（白墨による賢治の字が今もなぞられて）「下ノ畑ニ居リマス」と書かれているのが実によい。この建物はかつて、町外れの北上川を見下ろす高台にあった。そこには現在、高村光太郎の筆になる「雨ニモ負ケズ」の碑が立っている。ここやイギリス海岸は学生の時にも訪ねている。賢治の童話は高校時代に幾度も繰り返して読んだ。ある時期、彼の童話の一編を読まないと眠れなかったほどである。高村光太郎が隠棲した光太郎山荘も学生時代に訪れている。今回訪れると小屋に覆い屋が作られ、イメージがすっかり変わっていた（昔のよさが無くなっていた）。学生時代に来た時は春の初めの雪が降っていた。そばに「雪白く積めり」の詩碑が立っていて、訪れた時の風景にぴったりであった。水を汲みに行くのに雪が深く積もっていて、一歩進んでは転び、二歩進んでは転ぶといった内容だった（調べてみると、水を汲みに行くのは誤りで、薪を拾いに行ったのであり、「十歩にして息をやすめ、二十歩にして雪中に坐す」となっている）。一人の詩人が大東亜戦争に責任を感じ、賢治の地に自らを流したのである。稀にみる立派な人であった。

大沢温泉は、北上川に合する台川の上《かみ》の方にある。大規模な一軒宿である。渓流に沿って建っていて、手前半分が観光旅館で奥の半分が自炊棟である。自炊棟の先にある大きな露天風呂が一番人気の浴場である。夕方は観光客の混浴で大賑わいである。一泊した翌朝、観光客は潮の引くごとくいなくなり、自炊棟だけが静かな賑わいを呈していた。観光客は夕方どどっと押し掛け、朝食が済むや瞬く間にいなくなってしまうのであった。私はこの光景を見て、本当に豊かで、もしかしたら人間らしいのは、安い宿料で逗留する自炊棟の人々で、貧しく、おかしく、機械みたいなのがわれわれ観光客なのだと思った。私は旅館部で二泊した。私は夜中に寝つかれなかったので、浴衣のまま外に出た。賢治の里なら星を見るのにふさわしかろうというわけである。一軒宿なので辺りは真っ暗であった。玄関前のアプローチの坂を上り、自動車道に出、夜中の散歩としゃれ込んだのはよかったが、私は突如、足を側溝に踏み入れて倒れてしまった。腕をすりむいたくらいで大した怪我もなっかたし、側溝も空に近かったので、いくらか浴衣を汚しただけで済んだのは

羅須地人協会

幸いであった。「星を見上げながら歩いてはいけない」というのが、この夜の教訓であった。

夏油《げとう》温泉は山また山の奥にあるという感じである（実際にそうであろう）。新幹線の北上駅から西に三十キロ入っている。もちろんここも基本的に湯治場である。渓流に沿っていくつもの湯舟がある。露天風呂だったり半露天風呂だったりである。湯舟巡りをしていると、一緒に入っていた男が言った「これが本当の露天風呂だ。他から引いてきたのではなく、ここで涌いている」。なるほど、湯が岩の底から直に涌いている。

ここに一人で滞在しているのは、いささか退屈である。ここは本当に何にもないところである。

平泉は三回ほど訪ねた。昔は廃墟然としていた毛越寺《もうつうじ》の庭が、最後に訪ねた時にはすっかり修復され見違えるような姿になっていた。浄土式庭園である。庭が整備されてみると背後の山が雅やかで美しく、この地に京風の文化が栄えた理由が合点できたような気がした。この時は、この近くの金鶏荘に泊まったが、泊まり心地のよい宿であった（金鶏荘は名を替えていまもある）。

厳美渓《げんびけい》は学生時代に初めて訪れて、その美しさに打たれた。ここいら辺りで磐井川《いわいがわ》の川幅が狭まり、岩を削って流れている。一関の親戚の家に泊まっていて、薦められて訪ねる際、足を滑らせて落ちると絶対に助からないからと何回も注意された。狭い川幅そのままに大きな渦巻きをつくり、一度はまったら最後、浮き上がらないという。水の深い深い瑠璃色が、そのはなしを裏打ちしているようで、それは美しく見えた。

猊鼻渓《げいびけい》は一度だけ訪ねている。お決まりの船下りをした。というよりここは船に乗るより眺めようのない渓谷である。実に正銘の東洋的景観である。蘇東坡《そとうば》が賦《ふ》にした赤壁とは、こういう気配のところではなかったか。私も羽化して登仙するがごとき心持ちであった。


ある夏の終わりに休暇をとって蔵王温泉に行った。おおみや旅館は木の丸い湯舟がなかなかよかった。湯質は酸度がきわめて強く「どこの湯とも違う、まさしく蔵王の湯だ」と思えるのであった。二階の客室から各旅館の屋根が見渡せた。冬に備えて地元のペンキ屋さんが隣の旅館のトタン屋根の塗り直しをしていた。暇だから眺めていると実にうまいものであった。感心したのは刷毛《はけ》にペンキをごく少量付け、それを引き延ばして塗る手際であった。さすが専門家である。私が塗る十分の一くらいのペンキ量で済ましている。実は私の家にはもう住まなくなった旧屋が付随していて（裏に残っていて）、いくら住まないといっても雨漏りさせておくわけにもゆかないので私は定期的にペンキ塗りをしている。そういう関係で、ペンキを塗っている人がいると、人ごとと思えず、つい見入ってしまうのである。ここのペンキ屋さんに比べると私の塗り方は、分厚いペンキの層を作っているようなものである。

翌日はタクシーを雇い、山頂のお釜を見、太平洋側に少し下った不帰ノ滝などを見学した。八月の終わりであったが、山は何となく秋の気配であった。

蔵王のお釜

その翌日は山寺（法珠山立石《りっしゃく》寺）に寄って帰宅することにした。あいにくの雨であった。傘をさして石段を登りながら気が付いたことがある。芭蕉が「岩にしみいる」と詠んだのは、ただの修飾ではなく、まさにこの山寺を詠んだのである。ここは岩が多い山なのではなく、山全体が岩で出来ている。この奇勝ゆえに、古くから死者の霊の帰る山として尊ばれてきたのである。下山時に雨はいよいよ激しくなった。駅近くのアスファルト道路は水浸しになり、側溝の通気口からは雨水がもの凄い勢いで溢れ出ていた。

海に行って海の幸を食べ、一番感激したのは気仙沼であろう。実は仕事で訪ねた。気仙沼にある関係会社に呼ばれて行った。向こうの人が民宿に宿を取っておいてくれた。しかも特別料理を差し入れしてくれたのである。普通の料理でも海の幸が十分並ぶのに、舟盛りが追加され、その豪華さといったらなかった。

週末に急に温泉に一泊したいと思っても、どこでも泊めてくれるわけではない。一人ならなおさらである。しかし、関東を脱出すれば大丈夫だ。ということで新幹線で白石《しろいし》蔵王《ざおう》まで行き、そこからタクシーに乗り、小原《おばら》温泉によく出掛けた。渓谷に沿ったよい温泉である。景色も佳いし泉質も良い。安直に休養をとる分には大いに薦められる。ここからずっと奥、蔵王山頂に近い峩《が》々《が》温泉もよい。山の湯治場だったところが洒落た山荘に建て替えられている。もちろん湯治用自炊棟も山荘風だ。避暑には最適かと思う。

銀山温泉

暗くなってから下校の高校生らと一緒に大石田駅に降り（つまり鈍行に乗り継いで行ったのである）、駅員に銀山温泉に泊まりたいというと能登屋旅館に連絡を取ってくれた。それから雪の中をタクシーで行った。銀山温泉は平地のどん詰まりに、山から流れる渓流を挟んで昔ながらの木造の湯宿が整然と並んでいる。能登屋旅館は木造三階建て、中央屋上に金閣に似た方形の望楼を載せている。古めかしいながら洒落た佇まいである。

一泊した翌朝、雪の中を散歩した。奥にあるという滝を見にゆこうとしたら、旅館が尽きるところで道も雪に埋もれていた。その夜、湯から上がると、宴会場がにぎやかである。唐紙が開いていたところから見ると、真っ赤な顔の男が一人正座して、いかにも気持ちよさそうに歌っている。それはなんと、この旅館の番頭さんであった。

近隣の集まりでもあったのだろう。
夜も更けてから、女将さんがお新香を幾種類か小鉢に入れて持ってきてくれた。これがうまかった。いま樽から出してきたといった風情で、軽く凍り付いていた。

学生時代に一人で東北旅行をし、最後に常磐線で関東に入り、日暮れ方に水戸駅に着いた。旅のお終いに常陸太田の西山荘を訪ねようとしたのである。この日、泊まったのは駅前の太平館で、老舗のよい旅館であったが裏が国道に面し、夜中に走るトラックの音がうるさく安眠できなかった。その恨みがあって、私は朝起きると女中の顔をにらんでいた。女中はいい災難であった。この朝はあいにくの雨であった。ただし弱い雨で春雨と呼ぶのにふさわしい。食事が済むと宿を出、水郡線《すいぐん》に乗り込んだ。朝の電車は通勤の人たちで、それなりに混んでいた。終点の常陸太田で下りると今度はバスに乗った。西山荘の最寄りのバス停で降りるとそこは水田の中であった。水田の遥か先に西山荘がある木の茂る台地が連なっていた。台地の際には桜が点在し、この朝の雨に煙っていた。それは「日本の山里」というのにふさわしい、まことに平和な風景であった。傘をさして畦道を急いだ。西山荘は台地に食い込んだ谷

西山荘

地の最奥のような所にあった。私は谷地田《やちた》の道を行きながら、ここを助さんや格さんが歩いたのだなと思い嬉しくなった。西山荘は水戸光圀の隠居所で、彼が大日本史の編纂にあたったところである。

私はここの立地や昔ながらの建物の造りが大いに気に入った。有名な丸窓の書斎などを見ていると、まるで故郷に帰ったような懐かしさを覚えた。敷地を一巡した後、もっと余韻を楽しんでいたかったが、帰りのバスの時間があったので私は後ろ髪を引かれる思いで西山荘を後にした。

ここを再訪したのはそれから三十年も経ってからである。テレビの「水戸黄門」で人気が出たせいだろう、昔の谷地田は公園に生まれ変わり、「西山荘」は立派な観光地になっていた。少し様変わりしたとはいえ、昔のよさは残されていたので私はほっとした。それにしても、ここは雅な風情をたたえた、関東には珍しいよい場所である。まあ、よいところだからこそ、へんぴなところにかかわらず水戸家が隠居所にしたのだろう。ここのよさの理由を求めると、仕切られた狭地と湿気ということになろうか。谷の奥の高所から清水が流れ出、この閉塞した地を潤している。それで、全体に乾いて広漠とした関東平野には珍しい一天地を形成しているのである。

二十代の中頃だろう、水戸の弘道館を訪ねた。水戸家の藩校で、最奥の間は藩主の居室になっている。江戸城を明け渡した十五代将軍慶喜は、ここに籠ってひたすら恭順の意を表し、朝廷からの命を待ったという。

五月雨のそぼふる池に梅の実の　おりおりおつる音の淋しさ　慶喜

常陸なる弘道館の奥の間は　風の音涼しももとせのちも　武

水戸市五平町の金澤邸を訪ねたことがある。料理上手の奥さんから美味しい料理をたんまりご馳走になったあと屋外に出た。そこで私が見た風景は、どこまでも続く麦畑と、その先の山並みであった。それはゴッホが描くアルル地方そのものであった。私は、この何の変哲のない風景に強い感銘を受けた。

秩父の金昌寺の前に新木《あらき》鉱泉がある。友人とともに泊まったのは、もう三十年以上も前である。野っ原に木造二階建ての宿があった。狭い湯舟に鉱泉が溜まっていた。なにやら白い膿みたいなものが浮かんでいた。気持ちが悪くて、早々に湯から出た。白く浮くのは、汚れではなくこの湯の沈殿物であることを後で知った。部屋間を仕切っているのは一枚の唐紙であった。こういう宿の造りは当時としても珍しかった。戦前なら、観光旅館は別として、宿屋といったら皆こんな造りであっただろう。

この地を二十年もしてから訪れてびっくりした。野っ原は消え、住宅地になっている。住宅地

富士ビューホテルからの眺め

の角を曲がると新築なった新木鉱泉の洒落た佇まいがあった。

名栗《なぐり》鉱泉を訪れたのも、新木鉱泉に泊まったのと同時期である。飯能から入間川に沿ってバスに揺られていった。付近の山をハイキングする人が起点、終点にするといった宿である。都会から近いのに、実にのんびりした静かなところであった。私はここで出された山菜を食べ、初めて山菜を味わったように思う。後年訪ねると、観光旅館に建て替えられていたが周辺の景色がほとんど変わっていないのに驚かされた。

飯能と青梅の中間にある岩蔵温泉は十数年前に訪ねて一泊したことがある。名栗鉱泉と同様、都会の人が週末に泊まるのだろう。河村館はなかなかよい料理旅館であった。(河村館は現在は閉館)

昔と較べるとずいぶん都会化したが、河口湖がいい。何となく唐詩に出てくる湖のような雰囲気がある。一度、舟を浮かべて酒を飲んでみたい。ある時、富士ビューホテルに泊まった。ここの朝のレストランは秀逸である。ただし、ここは少しも東洋的でない。木立の先に湖が見える。私は西洋的気分が横溢する湖畔の朝を堪能した。

学生の時に河口湖の近くに滞在していて、富士山に登ったことがある。八月だった。急なことだったので、長袖シャツやビニールの合羽を買った。地下足袋は借りたと思う。夕食後、仮眠をとり、夜中のバスに乗り込み五合目まで行った。この時、バスの窓から見た夜空はまことに見事であった。まことに星は降るがごとくに輝いていた。それから夜を徹して登り、七合目当たりでご来光を仰いだ。夜が明けると雲より高い所にいるということを実感した。シュルシュルと水蒸気が上がり、小さな雲ができる様を眼下に見た。私は山登りに、ほとんど興味をもたない。しんどいしんどいと思いながら登った。六根清浄を唱える人が幾たりも私を追い抜いていった。頂上に着き、もう山登りは沢山と思っているると一緒に登ったうちの一人が、また登りたいというのを聞いてびっくりした。人間は山登りが好きな人間と嫌いな人間に二分することが出来るのである。下りは「すばしり口」を駆け下りて愉快であった。そのまま帰るべく河口湖駅に至り、売店で牛乳を買った。店番の男が「普通のにしますか、豚にしますか」と聞く。私は、ははあ近頃は豚の「牛乳」というのがあるのだなと、快い疲れの中で思った。それで「その豚というのを下さい」というと、男はビタ牛乳を出した。その頃はビタ牛乳というのがあって普通に飲んでいた。ビタミン入り牛乳という意味であろうか。

信州の別所温泉は何度も訪ねている。ここの旅館花屋がよい。離れがいくつもあり、母屋とは屋根付きの長い渡り廊下で繋がっている。離れには全て浴室が付いていて、湯舟は常に温泉で満たされている。皆それぞれに古風で趣のある浴室である。私はかわいい奥さんと来るなら、この花屋がよく、かわいい恋人と籠もるのなら伊豆の大沢温泉ホテルがよいと思っている。近くに仏

美しい日本 参

手賀沼風景

潮来の嫁入り船

養老渓谷風景

塩原風景

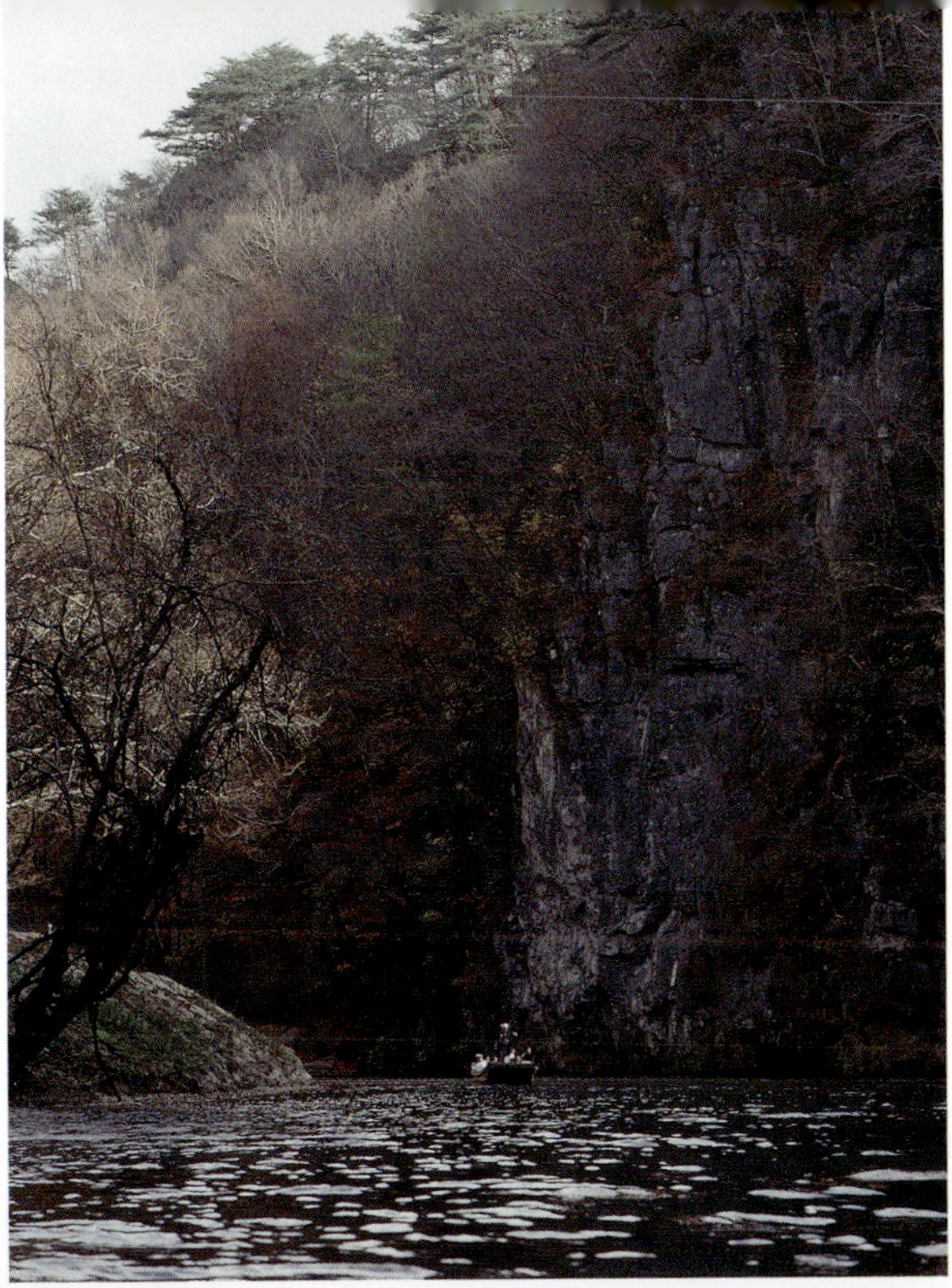
猊鼻渓

厳美渓

雪の銀山温泉

玉川温泉

天鏡閣内観

闇が多いので有名だが、特に大法寺がよい。三重の塔が美しい。

社会人になったばかりの頃である。友人二人と夕闇の迫る頃松本に着いた。長野方面より列車で来たが、その時見た夕焼けの穂高の山々は実に美しかった。黒々と実に雄大であった。駅に降りると観光案内所に行き、何しろ安い宿を紹介してくれと頼んだ。駅近くの素泊まりの宿を紹介してくれた。通された部屋は、よく修学旅行で泊まるような大部屋であった。向こうの端からこちらの端まで布団が引き詰められている。なんだか変なところだと思いながら床についたのだが、朝目が覚めるともっとびっくりした。沢山いたはずの同室者が誰もいず、我々三人だけが残っていた。つまり同室者はみな登山の人たちで、朝早くに出立してしまっているのである。言ってみれば、ここは街の中の山小屋であった。

ある時、羽田から北陸の小松まで飛行機に乗った。雲ひとつ無い日であった。そして窓から下を見ていて驚いた。富士山を過ぎてより、眼下は山また山、そして緑また緑であった。まことに恵まれた風土である。木も水も空気も土地も実に豊富であった。それが私が住む島の偽りない姿であった。

風景抄番外

厳美渓

一　伯父さんの画帳

父方の伯父さん一家が空襲で東京の家を焼け出され、戦後、市川の我が家に居候していた。伯父さんは当時六十歳代の前半だったろう。いつも着物を着ていて、なにやら「のんきな父さん」のイメージであった。この伯父について二つのことを覚えている。この伯父と私と従姉妹の子の三人で散歩に出たことがある。私は三歳前後であったはずである。その折、表通りの牛乳屋さんの前に掛かると、伯父はミルクをごちそうしようと言って、店内に入った。店内には椅子とテーブルが置かれ、そこでミルクが飲めるようになっていた。伯父は温かいミルクを三つ注文した。私は一度はその椅子に座ったものの、そういう経験がなかったので恥ずかしかったためと思われるが、そこから逃げ出し、そのまま駆けて家に帰ってきてしまった。伯父が慌て呼び止める声が、耳の奥に残っている。帰ってきた伯父が、大変なことをしでかされたという様子で、家人に顚末を話す様子も記憶に残っている。

もう一つの記憶は伯父の臨終時の様子である。明け方、伯父の様子がおかしいと家中大騒ぎになった。伯父は大きないびきをかいていた。次の場面は、その日は出掛けて外泊していた伯母が急な知らせで戻ってきて玄関に立ち、血相を変えて「なぜ医者を呼ばなかったのか」と問いただしている。そして私の母が、急いで医者を呼んだが間に合わなかったと説明している。

まず、伯父について思い出せることはこの二つだけである。

やがて、伯父の家族もこの家からいなくなった。

私の父は仙台出身である。実家の姓を工藤という。鳶を家業にしていたが、元もとは仙台藩のお抱え大工であったという。仙台は空襲で焼けたが、工藤家の門が焼け残り、戦後は観光バスが停まったというようなことも聞いた。父の兄である伯父は絵を描くのが好きで、美学校に行きたいと言ったが家中で反対され、行けなかったという。昔は、画家を志すなど乞食を志すようなものだったのだろう(母が、そう言っていた)。伯父は、やがて発明家として生計を立てるようになった。工藤式蓄音機（代表作なのだろう）といったものを作ったという。戦前、伝通院の近くに住んでいたので、うちでは小石川の伯父さんと呼んでいた。

伯父の死後、我が家に伯父の画帳なるものが残った。小さな画帳で、布製の表紙が付き、表紙、裏表紙に紐がついていて結べるようになっていた。伯父からもらったものでなく、伯父一家の忘れ物と思う。書類戸棚の奥に忘れたように置かれていた。私は少年時代に幾度もこの画帳を開いて見た。旅行時に持ち歩きスケッチしたのだろう、各地の山水が濃いめの鉛筆で丹念に書き込まれていた。正式な絵にするための下絵として描いていたらしい。私は今でも、その筆致を正確に思い起こすことが出来る。それは実にうまいものであった。この人が絵を描いていたら、一端の作品を残していたのは間違いないだろうと思う。戦前は美術学校を出なければ画家になれないというような通念があったに違いない。今から考えれば、学校など出なくても絵を描いたらよかったのだ。ただし、これも戦後の人間が考えることであろう。いずれにしても、あたら一つの才能が町の発明家として埋もれてしまったのである。

私は成人するに及んで、この画帳を探したが見つけることが出来なかった。誰かが家の戸棚を整理した時に処分したものと思われる。

私は後年、風景写真を撮るようになり、撮りためた写真を私家版のモノクロ写真集『旅人と呼ばれん』としてまとめた。私が満三十八の時である。私が自作の写真集を手にして思い出したのは、遥か昔に失われた伯父さんの画帳であった。私はこの時「自分も伯父さんの画帳に匹敵するものを作った」という感懐を持った。

二　車中の人

御宿《おんじゅく》に行こうとしていた。春のよく晴れた日である。海岸を散歩して写真を撮ろうと思ったのである。千葉発の鈍行が海に近づく頃は乗客もまばらになった。隣に小さくて華奢な老人が座っていた。何がきっかけだったか言葉を交わすようになった。船橋の人で、会計事務所をやっていたかと思う。六十七歳だと言った。経済的にも恵まれ、悠々と生きているらしい雰囲気があった。

これから房総半島の先っぽのほうにある別荘に行くのだそうだ。本日は友人らが泊まりに来るので先に行って待っているのだと言っていた。それから、別荘を持つまでの経緯を話してくれた。避寒ということを目的にすると、房総半島ならどこでもよいというわけでなく、半島の先端の方に限られるという。それから、不要になった時に売り払うことを考えると、駅付近に建てた方が断然有利だとのことだ。それで、この方はそれら条件を満たした別荘を建てた。「そこから海が見えますか」と私が一番気になる点を尋ねると、残念ながら見えないという。普通なら海が見えることを第一の条件にするのだろうが、売却時の有利さを優先させて別荘を建てるというところが面白かった。そのあと、私がどこに何しに行こうとしているのかを尋ねられた。列車が御宿に近づき、私がいよいよ降りようとする時、この好ましい老人は「どうだ、今日はおじさんの家に泊まるか」と笑顔で言った。私は驚いた。この人にとっては私は少年なのである。私はその時、五十か五十一だったと思う。そして、このたいした目的もなく日帰り旅行をする若年者を自分の別荘に泊めて歓待しようというのである。私は、この微笑ましい申し出を、どうしても御宿で降りたいからと言って丁重に断った。

この人と話をしたのは多分三十分に満たなかったろう。そして私の記憶に最も懐かしい人格の一人として残った。

あの人は今でも壮健であろうか。別荘はまだ手放さずにいるだろうか。

昭和五十一年のことと思う。私は所用があって松本に行く特急に乗った。午後の列車はがら空きであったが、私の指定席の隣に大きな荷物を抱えた男がやって来て座った。ひょろりとしていて丸顔、人相はよくない。五十そこそこだったろう。そのうちに言葉を交わすようになった。初めは男が話しかけてきたのだと思う。しばらくして私は「何のご商売をされてますか」と一番気になっていることを尋ねた。「何をやっているように見えますか」男が応じた。私は先ほどから、悪徳ブローカーという感じを抱いていたので「何かブローカーですか」と言うと、男はニヤリとして「画家だ」と言った。抱えてきた荷物は実はカンバスで、これから甲府のパトロンに絵を見せに行くところだそうだ。絵なら私も興味がある。私が好きな画家の名を幾人か挙げると、鼻にもかけないといった様子である。この不遜な態度に私は大いに興味をそそられ、どういう絵をお描きですかと聞くと、画風（ジャンル）は多岐にわたっていて説明しがたいという。それから市川に住んでいると言う。どうも、空いている列車で隣り合わせになったのは、同じ市川駅で切符を買ったことと関係があるらしい。それで、なんとなく親近感を感じて、近ぢか絵を見せてもらいに行きたい言うと、電話番号を教えてくれた。画家の名は新倉喜作《にいくらきさく》といった。

新倉氏は市川駅と本八幡駅の中間あたりの平田小学校裏に住んでいた。私の家から歩くと三十分もかかろう。氏の実家は多少資産があるらしく、その家はわけてもらったと言っていた。ここいら辺の家はどこも庭など無い。木造総二階建ての一階部分に住み、二階は人に貸していた。

彼は「貧乏な詩人や長屋に住む画家」を地でゆくような存在だった。妻帯せず、職を持たず、ひたすら絵を描いていた。もちろん貧窮していた。腎臓病も患っていた。親族にも相手にされず、画家のグループにも属していなかったから天涯孤独の感があった。年に一度くらい個展を開いていたが、個展の後に「今回も一点も売れず、みんな持ち帰りました」といった葉書をもらったりした。

新倉喜作作品

新倉氏は彼の言の通り、具象画から抽象画に至る様々な画風の油絵を描きわけていたが、私が見るところ、皆それぞれによかった。ただ、多くの作品に、執念で描いたといった不気味さがあった。例えば密閉した部屋に置いておいたら、ある時突然、呻き出したり、喚きだしたりするのではないかと思われるのであった。いわゆる平和な絵ではない。実はこういう力の籠もった絵を好む人は少ない。絵が室内に飾られるものであるとすれば、平和で穏やかで美しいものでなければならない。彼はそんなものを全く拒否してしまっている。彼は圧倒的に頑なで孤高で誇り高い。彼の絵の理解者を自認する私でさえ、彼の絵の不気味さには、いささか辟易とさせられるのであった。

また画材もユニークである。印象に残っている絵に、こんなのがある。傷んだ茅葺きの屋根の全体を、沢山のサブロク（三尺×六尺）の波形トタンを貼り付けて修理してある。そのトタンも、みな一様に錆びているのであるが、錆の強弱の階調が面白い。家の前に洗濯物が干してあって、この家が未だ使われていることを物語っている。そもそも、絵の主な「用途」というのは新築の家のリビングルームを飾ることだろう。この人は絵の用途というものをこれっぽちも考えない。つまり彼の絵は客観的に見れば、買われることも売られることも拒否しているのである。彼は自分の絵を理解しない世間を怪しみはしても、自らの姿勢を変えようなどとは、てんで考えないのである。絵が画家の意識の表出であって用途を持たないというなら、彼の姿勢は全く正しい。そういう観点からすれば彼は優れた画家と判断することができるのである。

氏と付き合ったのは私が三十代の時で、その頃の私は絵を購入する余裕も興味もなかったので氏の絵を一枚も買うことがなかった（今なら違ったろう）。

私は思い出したように氏の家を訪ねて話し込んだ。そのうちに氏の腎臓病が悪化し、一日おきに上野の病院に透析に通うようになった。屋内や街中で倒れ、救急車で運ばれたといったはなしも何回か聞かされた。ある年（新倉氏と知り合って十年くらい後）の年賀状が来なかった。私はとうとうその時が来たのだろうと思った。まだ寒いうちに訪ねると家は無人であった。近所に様子を尋ねる人も見当たらなかったので、私は勝手に納得してそのまま帰ってきた。それでお終いである。

一人の画家が苦闘の末に死んだ。沢山の絵が残ったはずだが、芸術には無理解らしい親族がそれをどうしたか知らない。

三　地霊

近頃は休日ごとに自宅周辺をドライブしている。目的など無い、景色を楽しみながら走り、ぐるぐると廻って帰ってくるだけである。昔の名称でいうと、平坦でほとんど起伏のない下総《しもうさ》の国（千葉県北部）を走ることが一番多い。山間部となる上総《かずさ》の国を走ることも多い。千葉県南端に当たる安房《あわ》の国には、遠いから一泊する時でないと行かない。時々常陸の国の南部（ここは現在の茨城県）も走る。気に入ったコースがいくつかあって、その日の天候や気分によって選んでいる。それから乗ってみてからの道路事情によっていくらでも変更してしまう。渋滞に遭えば、即座に行き先変更である。何の用事もない。まあ、とりあえず出発してみようといったものである。

こういうドライブをしているといつも感じることがある。景色ごとに地霊がいるのではないかということである。もちろん私が勝手に思っていることで、確かにいるとも、人さまに賛同せよともいわない。私の心象に属することである。峠を越えたり、山に阻まれて道路が曲がったりすると別の風景が展開する。すると別の神様が統べているように思う。私は地霊に挨拶しながら車を走らせる。私に言わせると、ドイツの車の宣伝文句にあった「駆け抜ける歓び」なんていうのは心得違いも甚だしい。そんなことをしては、地霊もびっくりしてしまうだろう。見ず知らずの土地を走らせてもらうのだ、地霊に挨拶し、地霊に祝福されて通過せねばいけない。新年になると、年初にあたって土地土地の神々に挨拶して回らねばと考えて私は車を出す。

地霊は古人によって、産土《うぶすな》、鎮守の神とされたろう。地鎮祭で挨拶される神でもある。人間の、あるいは日本人の素朴な感情に捉えられた存在であるに違いない。もちろん、私の場合、車を運転しだす前から、そうした存在が意識にあるにはあった。ただ、ドライブという行為が、私にそうした存在をとりわけ強く感じさせるようになったということのようだ。ドライブは紙芝居のように、あるいはパノラマ館のように、眼前に次々に風景を展開させる。私の意志と関係なく比較を強いる。風景の比較は、勢いその背後の心霊的なものの比較になる。こうして、野越え山越え行くと私は沢山の神々に会うことになる。

ドライブは地霊に会う方法で、地霊と親しむ方法は、眠ること、酔うこと、歩くことであろうか。

私は日帰り旅行をしても、どこかに行った気にならない。ある土地を訪ね、その土地で眠る。そうするとその土地がよく理解できる。それで日帰り旅行は、旅行でなく散歩であると思っている。眠ることに意義がある。私はある時から、眠ることは、その地の地霊と懇ろになる方法だと勝手に理解するようになった。だから日帰りできるところに行くのでも、許されれば泊まってゆきたいと思う。

ずいぶん昔になるが、ある夏、房総《ぼうそう》に出かけ海辺の民宿に泊まろうとしたらどこもいっぱいだったので少し内陸に入り、茂原《もばら》の駅近くの裏寂れたビジネスホテルに宿をとった。夕飯は駅裏の酒場に行った。汚くて大きくて繁盛している店であった。出入り口は大きく開け放たれ、通りと一体になっている風だった。客たちの話はわざわざ聞き耳を立てなくとも向こうから勝手に入ってきてしまう。カウンターに腰掛けて飲んでいると、この町が雰囲気としてよく分かる。酔っぱらってくれば、この土地そのものも理解されてくる心地であった。ホテルの食堂で食事をしたってこうはゆかない。この夜、私はあたかも土地の神と共食しているかのような気分であった。

上野は東京で一番好きな街である。ただし、つきあいは長くても地の利を得ず（今の通勤地から離れている）、しょっちゅう訪れるところではない。それでも偶に上野広小路の路地奥の魚料理店「行徳」で飲んでいる。暖簾を分け格子戸を開け、板前さんに挨拶してからカウンターの端に座り、うまい魚を肴に一人飲む。そういう時、私は上野を強烈に感じる。隣接する風俗店街の先に静まる不忍池《しのばずのいけ》、上野の山、先祖から住み続ける人々、その人らの暮らし、そして四百年の歴史。懐かしい。この地には壊されない江戸時代があるように思う。現実的には江戸時代の風景も文物も人心も十分に損なわれていよう。しかしそれでも、伝えられた多くのものがあるかに思われる。私はそれを感じ、ある種の至福の中で酒を飲む。私は上野という土地を懐かしむためにこの店に来るように思う。酔っぱらえば、戊辰《ぼしん》の役の大砲の音が聞こえたかのような気さえしてくる。

上野について少し記そう。

出版社に入った時の上司であるMさんも上野を愛した人である。長く美術畑を歩いてきた編集者である。上野の美術館で公募展などを見た後は山を下り、池之端のジャズ喫茶ナイルでコーヒーを飲むのだと話していた。茶系のジャケットに茶色の靴を履き土曜の午後の上野を散歩するMさんの姿が見えるようだ。

社会人になった年、上野の会社に入った大学の友人と不忍池の端を歩いていた。池には蓮の葉が茂り、折からの風に一斉に揺れている。友人が言った。「この蓮の葉を見ていると、地獄に堕ちた人間が、手を出して助けてくれと叫んでいるように思える」。なんと適切な形容であろうか。私にはよく分かった。社会に出て、なんとない不安な日々を送る青年の心象の風景なのである。

ある夕べ、精養軒の屋上のビヤガーデンから後方を見ると、寛永寺の五重塔と国立博物館と文化会館が、森の上に建物上部を出して並んでいる。私は大いに喜んだ。江戸時代、昭和戦前、昭和戦後の典型的な建物が揃い踏みし、上野という土地の歴史性を物語っているようだった。目を一八〇度回転させると不忍池が拡がっている。上野の山といい池といい、かつての自然も壊されることなく残っている。実はこれが上野を上野たらしめている根元だと思う。山を削ってはならない。池を埋めてはならない。

出版社にいた時、同僚のH嬢が女義太夫を聴きにゆこうという。新進の義太夫語り竹本朝重《あさじゅう》と仕事で付き合ったら本牧亭《ほんもくてい》の券が送られてきたという。六月はじめの雨降りの日であった。夜になるとずいぶん寒くなった。路地の奥は薄暗く、本牧亭の入り口辺りだけざわめいていたような記憶がある。本牧亭を訪ねたのはこの時が初めてである。実はこの後、訪ねずじまいで本牧亭はなくなってしまった。壊されてから訪ねてみるとパチンコ屋になり、そこだけ不夜城のようであった。本牧亭では入り口に下足番がいた。そこで靴を脱いで二階に上がるのであった。私はこういう方式の劇場を後にも先にもここしか見たことがない。二階に上がると、奥が舞台になっていて、あとは畳敷きの大広間である。舞台近くの窓際に座る。もう客が二十人ほど来ていた。あとから少しずつ増える客も含めて観察すると、皆この土地や周辺の人々らしく、この小屋の常連客のようにに見受けられた。やがて義太夫が始まった。義太夫を聴きながら、私は、ここにいる人々がこの小屋を支え、さらにこの上野という土地を支えているのだという感懐を強くした。

五月雨や　本牧亭の　薄明かり

「行徳」のある路地は、本牧亭のあった路地の一本南の路地である。行徳の隣に古風なお汁粉屋さんがあった。先日確認すると昔のままの姿で残っていた。出版社にいた時に東上野の長屋に住む女性がアルバイトに来ていて案内されたことがあった。暑い時でガラス戸を開け放ち、昔ながらの懐かしい店という印象であった。近年は冷房が一般化した結果、夏でも閉じられ、昔の風情を減じたかに思われる。

上野広小路で飲んで、上野の気配を強烈に感じるのには以上に記したような経験や感懐が背景にある。ここの地霊は単なる自然霊ではない。四百年の歴史がその霊体の基本になっていると思う。

他に、飲むことでその地に親しんだと思えるのは、既に記した彦根の料理屋やスナック、雪に埋もれた白川村の宿、京都四条河原町の料理屋、養老渓谷の鉱泉宿等であろうか。

甲子温泉

第2部 日本紀行(抄)

二〇〇三年から

オランダ坂の敷石

西日本編

一　長崎物語

ある夕暮れ近くにロープウエーで稲佐山《いなさやま》に登った。街や港や遥かな河口の島々が見渡せ、まことに景色がよい。緑の山に深く切り込んだ港――長崎が世界で最も美しい港の一つといわれるのが納得できる。日が沈むと街に灯りがつき、その美しさに目を奪われる。美しいのは実は灯りではなく、灯り間の暖色を帯びた深い闇であった。

私は常々、歌謡曲に唄われる長崎に多く雨が降っているのを不思議に思っていた。『理科年表』を見ても、長崎が特に降水量が多いということはない。誰が初めに長崎と雨を結びつけたのだろう。確かに長崎と雨は似合いそうである。オランダ坂で雨はよさそうである。グラバー邸で雨も悪くなさそうである。眼鏡橋で雨、これもよさそうだ。この、長崎と雨が対になる理由を、私は中島川沿いの道を歩いて気付かされた。この川には眼鏡橋をはじ

眼鏡橋

めとして沢山の石の橋が架かっている（十橋あるそうだ）。これらの橋といい、オランダ坂といい、この街は日本に珍しい石の街なのである。そうだ、それでこの街は雨が似合うのだ。日本の庭を撮る写真家は、撮影に先立って必ず撒水する。撮影と関係なしに料亭の前庭や、玄関のたたきの敷石にも水が打たれる。写真家の西川孟《もう》氏が「濡れない石は死んでいますよ」と言っていたのを思い出す。石を美しくするには、どうしても水が欠かせない。

この地で石が多用されたのは平地が不足して傾斜地に住まざるをえないため石段を必要としたのと、近くの島で石が採れ、船に乗せて運びやすかったためだと考えられる。

長崎—坂—石—雨という系なのだ。

さて、知人で長崎出身のI氏が長崎「おくんち」を見学するツアーを企画した。この旅行でのめぼしいところを記したい。

長崎に着いた日の翌朝、ホテルからタクシーで諏訪神社に行く。神社前で車を降りると、和服で着飾った女性陣が目にはいる。それぞれ贅を凝らした和服を着ている。娘さんではない。年の頃は二十代後半から三十代か。その和服の着慣れた様子を見て私は素人衆ではないなと思った。ところが違っていた。彼女らは氏子の奥さ

おくんち

ん達であった。町内の出し物に先立って奥さん等が子供を伴い境内の舞台を一巡するのである。この一回りするために奥さん達は着物を新調するという。祭りの番は七年ごとに回ってくるので、この町内の奥さんは七年ごとに着物を新調することになる。ということで奥さん達は着物を着慣れているのだ。この呉服屋さんは恒久的にお得意さんがいるという仕組みになっている。

諏訪神社は山際にある。まず鳥居をくぐって石段を上ると石敷きの広い踊り場に出る。ここが出し物の舞台（くんち踊馬場《おどりばば》）である。踊り場の先がさらに石段で、登ったところが拝殿である。舞台の踊り場の左右に桟敷が組まれ、ここの指定券を購入して見物することになっている。

おくんちは長崎繁盛を「お諏訪様」に感謝する祭りという。祭りを担う各「祭り町」は、それぞれの傘鉾《かさぼこ》を持ち、それぞれの出し物を持っている。傘鉾（かなり重いらしい）は、いわば風流傘で、傘上に大きな飾り物を付け、傘の周りに美麗な布を垂らし、中に入った男がそれを担いで、そろりそろりと舞う。それに続く出し物の代表は、趣向を凝らし、これでもかと飾りつけた舟形の山車《だし》で、上に音曲を奏でる楽師の一団（子供たちである）が乗り、それを大勢の男達が馬場も狭しと進め、戻し、回すといったものである。男達は力一杯で全速力である。これは「引きもの」と呼ばれる種類で、ほかに「通りもの」「担ぎもの」「舞もの」「本踊り」等がある。こうした出し物の出番が各祭り町に、七年に一度回ってくる。本年の一番人気は担ぎもの「こっこでしょ」である。

おくんちは氏子による一風変わった奉納芸能である。諏訪神社の境内は大変な熱気だ。見物人は「もってこーい」のアンコールの掛け声を浴びせ、この奉納の祭りに積極的に参加している。おくんちは、わざわざ東京からやって来て見物する価値があるだろう。ただ私は見物していて、この不思議な熱狂にいささかの違和感をおぼえた。これはやはり「長崎人」の祭りなのだ。私とは、いささか違う風土のものである。

祭り見物の後、私はオランダ坂、グラバー園とお決まりのコースを回る。両所とも、ふるさとに居るように落ち着ける場所である。先ほどのおくんちとの心証における変わり様はどうだろう。

話は変わるが、私は小倉の祇園太鼓を継承した無法松と、この地の芸者愛八《あいはち》ねえさん（なかにし礼の小説『長崎ぶらぶら節』の主人公で、地元の学者と伴に、この地方に埋もれた唄を採取して歩いた）を「文化の人」として尊敬している。次は、この地の芸者の話である。

この日の夜の食事処は丸山の史跡料亭「花月《かげつ》」であった。丸山地区の奥まったところに、歴史を感じさせる花月の建物がある。まずは館内を案内される。庭も建物も結構である。奥の方に、坂本龍馬をはじめとするかつての来客の遺品が展示されている。二階の広い部屋に通される。われわれ九人のために大きな二つの丸卓が用意される。芸者さんが三人やって来る。年増のこうらくさんと、中年のさんゆうさんと、見習いのかおんちゃんである。私に何よりもめずらしかったのは卓上に杯洗《はいせん》（むかし盃をやりとりする時に盃を洗った）が置かれたことである。隣のかおんちゃんに盃洗の使い方を教授願う。盃は、端をちょっと浸けるだけだが、ビールの時は、ビールが入ったままのコップをガバと伏せ、引き上げる。盃洗中はビールだらけになるのだが、それを取り替える気配がないのがなんとも奇妙であった。まあ、かつては、こういう席では日本酒を飲むものと決まっていただろう。小皿の料理が卓を満たす（つまり卓袱《しっぽく》料理である）。みな美味い。大したものだ。

かおんちゃんは前々より芸者に憧れ、昨年高校を出ると共に、この世界に入ったそうだ。美形である。お酌する手が、あくまでも白い。あとで皆でスナックに行った時も隣にいたので手をさすらせてもらった。踊りは練習中だがそれなりに踊る。三味線は習っていないと言っていた。さんゆうさんは、途中からこの世界に入った人らしい。この人が三味線を弾き、唄う。この人の長崎ぶらぶら節が実によい。さすがプロだ。こうらくさんはかなりな歳、宴の終わり頃になると客を引き入れ、腰を突き出す性交紛いの踊りをさせるのには閉口した。客はこういうのを喜ぶのであろうが、こちらは泥酔しているわけではないので、とてもお付き合いできない。

この料亭で特筆すべきは、男の従業員が一切姿を見せないことである。下足方も和服のおばあさんである。また、料理を運んでくるのは、皆かなりの年配者だが、だいたい芸者上がりらしい。若いかおんちゃんに、やり方が「違う違う」なんて小声で言っている。かおんちゃんは知らん振りしている。

宴終わり、客を送り出す段になって芸者さんらは玄関に座り、酒を盃に注いでは客に呑ませ別れの儀式をした。鳴り物入りである。

この後、近くのスナックにみんなで行った。さんゆうさんが話し上手である。若いかおんちゃんを引き立て、自分は三枚目に徹している。結構な人柄である。このスナックのママはこうらくさんの姉で、芸者出身だそうだ。そういう関係からか、壁に愛八ねえさんのモノクロ写真が飾られていた。私は自分の正面のこの写真をずっと見ていた。迫真力のある写真である。けっして美人ではない。この写真を見ていると、この人がよくわかる。愛八ねえさんは生きているがごとくであった。

翌朝は、Ｉ氏が運転するレンタカーで西彼杵半島西岸を北上し、散在する古い教会を廻った。

二　水辺の光景――柳川、佐原、下田

水の都といえばベニス（ヴェネツィア）と蘇州であろう。ベニスは潟上にあり、蘇州は低湿地

帯である。水郷風景は成るべくして出来上がっている。福岡県の柳川も、その例に漏れない。かつて低湿地帯であった。中世になって、土地をかさ上げして乾田とした。そして掘削後の水路が掘り割りとなった。江戸の初めに立花氏が入部すると、外敵に備えて、外堀、内堀のほかに掘割をさらに縦横に巡らせた。もちろん掘割は城の防御以外に、上水道、農業用水路、洪水予防の貯水路であった。掘割は、この街の人の歴史と一体になっている。そして現代では、まことに貴重な観光資源である。貴重というのは、他に類がないという意味である。船で街中を遊覧できる街なんて、ここ以外にどこがあろう。こうした景観が残ったことに関しては明治期に鹿児島本線や国道三号線が離れたところに設けられたことが幸いしているらしい。ここのところは関東の川越が、東北本線を通さなかったことにより街が破壊されずに今日に残ったと聞かされたことがあるが、それに似ている。便利と発展を遠ざけたこと、近代化を拒否したことの意義は大きい。

午後四時に、予約しておいた「かんぽの宿柳川」に着いた。ここは幅広い外堀に面しており御《お》花《はな》(元は立花家の別邸であった旅館・料亭)に近い、なかなか優れた立地である。階上からの景色は真によい。チェックイン前に街を一巡りすることにする。午後四時といっても六月なので、まだ十分に明るい。二台のカメラを肩にさげ、宿でもらった地図を片手に、勇んで街歩きに出発する。堀には客を乗せた「ドンコ舟」がひっきりなしに往来している。

実は三十年ほど以前に、この地を訪れている。あの時は駅に下りた瞬間、異様な土着的雰囲気に圧倒され、私としては強い違和感を覚えた。まだ街が近代化される以前だったことと、九州という独自な風土のせいらしい。いきなり古い炭坑町に来たように思えた。今回は、そういう印象は全くない。違和感などとは無縁な、まことにきれいな観光の街に変身している。

かつて来た時は、船下りをし、御花と松濤園《しょうとうえん》を訪ね、白秋生家に寄り、その近くの料理屋に上がって有明海で獲れたおいしい海の幸を食べた。それで今回はそれら全てを省略し、翌朝は朝食が済むと、そそくさと次の目的地に向かった。


ある時、仲間と犬吠埼《いぬぼうさき》へ一泊旅行をした。宿に予約を入れたのは四か月も以前であるが、間近になると、どうも天候が怪しい。このところ梅雨時のような日が続き、旅行当日の土日も雨降りだという。犬吠埼というところは青い空と青い海があってなんぼのところである。曇っていたり雨降りでは、ほとんど行く意味がない。一人旅なら即座に中止するところであるが、今回の一行は五人なので、直前に中止したり、日程変更したりするわけにもゆかず、仕方なく小雨の中、集合場所の船橋駅に向かう。実は計画段階では雨が降ってもかまわないと思っていた。雨が降った日には他を回り、犬吠埼の散歩は前後いずれかの晴れた日にすればよいからである。それが二日連続の雨降りらしい。こんなことは考えもしなかった。山の温泉場なら、雨降りもまた乙なのだが……。

銚子は遠いところではないし、一行はみな定年退職組で裕福とはいいにくいので鈍行列車で行く。うまい具合に佐原《さわら》に近づく頃に雨が上がったので（上がったといっても日差しはない）、佐

下田の平滑川河畔

下田の平滑川河畔

原で下りて小野川縁を歩くことにする。実は、ここなら海岸と違って雨降りの方が良いくらいである。何年かぶりに訪れると、ずいぶん綺麗になっている。町並みを整備し、気持ちのよい散歩コースにしている。といっても、整備しすぎて時代劇の舞台のようになっていないところが好ましい。ここは、昔（四半世紀ほど前）は、「はからずも残ってしまった」といったほどの古色蒼然とした一画であった。それが、歩いていて楽しい場所になった。今日、川に沿ってそよぐ柳の葉が美しい。

　街なかの小川で雰囲気があるのは伊豆下田の平滑川《ひらなめかわ》河畔《かはん》である。下田は街の南端が小山になっていて、その外側が海で、北の裾を平滑川が東西方向に流れている。ここの散策区間は西の了仙寺《りょうせんじ》から、東の下田港間の三〜四〇〇メートルほどである。幅の狭い路地で石の蔵や海鼠《なまこ》壁の商店が眺められる。むかし社員旅行の夜、ホテルから抜け出て、友人らとこの辺りをぶらついたことがある。川に面して呑み処があって、灯りが暗く点っていた。特異なのは専用の橋を渡って店に入ることであった。狭い店でお婆さんが一人でやっていた。カウンターに若い男が先客でいた。しょんぼりと一人で呑んでいた。そこで、いくらかの会話があった。この人は電信関係の技師かなにかで船に乗っていて、この日、下田港に着いたのだそうだ。毎日船酔いで、苦しくてしかたがないと言う（本当に苦しそうに話した）。それでまた明朝乗船という。世の中には可哀想な人もいるものだ——私は深く同情した。

下田というと、もう一つ哀れっぽい話がある。むかし住宅関係の会社にいた関係で、下田の海の見えるところに建つ古いお宅を訪ねた。我が社のモダンな建物に建て替える直前であった。総二階風の建物で、かつて旅館をやっていたという。漆塗りの古い丸形の銘々膳が外に出されて積まれていた。どうせ捨てるのだから、欲しかったら持っていってよいと言われたが、電車で来ていたし、その頃は古いものにさして興味がなかったのでもらうことはなかった。この建物の二階通路上は根曲《ねま》がり材の梁が露出していて、今から思うと壊すのが惜しい建物であった。

海鼠壁（平滑川沿いの家）

川端康成氏の『伊豆の踊子』の最後の方に旅芸人が泊まった宿屋の描写があって、この家屋に似ているので、ちょっと引用しよう。「甲州屋といふ木賃宿は下田の北口をはいると直ぐだつた。私は芸人達の後から屋根裏のやうな二階へ通つた。天井がなく、街道に向つた窓際に坐ると、屋根裏が頭につかえるのだつた」。この宿は、芸人や香具師《やし》が泊まったらしいが、私が紹介している宿の泊まり客の多くは船に乗っている人だったらしい。客が女を呼んでくれというと、決めてある近所のかみさんを呼びにいったそうだ。素人のかみさんが生活のためとはいえ身を売っていたのである。一時代前の貧しい港町の話である。

今回は旅の途次に寄った三つの街を取り上げた。これらの水辺には柳がよく似合う。強靱でよく張った根をもつため水害防止策として昔より川や池の周りに植えられたようだ。実は、それよりも柳自身が湿潤を好むことが水辺に存在する一番の理由だろう。樹が望み、人にも役立つと、自ずと優れた風光をつくるのである。

三　遥かなる温泉津

私は二十代の中頃、仕事が一段落したので少し長い休暇をとって山陰旅行をした。

温泉津の街並み

ある夕暮れ時、温泉津《ゆのつ》駅に降り、宿屋に電話をしようとしたら、駅前の公衆電話にダイヤルが無く、ハンドルを手回しでかける大昔のタイプだったのでびっくりした。説明書きを読んでなんとか電話を済ませタクシーに乗った。漁港の脇を通り、やがて狭い道の両側にぎっしりと人家が並んだ温泉街に入った。宿に着くと、二階の道路際の部屋に通された。湯に入り、部屋に戻って休んでいるうちに雨が降ってきた。この街には、雨が似合った。

温泉津なる湯宿《ゆやど》に隣る雑貨屋の
甍打つ雨の静かなりけり

食事が出ると、仲居が給仕をするという。その頃の山陰ではどこの宿もそのようであった。山陰以外にはもう見られなくなった風習だったろう。私は飯をよそってもらうと、毎度のことながら、気詰まりだから

温泉津焼き

と言って引き取ってもらった。

　翌朝は、仲居氏の薦めにより、この温泉街を少し奥に入った山上の温泉津焼の窯元を訪ねた。私は、ここで初めて焼き物を買った。かわいい徳利と猪口二つのセットである。この後、窯場を訪ねてはいくつかの酒器を買ったが、この初めに買った焼き物が特に気に入り三十年後の今日も時たま晩酌時に使用している。酒器はよいものだ、飲みつつ作られた土地を思い起こす。こういうのが工芸のよさであろう。工業製品ではこうはゆかない。

　私は、この温泉津がとても気に入り、機会があったら是非再訪したいと考えていた。一番の目的は、この街を写真に収めることである。

　さて、温泉津初回訪問から四十年の歳月が過ぎた。この間に温泉津は大いに変わった。幹線から遠く、観光客も多くない山陰であるから、街自体が変わったということはない。実は私以外にもこの町並みに注目した人たちがいたのだ。一九九九年に街は文化庁により重要伝統的建造物群保存地区に指定された。また、石見銀山《いわみぎんざん》遺跡に組み込まれた結果、二〇〇七年には世界遺産に登録された。もう、一人の旅人の記憶にのみ残る片田舎の温泉場ではなかったのである。

私は途中、有馬温泉で一泊し、翌朝、中国自動車道を西進する。連休後のウィークデイとあって道路はガラ空きである。千代田ジャンクションより浜田自動車道に入り日本海に向かう。やがて山陰道に入って温泉津に近い江津《ごうつ》が終点となる。国道九号線を行って、左折すると、かつても見た温泉津港に出る。この辺りの風景は昔のままである。右に曲がるといよいよ温泉街だ。狭くてまっすぐな道の両脇に旅館が建ち並んでいる。かつては「ますや」に泊まったのだと思うが、今回はなにゆえか断られ、その先の輝雲荘《きうんそう》に宿を取った。駐車すると宿に行って地図をもらい、さっそく憧れの街の撮影にかかる。かつて見た通りの街――あの時は雨が降って一段と風情があった。本日のどんよりした日差しは、この街に似つかわしいとはいえない。観光客の姿がない。道を歩いているのは地元のお年寄り達である。街を撮り終えると、積年の夢を果たした気分である。後はゆっくり湯に漬かろう。

輝雲荘は道に沿った主棟《しゅむね》の奥に結構な中庭があって、その奥にもう一棟があるという構成である。この街は狭くて長い谷なので、奥の棟は後ろの岩山にほとんどくっついている。私はその奥の棟の一室に通される。掃き出し窓が山の崖にくっつくように開いているが、山は傾斜しているし、それなりに木を植え石を配して庭園風にしているので、圧迫感はない。入室するや、まずは薦められて外の銭湯にゆく。ここには元湯と薬師湯の二つ銭湯があるが、元湯は源泉そのままを流していてかなり熱いというので薬師湯の方に行く。薬師湯は宿の斜め向かいである。道路に面した受付の両側が男用と女用の入り口に分かれているのだが、入れば同じホールで、そこからさらに男湯と女湯に本格的に分かれているのが、なんともおかしい。湯は少し濁っていて、口に含むと塩辛い。土地の人が「飲めますよ」と言ってくれたが、美味《うま》そうな味ではないので飲む気にはなれない。湯船の縁、洗い場ともに茶色の沈殿物の厚い層に覆われていて貫禄ものである。この風呂場の窓の外にもすぐ崖が迫っている。輝雲荘《きうんそう》とは反対側の崖である。輝雲荘は食事も悪くなく、泊まり心地も悪くない。明日は石見銀山を訪ねよう。

四　投入堂登攀記――三徳山三仏寺

私としては、修験の山「三徳山三仏寺《みとくさんさんぶつじ》」は土門拳の写真（『古寺巡礼』所載）で馴染みが深い。氏は、この寺の投入堂《なげいれどう》を「日本一の建築美」と評している。投入堂は三仏寺の奥の院で平安後期の建立。三徳山の中腹の岩の窪みに建っている。いかにして建てたか不可解なため、役行者《えんのぎょうじゃ》（修験道の開祖）が法力によって投げ入れたと言い伝えられている。その名の通り、いかにも軽やかな御姿である。

三徳山は今でこそまったくの山中だが、かつては三十八の堂舎と三千軒の寺坊を擁していたという。もう、大集落あるいは都市といってよい。

三徳山三佛寺投入堂

三仏寺の門前町であるかのような三朝《みささ》温泉に一泊した翌朝、町の古風な路地を通り抜けて、三徳山に向かった。温泉街を出れば辺りは既に山の気配である。新緑が清々しい。三徳山下に駐車して寺への路を登る。やがて受付の建物が現れ、青年が一人いて、本堂までの人と、投入堂まで登山をする人別に料金を取っている。投入堂登山希望者は靴の裏を見せてチェックされる。私の靴は底が平らなので不許可である。この手の靴の人は、この先の登山入り口の事務所で、藁草履を買って履き替えねばならない。さらに私の場合は、一人登山者は認められないと告げられる。十一年ほど前に、一人で登山した青年が帰ってこなかったという。その時は警察が出て大捜索となったが、結局その青年は見つからなかった。そこで警察は「一体どういう管理をしているのか」と、寺の責任を責め、以来、一人登山者は不許可になったという。

「一人で来るような人は勝手者が多く、道なき道に分け入ってしまう傾向があるのだ」と説明される。その独行の青年を探し出せなかったのは滑落して死んでしまったと考えるのが順当だが、私としては、もしかしたら修験の山で羽化して登仙した（羽が生えて仙境に上った）のではないかと想像する。私は、ここまで来て引き返すわけにはゆかないので、「登る人が来たら、同行させてもらいたい」と告げると、受付の青年（実はこの人は、寺の人ではなく救護員だそうだ。遭難があった時に救急車を呼んでも、到着に三十分ほどかかるので、その間に救出して応急措置に当たるという）から「それではそこのベンチに腰掛けていて下さい。登る人が来たら私が交渉してあげるから、あなたは直に交渉しないように」と言い渡される。そこで私はベンチに掛けて、前方の山を眺めている。全くいい朝だ。

しばらくすると中年にかかるくらいの夫婦者が来て受付をする。「上までですか」と問われて「上まで行くのはとても無理なので本堂までです」の会話がある。

それから、またしばらくして、こんどは老夫婦がやってきて、上まで行くと言う。そこで受付の青年が交渉してくれ、私は無事この夫婦の仲間に入れてもらえることになる。本堂まで登ると、その裏手に登山事務所がある。ここで住所と、(意識不明となった場合に備えて)連絡先を記帳させられる。私は藁草履を買って履き替える。藁草履の鼻緒と足首を緊結させるためのビニール紐まで用意されている。実は登ってみて分かったのだが、藁草履はここの峻険な崖を登るのにまことに調子がよい。ただし私は登りだしてすぐのところで指を岩にぶつけて出血させてしまった。生爪を剝がさずに済んでよかった。指をぶつけないようにさえすれば、藁草履は実に結構な履き物と評価できる。それから渡された「六根清浄《ろっこんしょうじょう》」の襷《たすき》を肩から掛けると準備完了。係の青年僧は、「去年は十一人の負傷者が出ました。そのうちの一人は亡くなりました。さあ、気合いで登ってきて下さい」と言って私らを送り出した。

歩き出して間もなく老婦人の方が、やはり靴が滑るので草履と履き替えたいと言ってご主人共々戻ってゆかれた。それで私は先に行くことになって、しばらく行くと土嚢が積み上げられていて、もう、そこを登ることからして一苦労である。さらに進むと、私の感覚からすると道がない。足場を確保して、木の根につかまってよじ登るのである。なんとかよじ登って、初めがこうでは、もう、先が思いやられる。同行のご夫婦には、この登山はとても無理である。だいたいこの山は全体が岩で出来ている。道はないといってよい。雨になると水が滝になって流れ落ちるところを仮に道と称しているだけである。私は、こういうところとは知らずに来たのだ。すごいところに来てしまった。私は第一の関門を突破したところで同行者を待っていた。やがて木々の間に同行のご夫婦が見えたので、「大丈夫ですかーっ」と声をかけた。「大丈夫でーす」とご主人の声。それで私は再び登りだした。

私は山登りというのは足でするものとばかり思っていた。しかしここの山登りは脚力が六で、あと四分は腕力でするのである。私は近頃、運動不足を反省して、手っ取り早い運動として毎夜十分ほどの筋力トレーニングをしている。それが、こういうことで役立つとは夢想だにしなかった。私は木の幹につかまり、木の枝につかまり、木の根につかまり、藁以外だったら手当たり次第につかまって登る。とくに木の根が有り難い、ここに木の根が露出していなかったら、どんな名人も登ることが不可能であろう。私はスポーツクライミングという壁をよじ登る競技を思い出した。

先ほどの最初の受付で「離れてしまってもよいですが、ここを出る時は一緒に出るように」と言い渡されたのを思い出した。まずい。ご夫婦は引き返したに違いないが、私が戻るまで足止めされるだろう。大変な迷惑をかけることになる。私としても今さら引き返すわけにはゆかない。まあ、世の中は迷惑の掛け合いだ。人生は偶に思わぬ不幸に遭遇することだってある。互いに遭難するより、迷惑の掛け方としてはずっと軽微である——と、心の内で勝手な言い訳をしながら進む。

かなり登ったところで、懸造《かけづくり》の文殊堂、続いて地蔵堂、続いて鐘撞き堂が現れる。この辺りで、下りてくるおばさんたちのパーティに出会う。かなりな高齢であるが、なんてことないといった調子で下りてくる。もちろん私みたいな俄《にわか》登山者と違い、ちゃんとした山登りの恰好をしている。それに、ここの登山の常連者みたいでもある。私がいま命がけみたいにしてよじ登ったのと違う道を下りてゆく。「そちらからも行かれるのですか」「ええ、行けますよ」。全く！　嫌になってしまう。だいたい登ろうとすると眼前にはだかる岩しか見えないのだが、下りるとなると違う道も見えるのである。もう少し進むと今度はおばさんの二人づれである。その一人「まだまだありますよ」。もう一人「もうすぐですよ」。私「人によって意見が違うなあ」。後ろの人「嘘ですよ。もうすぐですよ」。

もうすぐであった。観音堂の先の岩の壁を回り込むと、ふいに写真で見知った投入堂が現れる。なんと、感激がないのである。「写真通りだ」。そして一番の感想というのは「これで私の登山もお終いだ」（万歳！）。

投入堂は、岩の窪みに建っている。平地に建っていれば、誰も見向きもしない平凡な堂である。本来平凡であるはずの堂を崖に建てたので、柱と一続きになっている床束《ゆかづか》を岩に接するまで、どんどん下に延ばした。そして、岩に接したところを少し削って乗せた。この建物の本質は長く延ばした床束の美だ。そしてあっぱれなのは普通の懸造《かけづくり》にある横材を廃した点である。それが、この建物の勝利である。お見事。斜め材が幾つか見えるが、これはあとから補足した気休めに過ぎない。それが証拠に、この斜め材は釘打ちである。斜め材は無視して眺めねばならない。

私がいま立っているところに平地はない。私が前屈みになった拍子に眼鏡がつるりと滑って落ちた。私は反射的に拾おうとした。眼鏡は、もうひと弾みして止まった。危ないことだ。眼鏡が止まらず、私が危険に気付かずになおも追いかけたら私は岩から転落した可能性がある。眼鏡より命の方が大切なのだ。

この山で遭難する人は往路ではなく百パーセント帰路においてだという。まあ、注意して下りたが、私としては帰路の方が数段楽であった。楽だから事故になるのかもしれない。楽な理由の一つは、先ほども書いたように下りは全体が見渡せ、一番適切な道と足場を選ぶことができるからである。

元の登山事務所に戻ると、同行するはずだったご主人のほうが笑顔で出迎えてくれた。「登ってきましたか」。そして私のシャツを指し、「ああ、この汗」。私はご迷惑を掛けたことを幾重にもお詫びした。ご主人は、

「あれから、少し登って、とても駄目だと分かったので、あなたを呼んだのですが、聞こえなかったようです。それで帰ってきて、寺のビデオを見たりしているうちに、ここの住職に会いましたので、途中から戻ってきたと言いましたら、それなら、下から投入堂を見られる地点があります

のでご案内しましょうと案内していただきました。これから本堂で住職の法話があるというので聞こうと思っているところです」

なんとも笑顔が清々しい老人である。

私は事務所で飲料水を買ったり、この山の案内書を求めたりした。青年僧に、あなたは一年に何回ほど上るのだと聞くと七十回ほどだという。除夜の鐘も衝《っ》きに行くという。えっ、真っ暗な中をどう登るのだ。やはり気合いで登るのか！　青年僧はいい顔をしている。まるでこの山の空気そのものといった雰囲気である。こういうところで修行していると、こういう人間になるのだ。そういえば、下の救護員もいい顔をしていた。同行のはずの老人といい、私はこの山で、沢山のいい顔に出会った。

その日の夕方、泊まった湯村温泉の宿で腕時計をはずそうとしたらスチール製のバンドが根本のところで捻れ、ほとんど切れかかっていた――投入堂登攀記念である。翌朝の会計の際、若い従業員と会話した。

私「昨日、三徳山の投入堂に登ってきました。知ってますか？」

従業員「ええ、中学の遠足で登りました」

湯村温泉（観光客が卵を茹でている）

中学生なら登れるのである。それにしても引率の先生が大変であろう。私なら、とても引率者にはなりたくない。自分一人が登るのに精一杯なのだ。

私はよく、都会の空気と、平凡な日常にうんざりして、山の霊気に触れ、己が心を一新したいと思う時がある。そういう時はよく福島県山中の温泉宿に行ったりする。そうなのだ、そういう時は、本当はここの登山が一番よい。登山みたいなのは大嫌いな私だが、この山だけは、またぜひ登りたい。そのために体力が衰えないよう、普段の筋トレに努めたい。まことに偶然ながら、私はかなり貴重な経験をした。

五　天然と人工

私は二十代の頃、鳥取砂丘を一度訪れている。実はその時、ほとんど感動がなかった。こんなものかと思っただけである。とは言っても山陰に来て、鳥取砂丘に寄らないわけにはゆかない。鳥取砂丘は出雲大社に同じく、山陰のハイライトなのである。そして、このたび見た鳥取砂丘の印象は以前とは全く違うものであった。まことに絶景であった。私は美しさに感動した。若い頃の印象とどうして、かように違うのか。実は印象の違いを私の側に求めるべきではない。年を隔てたとはいえ、以前の私と今の私は同じ人間なのである。そして、私は、その理由をここのジオパークセンターでもらった簡易なパンフを読むことで了解した。

要旨は以下のようである――一九七〇年（昭和四十五年）ごろから砂丘に本来生えていない外来植物が目立つようになり、砂丘の草原化が深刻な問題になりはじめた。平成二年頃には、雑草が繁茂し砂面が見えないくらいになり、松も生えていた。平成六年から本格的に除草活動を開始。平成十六年からはボランティアによる除草も始まる――。

私が以前訪れたのは昭和四十七年である。その時私は、既に破壊されつつある砂丘を見たのである。私は今日、再生された砂丘を見ている。それで、その美しさに吃驚してしまったのだ。私が見ている砂丘は自然地形であると同時に、実は幾割かは人工地形なのである。これは庭と同じである。人間が手を入れることによって、その美しさを保っている。雑草だらけになった石の庭や、剪定を怠って形を崩した庭木などはとても見られたものではない。あるいは、下草を刈り、枝を打ち、間伐して初めて杉の美林が出来上がる。それと同じなのだ。それから、もう一つ感心したのは、私は連休明けにここにやってきているので、ずいぶん荒らされ、汚れているに違いないと思っていた。しかし、私はここを二時間近く巡り歩いて、落ちているゴミを一つも発見することができなかった。たった一枚のビニール袋も、たった一本のアイスキャンデーの棒も見なかったのである。「ゴミは持ち帰りましょう」とか「観光地を綺麗にしましょう」という看板が立っているわけではない。近ごろ日本人の公徳心が飛躍的に向上したのか、あるいはゴミ拾いをしているボランティアがいるのか（市民ボランティアが定期的に清掃しているらしい）。いずれにしても、ここは限りなく清潔である。「あなたが砂漠に惹かれる理由は?」と問われたアラビアのロレンスは「清潔だからだ」と答えた。砂は清潔が身上である。序でに記すと、ここはアラビアの砂漠やサハラ砂漠と違って乾燥地の砂漠でなく、湿潤地にできた海岸砂丘である。先のパンフによると、中国山地から千代川によって日本海まで運ばれた砂が浅海底《せんかいてい》に堆積、北西の季節風が砂を海岸に打ち上げ、さらに浜からの飛砂が内陸に移動堆積し砂丘となった由。

現在の鳥取砂丘は、まさに奇観の名に値する。見事なものである。

さて、私は山陰の旅の最後に湯村温泉を訪れねばならない。

なぜ湯村温泉かというと、言わずと知れたこと、そこが「夢千代日記」の舞台だからである。もう三十年も以前のテレビドラマが心に残っていて、わざわざその地を訪ねようというのは尋常なことではない。あれは出色のドラマだったのである。「夢千代」における湯村温泉は、「シャーロック・ホームズ」におけるベーカー街の事務所に匹敵しよう(フィクションの舞台ながら、両所とも名所になっている)。吉永小百合が演じる夢千代は広島で胎内被曝し、置屋を継ぎ、自身も芸者をしている。余命幾ばくもない。置屋に住み込む個性豊かな芸者らと、街の人々。そこに宿命を負った旅の人間が舞い込む。各シリーズ(三シリーズと一本の映画が作られた)は余部《あまるべ》の鉄橋に始まり、各所に暗い日本海の波の映像が挿入される。

山間の小さな温泉町である。中央に春来川《はるきがわ》が流れ、出合橋《であいばし》の袂に九十八度の湯が湧く荒湯があって、人々がゆで卵を作っている。反対の岸に夢千代像が立ち、川下の方に夢千代館が出来ている。全体として湯の町らしい結構さである。芸者さんは十五年ほど前まで居たそうだ。湯量が豊富で、湯は街の各家に配られ、ホテル各部屋の湯も温泉である（こういうのはあまり例がない。私の経験では神奈川県の湯河原の宿以来である。普通、温泉旅館の部屋のバスの湯は温泉ではない）。癖がない真によい湯だ。私は、出合橋近くの「とみや」に泊まった。

この街の写真を撮ってしまうと、私の山陰旅行の終了である。

帰路には焼津で一泊したので（旧）東名道を通ったが、山陰に来る時は出来たばかりの新東名道（御殿場―三ヶ日間）を通った。その感想を述べたい。

この新設道からの眺めは、（旧）東名道に近いところを走っているとは、とても思えない。平野でなく、山間をゆく道。まことにゆったりと走れて快適である。常識的に、山間の道というのは山を避けて谷沿いにつけるものなので、この辺りの古道は東西方向でなく、だいたい南北方向（海方向）を向いている。しかしこの新設道はどこまでも東西方向に、直線に近く走っている。山があったら山を崩せ、崩せなかったらトンネルを掘れ、谷は橋を架けて跨げ、どこまでも直進させよ。なるべく曲げるな。アップダウンも避けよ。実にこのようにしてできたのが、この新東名道である（と推測する）。新東名高速というのは何という道だ。自然地形なんて全く無視している。これは近代文明の勝利を見せつける道である。鳥取砂丘では人工のすばらしさを堪能したが、新東名道の場合は、私としては、そのあまりの強引さに、ただ唖然とするばかりである。

序でながら、その日（往路である）の晩は有馬温泉に泊まった。芦屋辺りからするとちょうど六甲山の裏側に当たる。街全体が傾斜地である。温泉街のはずれの高地から眺めると、緑溢れるリゾート地という趣である。さすがに天下の有馬温泉で、土地に華やかさと品位がある。車道からホテル脇の路地を下りてゆく（一泊する前の散歩である）と、すぐに炭酸源泉があり、そこからは、両脇に古めいた店がびっしり並ぶ、細くて曲がりくねった路地になる。住人居住区らしいが、散策する観光客で賑わっている。下ったところが足湯で、左折するとホテルが沢山あるようだ。直進すると有馬温泉の中心である太閤通りに出る。

「天然と人工」という観点からすると、有馬温泉は『日本書紀』にも記載された古い温泉地ながら、土地に破壊の跡が見えず、両者のバランスがよくとれているように思える。

中部編

一　越前の海

ずっと以前より、東尋坊《とうじんぼう》に行って写真を撮りたかった。季節は冬でなければいけない。というのは、古い友人が東尋坊を訪ねた折り、その時の凪いだ海が不似合いだと思ったそうである。そして土地の人から、東尋坊は冬に来なくてはいけないと言われたそうだ。ずっと以前に聞いた、この挿話が頭に残っていた。それで、行くからには冬の荒々しい海を背景にした東尋坊を撮ってやろうと思っていた。

いままでに能登半島、金沢、加賀温泉郷あたりは訪ねたことがあるが、福井市周辺は行ったことがない。それで、いつも私の頭を刈ってくれる駅裏の理髪店の村田青年が福井県（大野市）出身なので、データを仕込むことにする。——車で行くなら東名経由で行くのが普通。福井県の海沿いは冬季も雪が少なく、気温も氷点下になるほどではない。東尋坊に近い芦原《あわら》温泉がよい温泉である。「郡上《ぐじょう》八幡から峠越えの国道があるが通れるか」との質問には、冬季に通るなんてとんでもない。むかし自衛隊の車が谷に転落したことがあるとのこと。

近頃は正月に旅に出るが、いろいろ日程を勘案すると、今回は年末の旅行にした方がよさそうだ。それで十二月二十四日（平成二十三年）より出掛けることにして、とりあえず二十四日、二十五日の宿の予約を済ます。その直後に「強い冬型の気圧配置で、日本海側は雪。暴風、猛吹雪、大雪に警戒を」のニュースが入ってくる。まずい――と思うものの、どうも私は「雨天決行」型の人間で計画変更が大嫌いだ。「南極に行くわけではないので大丈夫だ」と周囲に告げて出発する。

東尋坊まで一気に行けない距離ではないが、私も若くはないので、あまり余裕のない旅はしたくない。そこで一泊目は彦根の湖畔の宿にする。

彦根に泊まった翌朝、福井を目指す。出発時に既に雪が舞っている。北陸道を北上するに従ってひどくなり、木之本を過ぎると吹雪となる。そして大雪で道路が塞がれて一車線通行となる。走る車は除雪車の後を徐行しつつ長蛇の列になって進むという情況である。わが車のフロントガラス下に雪がたまり、ワイパーが、それに乗り上げて歪み、先ほどより変な音を立てている。これはまずい――と感じて杉津パーキングに入り、フロントガラスの雪掻きをする。この後がいけなかった。再びワイパーを動かす段になって、はたしてワイパーが動かない。ウンともスンとも言わない。吹雪の中でワイパーが動かないとなると、もうアウトである。これはエンジンが動かないのに等しい。まいった。それでＪＡＦに電話する。いま混んでいるので二時間ほど待つように言われる。それからパーキングの蕎麦店のカウンターの端に陣取り、ひたすら待つ。雪は時々止む。それで止んだ時に道路と反対側を眺めるとなんとよい景色。ここは敦賀湾《つるがわん》を見下ろす絶好の撮影ポイントであった。それに本日の不安定な天候の具合が実によい。幾枚か写真に収める。この事故のお陰で、好みの写真が撮れたのは運がよかったとしたい。

二時間というのに四時間も待ってようやくＪＡＦ到着。ＪＡＦ氏は調べて、これはモーターがイカレているのでお手上げだと言う。お手上げでも、こんなところに車を置いておくわけにはゆかない。どこかに運んでくれと言うと、運ぶところがないと答える。参った。天気予報によるとこの雪は当分降り続くのである。そして不思議なことに、そうこうしているうちに突然ワイパーが動き出す。うまい具合に雪は上がってきているが、もう一度止めると動き出すかどうか分からない。ＪＡＦ氏の意見に従い、このまま止めないようにして出発することにする。ただし高速を行くのは危ない。一般道を行くように指示され、次のインターまでＪＡＦ氏に付いてきてもらい、そこからは独力、下の道を行くことにする。高速を下りると、辺りはいくらか暗くなり小雪が舞っている。私の車は芦原にカーナビ設定しているのだが、指示に従って進むと、なんてことはない、また元のインターに戻ってしまった。こういう状況下でカーナビ設定をし直すのは面倒、「ええい、上を行ってしまえ」と再び高速に乗る。そして五時過ぎに無事、芦原のホテルに着く。

芦原には結構な庭をもつ高級旅館がいくつかある。その一軒に連絡したのだが、この日は満室だというので、その手の旅館は諦めて私に合った価格のグランドホテルを選んでいる。この旅館は悪くなかった。ただし、入室するや案内してきてくれた和服のニョショウ（女性）にコンパニ

東尋坊

オンの類を呼ぶかと聞かれてびっくりした。加賀温泉郷というと（ここは、その内ではないが、まあ、その一端だろう）一時代前は女遊びをするので有名な温泉地であった。ここに来る前に、北陸に行くと言うと飲み屋のおやじも近くの同窓生もニヤッとするのであった。いまは、そういう時代ではないと思うのだが、女遊びの伝統はいまも続いているものとみえる。実はこの温泉街は戦後大火で燃え、街の様相を一変させている。それ以前は芸者も沢山いて、色町の気分が濃厚だったようだ。遊興の伝統は即席のものではなく、百年の歳月に裏打ちされているのである。実は私の頭の中はワイパーで一杯で、女遊びどころではない。これから早速、ディーラー（保険会社）に善後策についての電話をせねばならない。

　さすがにここの湯はよい。上階の展望風呂もよい。翌朝は予報に反して陽が差している。心配していたワイパーも動く。不思議なことにこれ以後ワイパーに異常がない。往路の雪の量にモーターに負荷がかかり、一時作動不能になったものと思われる（この件は、帰宅するやすぐに車をディーラーにもっていったが、不具合箇所や理由が分からないというので、とりあえずモーターを交換してもらって決着とした）。

　まずは東尋坊だ。晴れてはいても時々吹雪模様になる。東尋坊の海岸に出ると雪と風でとても立っていられない。海から吹いてくる雪が口に入ると塩辛い。そのうちに天候も安定してきて、絶好の撮影日和となる。実はここは海岸の岩もよいが、海岸に沢山生えている黒松がよい。こういうのが日本の海岸だ。風が強いので、だいぶブレた写真になりそうだと心配したが、上がってきたのを見ると、それまで信用していなかった「手ぶれ防止装置」のお陰で上手く撮れている。

私はワイパーの件があるので、なるべく早く北陸を脱出したい。周辺をさっさと廻って、表日本に向かうことにする。

二　御柱祭

私は、特にお祭り好きの人間ではないからお祭りを沢山見ているわけではない。ただ、私が見た数少ないお祭りのうち、諏訪大社の御柱《おんばしら》は「わが生涯の衝撃」と形容してよいものである。

私はその頃、お祭りの本の編集をしていた。それで、その年がちょうど六年に一度の御柱の年であったので、四月のある日、茅野の御柱木落《きおと》しのスナップを撮りに出掛けた。そして木落しの坂に至って本当にびっくりした。坂の脇には救急車が待機していた。そしてそこには、お祭りで死んだら本望だという空気が漲っていたのである。私は当時、大きな会社の会社員で、その末端で書籍を作っていた。会社内は右を向いても左を見ても、なんとか周りを押しのけてでものし上

立てられた直後の御柱（上社）

がってやろうという気構えの人間に満ちていた。命がいらないどころの話ではない、なにしろ身の安全と、身の繁栄が生涯の大事である。一応社会人だから、あまりあからさまな画策は慎んではいるものの己の内では、あるいは裏に回ったら、まるで阿修羅のようにやっている手合いばかりなのである。それにひきかえて、ここの空気はなんと過激に爽やかなのだ。私は一遍に御柱のファンになってしまった。「山の神様、お願いだ〜」木遣りの声が四月の空を突き抜けるように響いている。

御柱は山のモミの木を切り倒し、枝をはらい皮をはぎ、御柱に仕立てて、氏子達が寄ってたかって十数キロの距離を野越え山越え曳航し、諏訪大社の四つの社（上社前宮、上社本宮、下社春宮、下社秋宮）の四隅に立てるというものである（上社の二社と下社の二社は諏訪湖を挟んで対峙している）。行事は大きく四月の山出し祭と五月の里曳《ひ》き祭に分けられる。見どころは山出し時の木落しと川越え、里曳き時の建《た》て御柱である。

私は、その一か月後、今度は建て御柱を見に出掛けた。この日は一日目の上社前宮の建て御柱と翌日の上社本宮の建て御柱を見るために一泊で行くことにした。現地の諏訪温泉では泊まれる

木落された御柱（上社）

はずがないので、宿泊地は松本の駅近くのビジネスホテルにとった。メドテコ（上社御柱には先端と尾にV字型の角を突ける）が鳥居にひっかからないように境内に引き入れ、建てるに先立って冠落《かんむり》とし（三角錐状に削る）をする。斧で削られる木の破片はお守りになるというので見物人が争って拾う。これは、縁結びには効きそうにないが、まず事故除けには絶大な効果を持つに違いない。私は一番前に出て一握りもらい、なお配られるやつを後方から伸びる手に渡した。帰ってからそれを小さなビニール袋に小分けし「前宮一之御柱」とマジック書きすると会社の同僚に、能書きをたれて配り回ったものだ。この一事で私の感激の程が分かろうというものである。第一日目の夕刻、私は松本駅に着くとさっそく駅ビルの書店に寄り、丁度コーナーができていたので御柱に関する書籍のめぼしいところを買い漁った。

さて、御柱の祭りはまことに感激的なのであるが、どうも解せないことがある。建てられた御柱のいかにも原始的な姿と、文明的な（あるいは文化的な）社殿の姿のなんという不釣り合いなことか。両者は、どう考えても同平面のものではない。つまり、御柱の祭りは、ここに社殿が建てられるよりずっと以前からの神祭りのやり方であるに違いない。実は、この諏訪大社には拝殿は在れども本殿がない。本殿に替わるのは上社における磐座《いわくら》（神が下りてくる石）と下社の神木（神が下りてくる木）（共に拝殿奥に在る）である。神が依《よ》る石や木が中心に在ってそれを囲んで御柱が立てば違和感はない。それが元々の姿であったに違いない。

翌日は本宮の建て御柱を見た後、御柱が通った跡の道を歩いてみた。舗装道はいかにも御柱曳航の後で、いたるところに御柱の木くずが散乱している。仮にもご神木をなんとむごい運び方をするものだ。十字架を背負ってゴルゴタの丘に向かった救世主イエスを想起させる。これは贖罪の道なのか。

私は、この時の御柱体験の後、しばらくの間はタケミナカタの神（諏訪大社の神）が自分に付いているように思えたものである。

その六年後である。私にアーティスト（写真家や画家や陶芸家）達の仲間がいたが、皆して御柱を見に行こうということになった。宿は上諏訪駅近くの諏訪大社の氏子の家と決まった。この度は下社の木落し見物である。到着した夕方、祭りから帰ってきた氏子氏を囲んで酒を呑みながら歓談した。その氏子氏の家には温泉が引いてあった。さらにすぐ隣に近隣で管理する小さな共同浴場があった。私は、その共同浴場の湯（上諏訪温泉である）に入って吃驚した。いままで入った湯の内でももっともよい湯質と判断されたためである。この湯に入ってより、実はもう十年以上になるのだが、今でもその判断に変わりがない。

翌朝見た下社の木落しは、最大斜角四十度、距離百メートルというもので、まことに「これはありえない」といった印象のものであった。上から見下ろせば、とても坂には見えない。間違いなく崖である。御柱は氏子が乗ったまま落下する。乗った氏子らはひとたまりもなく転がり落ちる。落ちれば一転二転三転する。それで彼らは動かなくなったりしない。即座に起きあがり、機有りと分かれば、再び飛び乗る。場合によっては御柱の下敷きになる。もちろん怪我人は出る。何年に一度は死人も出る。しかし私に大いに不思議なのは諏訪の地に障害を負った者が多いということを聞かないことである。推測するに参加者（氏子）はみな、諏訪の神とともにいるのである（意識としては確かにそうなのだ）。それで大丈夫なのだ。

タケミナカタの神（諏訪大社の神）は、出雲の大国主命の息子であって、天孫降臨時に反抗したため、いまは鹿島神宮に祀られるタケミカヅチの神に、この地にまで追いつめられて降参し、諏訪の地より出ないという約束のもとに許されたということになっている。また、ここには明治初めに廃止されるまで、天皇に似た大祝《おおほうり》という生き神様がいた。不思議な独立せる信仰圏なのである。

御柱は、聖域の表示であろう。今日でも地鎮祭の時には四本の竹を立て、しめ縄をめぐらして神の座を作る。御柱はこれを大型化し、また常設化したものと思う。古代においては、御柱に似た柱建ての行事が沢山あったと考えられる。神社の形体が定まるに従って、みな消えて、忘れ去られたのだろう。ではなぜ諏訪のこの地にだけ、そうした古式が残ったか。私には一つ分ったことがある。

私は、ある時（はじめに御柱を見た後である）、諏訪湖プリンスホテルに投宿し、温泉に浴した後のゆったりした気分で窓外の諏訪湖を眺めていた。その時、どうしたことか諏訪湖が大きな女陰のように思えたのである（もちろん性欲を感じたのではない。形体が似ているというのでもない）。それで閃いた（私は素直に思ったのであったが、こじつけたと思っていただいてもかまわない）、この湖《うみ》を年中見ている諏訪人は、ごく自然な感情として、この女陰に見合う（というのは大きな）男根を必要としたのである。それが、御柱であり、また、それを捨てなかった理由ではないか。これは私の「心情としての」御柱の解釈である。加えると、この諏訪湖には冬期氷結した湖面に音を立てて亀裂が走る御神渡《おみわた》りの現象がある（それも上社から下社に向かってである）。

人々は御柱の年に諏訪に繰り出す。そして、この閉塞した現代に、まだここには神が生きているのを見るのである。

大沢館

三　大沢館と中の湯

私は温泉が好きで、旅に出るとなるべく温泉宿に泊まるようにしている。だいたい似たり寄ったりの宿が多いのだが、中には感心するようなユニークな宿がある。

二月の初め、塩沢町（越後湯沢の少し北）の大沢山温泉大沢館に予約を入れた。

塩沢石打《いしうち》で高速を下り一般道に入ってビックリした。毎春、立山・黒部アルペンルートが開通すると、雪を深く掘り下げた道を走るバスなどがテレビや新聞で紹介される。まるで西洋庭園の迷路を行くような光景だと感心していたが、ここでは道路という道路が、そんな具合なのである。積雪はせいぜい三メートルほどなので、もちろんアルペンルートほどの規模ではない。壁を垂直に削る除雪車があって町中を走り回っている。雪国の人にしてみれば、私が驚くのが不思議であろうが、私としては初めて実見するので驚異といってよい。後で知ったことだが、こうした光景は毎年のことではない。この年は特に雪が多かったのである。本日も盛んに降っている。

午後一時半頃に宿に着く。ここは、街道から少し山に入っている。雪に囲まれて一軒ぽつんとある。母屋から中門風に延びている豪壮な門を入って玄関に行き、番頭さんらしき人に、今晩予約した者だが、この辺りには由緒ある寺が多いと聞いたので写真を撮りに行きたい――ついては場所を教えてほしいと告げる。番頭氏はこの辺りの案内図を取り出し四つの寺に丸印をし、それから「雪に埋もれていますよ」と何やら含みのある言い方をする。私は「建築を撮るわけでないので、雪に埋もれていて結構」と答える。番頭氏はさらに「雪が深いので気を付けて行って下さい」と、いかにも危なっかしそうな都会者だと言わんばかりである。

地図を頼りに、いささか迷いながらも一番大きな雲洞庵《うんとうあん》にたどり着く。平地の終わりの杉林中にある。天下の名刹――なかなかの風情である。ただしこの時期、境内は閉鎖中。そこで戻って街の中の寺を訪ねる。そして、やっと番頭氏の言う意味が分かったのである。雪に埋もれているというのは、雪に埋もれて「境内にさえ入れない」ということであった。いやはや雪国の雪というのは大したものだ。他の寺も同様の状況である。三時半くらいに宿に戻ってチェックインする。

この宿は新築されたものだが、部屋の造りや平面計画は湯治宿を踏襲している（簡素である）。通路の各所に茶菓子類が用意され、客が自由に飲食できるようにしているのがユニークである。この宿の離れづくりになった半野天風呂が実によい。浴槽は檜《ひのき》作りで、丁度よい温度の湯が蕩々と流れ込んでいる。前面に雪山が拡がっている。私が今までに入った野天風呂の中でも最も気分がよいものの一つであろう。

食事処がいくつかに分かれている。私の夕食は一階帳場脇の部屋に用意される。私が座につくと、「写真撮れましたか」と声を掛ける者がいる。先ほどの番頭氏である。「おっしゃるとおり雪に埋もれていました」と言うと笑って行ってしまう。他の客の様子を見ると、みな連泊しているようだ。長期ではない（二泊くらい）。それにだいたいが夫婦者である。なじみ客も少なくないらしい。どうも、ここは一見《いちげん》の観光客相手の宿ではないようだ。食事が済んだ時分にかまびすしく乱入してきた人間がいる。宿の主が客に挨拶して回っているらしい。見やると、宿の主人というのは先ほどからの番頭氏であった。かなり酔っぱらっている。「八海山」の瓶を片手に客に注いで回る。私のところにも来る。「ああ、ご主人でしたか」と挨拶。主人はコップになみなみと酒を注ぐ。後で若い従業員に聞くと、主人はいつもこうして注いで回り、なじみ客相手に自分も呑む。主人はこのセレモニーの後、タクシーで湯沢の自宅に帰り（この主人はかつて湯沢町役場に勤めていたらしい）、従業員も板前さんだけを残して、あとはみな帰ってしまうのだという。

翌日はどこに行こうかと思案したあげく、新潟を経由して奥会津に行ってみることに決める。関越自動車道を下りきったところでV字ターンし磐越《ばんえつ》自動車道に入るコースは、いままで経験がないので、走ってみたい気分があった（わざわざこんなことをする旅人はいない）。翌朝、野天風呂で昨夜の夕食時に隣り合わせた方に挨拶する。今朝は、昨日と打ってかわって、まことによ

八海山神社近くの路

い天気である。この人が「いい天気ですねえ、八海山のロープウェイに乗って上に行くとさぞよい景色でしょう」と言った。ああそれはよい考えだ。今朝は高速道に乗る前に六日町《むいかまち》に出、八海山に寄ってやろう。というので宿を出ると八海山に向かう。八海山の道路終点手前で道を逸れ、八海山神社に寄る。例の雪の壁の道を行き、駐車用の小さな空き地に車を止め、杉木立の間を歩くも神社の屋根の上方が見えるだけで、ここも雪に埋もれきっている。これは駄目だと思い、引き返そうとしていると、本殿から雪の上を来る人がいる。境内は大雪に埋もれてしまっているが雪上に参詣道が付けられているのだ。雪に付けられた階段を上り、踏みしめられた雪跡をなぞる。埋もれて頭の方だけ出た石の鳥居の脇を進み本堂に至る。ガラス戸を開けて入る。清掃が行き届いている。無人ながら灯が点き暖かさが感じられる。賽銭を入れ、力を入れて鈴の紐を引く。ジャラン――ジャラン――ジャラン。鈴が間欠的に朗らかな音をたてた。私は、その時、八海山の神が応えられたと思った（ただし私は何かを祈ったわけではない）。本殿を出て戻る際にも、ここにお参りにきた人とすれ違う。ここは信仰が生きている。

奥会津の西山《にしやま》温泉は前々から一度訪ねたいと思っていた。高速を会津坂下で下りて有名な柳津《やないづ》の虚空蔵尊《こくうぞうそん》の後方の山中である。旅館「中の湯」は温泉村の入り口に位置し、谷川に沿って、道路より幾分下がったところに建っている。おばさんに二階の部屋に案内される。六畳大。面白いことに部屋に電話がない、金庫もない。部屋の鍵も渡してくれない。のんびりした宿である。この宿の、民家風に新築された別棟の湯屋もまことに結構である。

西山温泉（中の湯）

夕食は、若い方の奥さんが運んでくる。そして並んだ品々に感銘を受けた。動物蛋白としては、焼いたヤマメと鯉の甘露煮と、細いタケノコと一緒に煮付けた鰊《にしん》だけである。あとは山菜や野菜や豆腐類なのだが、感心するのは、これらの食材は全てこの宿の十キロ四方から集められたに違いないと思わせるところである。昔からこの村で食べていたものを出しているのだ（もちろん旅館だから品数は多い）。これは実は温泉巡りを趣味にしている都会人にとって目から鱗が落ちるように新鮮で、涙が出るような「ご馳走」なのである。うーん、昨日の大沢館といい、この宿といい、実に立派。昨夜の宿は信念に基づき経営をし、この宿は木訥《ぼくとつ》を貫いている。両者に共通して言えるのは、少しもキョロキョロしていないことなのである。これは多分あらゆる仕事に必要とされる姿勢なのだろう。

夜中に少し雪が降ったようだが、今朝は止んでいる。ご主人夫婦が一緒に表に出、私が雪の駐車場から車を出すのを見守り、見送ってくれたのに恐縮する。

四　千曲川いざよふ波の――中棚温泉、高峰高原

小諸《こもろ》の懐古園《かいこえん》の下隣りといったところに中棚《なかだな》温泉の一軒宿があり、昔から一度行ってみたいと思っていた。小諸義塾教師時代の若き島崎藤村がたびたび訪れ、詩「小諸なる古城のほとり」に、

千曲川《ちくまがわ》いざよふ波の
岸近き宿にのぼりつ
濁り酒濁れる飲みて
草枕しばし慰む

と詠った宿である。かつては鉱泉宿であったが、今では温泉が湧き、訪問者の評判もよい。それで、ある時電話をかけた。すると女将がでて、あいにくいっぱいでまことに申し訳ないという返事である。断り方にも色々あって、愛想なく断るところもあれば、土曜日に一人客とはとんでもないといった喧嘩腰の断り方もある。ここの宿の場合は、お泊めすることが出来ないのはまこ

とに不本意であり、また是非連絡して欲しいと、詫びるような言い方である。こういう「もの言い」をされると、よし近いうちに是非また連絡してやろうと思うものである。あれから二年経つが、今度は秋の連休が終わる日を選んで予約を入れたので「どうぞどうぞ、いかなる部屋でもご用意できます」という歓迎ぶりである。

千曲川（中棚温泉近く）

懐古園のすぐ東側の坂を下りてゆくと宿がある。以前に懐古園を訪ねているせいで、思った通りの立地、風情である。この宿は昔ながらの大正館（旧館）と新館に分かれている。私は藤村を偲んで予約時に旧館の方を指定した。それも料金が安い一階を。旧館は二階が玄関になっているので一階は急な階段を下りなくてはならず、また階上の音が響くとかで安いのである。通された部屋は中庭には面しているものの、薄暗く、なにやら穴蔵じみている。といっても、決して気分が悪くなるほどではない。後で知ったが、階上の角部屋は「藤村の間」という名が付いており、千曲川方向に開かれていて明るい。わずかな料金差らしいので、本当はこの部屋がよかった。もちろん藤村が通ったのは明治の三〇年代で、旧館自体、当時のものではない。昔の場所に昔通りに作ってあるということだろう。かつては、この部屋より千曲川が見えただろうが、いまでは川との間にいくらか建物も建っているので川そのものは見えない。赤いアーチ状の鉄橋が見えるだけである。それでもアンチックでよい部屋である。次は、ここに泊まってやろう。

風呂場はいったん外に出て玄関棟に行き、それに続く新館を抜けて、また外に出て石段を登った先にあるので旧館からはかなりの距離である。旧館に泊まると風呂まで遠いのが欠点であろう。泉質はなんてことはない。ただ、この浴場からの千曲川方向の景色が見事である。また湯船の一部にリンゴが投げ入れられて浮いている。これも藤村の詩「初恋」からの発想であろうが、良いのだか悪いのだか分からない。色彩的にはきれいである。

やさしく白き手をのべて
林檎をわれにあたへしは
薄紅の秋の実に
人こひ初めしはじめなり

食事は旧館内に用意される。決して豪華ではないが、丹念に作られた立派な料理である。食事半ばに女将が挨拶に来る。この女将は、食事時間だけ恰好付けに挨拶に来るというのでなく、一生懸命旅館業に精を出している姿勢である。序でに言うと、この宿の従業員のマナーが極めてよろしい（みな若い男女である）。私は、この食事中に藤村ゆかりの濁り酒を飲み過ぎてしまう。

二日酔いにならなかったのはみっけものである。この宿は環境が抜群によい。それで眠り心地が実によい。

翌朝、宿を出る時に女将を捕まえて尋ねる。

「浅間山の周辺で、落葉松林の写真を撮りたいが、何処に行ったらよいか」

私は藤村序でに、軽井沢滞在時に「落葉松《からまつ》」の詩を作った白秋にあやかった写真を撮ってやろう思ったのである。私は北原白秋を近代における最高の詩人と思っている。特に「落葉松」は愛唱してやまない詩である。

からまつの林を過ぎて、
からまつをしみじみと見き。
からまつはさびしかりけり。
たびゆくはさびしかりけり。

からまつの林を出でて、
からまつの林に入りぬ。
からまつの林に入りて、
また細く道はつづけり。

高峰高原

藤村と白秋には共通しているところがある。それは基底において、己を旅人と思い定めているところである。もしかしたらこれは東洋の一等の詩人の条件かもしれない。中棚荘の女将は私の問いに「信州小諸マップ」を取り出すと印をして「あなたは、この高峰《たかみね》高原に行くべきだ」と言った。

それから私は高峰高原を目指す。高峰山は浅間の外輪山のもう一つ外にあるような山である。女将の言に違わず、そこは「落葉松の山」といってよい（原生林である）。もう二週間もすれば、紅葉がきれいだろう（私が訪れたのは十月十一日である）。峠のてっぺんに高峰高原ホテルがある。裏側がスキー場である。それにしても何と見晴らしがよいところだ。天上にいる気分になるホテルのラウンジでコーヒーを喫す。

それから鹿沢《かざわ》温泉方面に下りる。途中に高峰温泉がある。原始的な山小屋風で、なんとなくよさそげである。この後は鬼押し出しに向かい、浅間山の麓を回り込む感じで中軽井沢に出た。中軽井沢の星野温泉入り口に「落葉松」の詩碑が建っている。

藤村、白秋という二大詩人の詩を、もう一つずつ挙げたい。まず藤村の「椰子の実」。

名も知らぬ遠き島より
流れ寄る椰子の実一つ
ふるさとの岸を離れて
汝はそも波に幾月

もとの木は生や茂れる
枝はなお影をやなせる
われもまた渚を枕
孤り身の浮き寝の旅ぞ

この詩ができた経緯については既に周知のことだが、『唱歌・童謡ものがたり』（読売新聞文化部、岩波現代文庫）の記載を要約してみよう。
民俗学者の柳田国男が東大学生時代のある夏、愛知県の伊良湖岬を訪れ二か月間を過ごした。そして風の強い日の翌朝に漂着した椰子の実を三度まで目撃し、帰ってからこのことを藤村に話すと、心を動かした藤村が己の心情を託して「椰子の実」を作詩した。しかし柳田は全く違う捉え方をしていた――椰子の実が日本に流れ着くなら、稲作を核とした文化もまた南方から日本に流れ着いたのではないか。日本の一起源は南海の民であるはずだ、と。片や文学、片や民俗学の巨人にまつわる逸話である。

さて、大正十一年、新潟市を訪れた白秋に、師範学校の講堂に集まった小学生が白秋作品を次々に歌った。大いに喜んだ白秋は子供達に「今度は新潟の童謡を作るよ」と約束、夕暮れの寄居浜に出ると、じっと荒海を見ていた。

海は荒海、向こうは佐渡よ。
すずめ啼け啼け、もう日はくれた。
みんな呼べ呼べ、お星さま出たぞ。

この詩は明らかに芭蕉の「荒海や　佐渡によこたふ　天の川」を踏まえている。見事な本歌取りである。

この新潟訪問の三か月後、詩「砂山」に中山晋平の曲が付けられて新潟に届けられた。

藤村と白秋はわずかな詩語のうちに日本の風土をまことにうまく凝縮させる天才に恵まれていた。大詩人といえよう。

北温泉旅館

関東編

一　北温泉旅館

長らく大石真人氏の『全国いで湯ガイド』を温泉選びのバイブルにしてきた。この本に、「温泉とは何かを知りたかったら、那《な》須《す》の北温泉を訪ねよ」と紹介されていたのが長く気になっていて、ある夏とうとう二泊の予約を入れた。

最寄り駅から乗ったバスは、いかにも高原のリゾート地といった風景の中を進み、那須湯元を過ぎてから有料道路に入り、茶《ちゃ》臼岳《うすだけ》の下を迂回して北温泉の入り口に着いた。単なる高原で、何もない。そこから下り坂の山道が旅館まで続いている。歩いて行くと、大きな砂防ダムが見え、それに寄り添うように旅館の古めかしい建物が建っている。玄関前に大きな温泉プールがあった。館内は昼なお暗く、また、きれいだとはいいがたい。それに湿り気があって、廊下の隅にナメクジでも這っているような雰囲気があった。玄関ホールの階段から二階に上がったところの部屋に通された。部屋には押入れが無く、隅に寝布団が積み重ねられている。こういう旅館は初めてであったし、それ以後もあまり出会っていない。大学の稲毛《いなげ》の合宿場が旧兵舎であった。合宿時には、六キロほど離れた医学部で布団を借り、リヤカーで運んできて、やはりこの部屋と同じように積み重ねておいた。絵で見る江戸の長屋もこのようにしている。

湯は建物の奥で豊富に涌き、浴室がいくつもある。皆、半露天風呂状態で、えらく原始的である。

ここは仲居さんなどいない。従業員はみな年かさの男性で、近くから働きに来ているらしい。以下の事情は後出の積善館《せきぜんかん》本館に似ている。食事を運んできたおじさんに、酒を一本注文すると、玄関ホールの自販機でワンカップを買った方が税もかからないし安いから、そのようにしなさいと言われる。どうもこの人は旅館の味方を全然していない。おじさんの言に従って酒を求め、おかずをつつきながら飲んでいると、貧しい膳のおかずが無くなってしまった。帳場に降りていって生卵を一つもらう。これで飯を食べようと、割ってみると黄身も白味もズルーッと一体になってしまった。これ、食べられるかしらと思ったが他に食べるものとてないのでご飯にかけて食べてしまう。

どうもこの宿は二泊するのに耐えない。私は宿選びに、あるいは二泊予約という失敗を犯したことを悟る。明日は他に移ろうかと布団に寄りかかって真剣に思案する。普通、旅館はチェックアウトが十時で、チェックインが三時ということになっている。ここを出て、例えば那須湯元あたりの旅館に移るとすると、移動時間を差し引いても四時間ほどの時間をどこかでつぶさなければならない。せっかく休養に来ている身としては、それは、ちともったいない。さらに一人旅だと、急に希望する旅館に泊まるのも容易なことではない。いろいろ思案して、まあいいかということになる。

翌日は朝食を摂ったら、やることとて無いので、ゆっくり湯に浸かることにする。ここには何日も逗留している人が幾人かいて、やはりのんびりと湯に浸かっている。私より十か二十か上だろうと思える男が一緒に入っていて話しかけてくる。本人は暇を持て余している。私としたところで暇でないことはない。向こうもそれを見抜いているので話し出すと止まらない。私は不本意ながら、この男の一代記を聞く羽目になる。この間、一時間半ほどだったろうか。昔のことなので詳しいことは忘れたが、彼の話の中で印象に残っているのは、この湯が花柳病《かりゅうびょう》に効くというので、その男が若い時分に泊まった時、そちらの方面の女性が二人治療に来ていたという。どこかの温泉（多分、那須岳の裏側に当たる三斗小屋《さんどごや》温泉）の仕上げの湯ということになっていたらしい。彼女たちはこの湯に入り、もう治したい一心なので恥ずかしさも忘れ、足を拡げて膿を絞り出していたという。これには流石に参り、一緒に入っていられなかったという。私なら後からでも入りたくない。

この男の話を聞くうちに、先ほど出ていったはずの男が戻ってきて、脱衣場（浴室と一体になっている）で浴衣を脱ぎ、パンツも脱ぐと、別のパンツと浴衣に着替えて出ていった。馬鹿め間違えやがったなと納得する反面、「もしや」という思いが頭をかすめた。果たして、後で確認すると、彼が脱いでいったのは、私のパンツと浴衣であった。なにやら痩せて病人みたいな男に履かれたパンツを履くわけにはゆかない。パンツはすぐ捨てた。もちろん私は小旅行時にパンツの替えなど持っていない。私は仕方なくそれからの二日間をパンツ無しで過ごす羽目となった。まあその日はよかった。翌日帰るのに直にズボンをはき、これがごわごわしてとても履き心地がよくなかったのを覚えている。

もうあれから十五年以上は経っている。実は、もう一度訪ねてもよいかなと考えている。やはりよい宿なのかもしれない。

二　積善館

前にも記したとおり、論評するのに足るような旅館というと、そう多くない。近頃（平成十三

積善館

年夏）訪れた四万《しま》温泉の宿は、そういう意欲が湧く珍しい宿である。

昔、宮上先生と四万温泉に行ったことがある。泊まったのは老舗の「たむら」であった。温泉街のどん詰まりに位置している。その当時の「たむら」は浴室が沢山あって悪い宿ではなかったが、特に特徴があるというわけではなかった。翌朝、帰る時に積善館を覗いてみた。四万川に沿っていて、専用の橋を渡ってゆく。橋の先に木造三階建ての端正な宿がある。右手前に張り出している建物の一階部分は浴室で、アーチの窓が並び、いかにも大正ロマンといった佇まいである。宮上先生が「こっちに泊まりたかったなあ」と言った。私も同感であった。その時の積善館は重厚で瀟洒な高級旅館といった風情であった。

それから二十年近くが経った。俄に思いついて積善館に電話すると泊めてくれるという。宿泊料は七千五百円だという。これは破格の安さである。しかも宿に着いてから分かったことだが、税込み金額であった。これだけ安いと食事は期待できない。こういう場合、なんとかうまく食事をする方法がある。それは実に簡単で、腹を空かしておくことである。

そういうわけで十時半頃に家を出たが、途中で昼食も摂らず、四時頃に宿に着いた。

実は、すんなり着いたわけではない。出発前にカーナビで目的地を設定した祭、宿の電話番号を入力すると、佳松亭積善と積善館本館の二つが表示され、どちらかを選べと案内された。よく分からないので上の方を選び、やがてカーナビに従って着いたのは温泉街とは異なる山の中の一軒宿であった。もちろん私が知っている積善館とは違う。瀟洒なコンクリート建築で、こちらもなかなか良さそげである。敷地内に車を入れると案内の黒服の男が飛んできたので尋ねると、あなたが泊まるのはここととは違うといって道を教えてくれた。つまり再び公道に出て、来た道を戻り、左に折れて温泉街に入り、その最も奥の方にあるのが私が泊まる積善館本館であるが、実は今いる建物の裏手に当たるのだという。ここの方がよいので泊めてくれというと、今日は満室だという。それにここは一人では泊めないという。そこで引き返して、ようやく見知った積善館に到着した。

昔、見た宿であるが、かなり荒れている。というか、手入れを十分にしている気配がない。帳場にいた作務衣《さむえ》の青年が二階の部屋に案内してくれた。途中で説明がある。浴室が四つあり、その行き方はしかじか、トイレはここで、男女共用、布団敷きのサービスはない等々。

部屋に入ったが、私はまず、万年筆用のスペアーインク（カートリッジ）を買いたかった。そこで帳場に戻って文房具屋さんがどこにあるか訪ねると、先ほどの青年が少し考えてから、温泉街の坂を下ると、米屋さんがあり、その前だという。それから「分かるかなあ」と言う。私は馬鹿でないからそれだけ聞けば十分だというので、サンダルかなにかあるかと尋ねると、帰ったときに泥さえ落としてくれれば、そのままで出ていってよいという。なるほど室内履きはスリッパでなく、上が畳地で底がスポンジになっている。温泉街の坂を下ると米屋がある。このあたりだと思いつつ通り過ぎるが、文房具屋さんは見当たらない。しばらく行って商店の人に聞くと、やはり米屋の前だという。戻って、米屋の前の家を観察すると庇の上に白ペンキ地の看板が出ていて「日用品文房具」と書かれている。開け放しのガラス戸より中に入るとなるほど文房具らしきものも少し並んでいる。ボールペン、帳面、便せん、それに場違いみたいな原稿用紙。インクのスペアなどあろうはずがない。奥の部屋にいるらしい店の人に気付かれないようにして表に出る。そして宿の玄関に戻ると泥落としで草履の底を擦って建物に上がった。やはりこれはいくらなんでも変である。この宿はかなり粗末に扱われているという感を拭いがたい。部屋に戻って浴衣に着替えようしたが見当たらない。一瞬、この宿には浴衣の用意がないのかと思ったが洋服掛けのドアを開けると金庫の上に浴衣とタオルがあった。

さて風呂である。「岩風呂」は二階からトンネルのような専用階段を下りたところで脱衣し、さらに浴室内の階段を下りるという、古い温泉場に時たま見られるタイプである。玄関脇にある例の「元禄の湯」は昭和五年築の古風な湯屋で、国登録文化財、県近代化遺産になっている。タイル貼りの床に長方形の五つの湯舟が穿たれている。湯舟の大きさは一・五畳ほどのが四つ、それより一回り大きいのが一つである。浴場正面には上部アーチ状の大きな窓が四つ並んでいる。湯舟の入り心地はきわめてよろしい。各槽の底から湯が涌き、熱からずぬるからず、また座ると首がちょうど床面になる。浴場の右の壁には、頭部アーチ状の物入れらしき引き戸が二つしつらえられている。なんと、これは蒸し風呂である。引き戸を開けると、内部は真っ暗で、人間一人座れるタイル貼りの椅子が作り付けられている。蒸し風呂内に湯をまいてから入るのだそうだ。戸を開けて出てきた男に、どうでしたかと聞くと「ぬるい」と言った。もしかしたら、サウナに較べてということかも知れない。いずれにしても、わざわざここまで来てこの湯に浸かってよかったと思わせるような浴場である。この浴場を出たところの本館の部屋（座敷、中の間、旧帳場など）は県指定の重要文化財になっている。

残る二つの湯を巡ることにする。二階に行き、そこからエレベーターで三階に上り、連絡通路で隣の館に移ると家族風呂がある。ここは入浴中の札が掛かっているのでパスすることにし、さらにトンネル状の連絡通路を進んで突き当たりのエレベーターで五階まで上ると新館の「杜の湯」に通じている。

ここまで来て、この立派な新館こそ、私が初めに間違えて訪れた「佳松亭積善」であることが判明する。両館は、中で通じているが、いったん外に出ると歩いては行けない距離にある。温泉街の本館と森の中の新館、見捨てられたような本館と、華麗に繁盛する新館、木賃風旅館とリゾート風高級旅館、まことに不思議な取り合わせである。新館の風呂は前面ガラス張りで森の中にある風情である。広々している。ガラスの外は大きな露天風呂になっいている。豪華で快適であるが、実は全国どこの温泉の高級旅館の浴室もこのようであろうと推測される。つまり、この湯なら他に替わりがないわけではない。しかし本館の元禄の湯は替わりがない、つまり掛け替えが無いのである。

この宿の全体の構成を考えると以下のようであろうか。まず古くて現代の旅館使用に耐えなくなった建物がある。改装して高級化するのには無理がある。また、一部文化財になっているので壊すわけにもゆかない。それでは新館を別に建てて、そちらで本格的な営業を行おう。旧館は、思い切り低料金にして、なんとか建物の維持費くらいの稼ぎがあればよいことにしよう。しかも新館と旧館の往来を自由にしておけば、「元禄の湯」は、新館の売り物としても利用できる、ということであるのではなかろうか（以上、私の勝手な推測）。実際に、両館の共用カタログの表紙には「元禄の湯」の写真が使われ、「創業元禄七年」「歴史の彩り」の文字が添えられている。やはり「元禄の湯」と「伝統」が、新館の拠り所なのである。

風呂から出てから缶ビールを飲んで時間をつぶしていたが、六時になったので食事用の広間に行く。食事係のおばさんに、酒を一本もらいたいというと、ここでは出ないから備え付けの自動販売機でワンカップを買ってくれと言われる。細かいお金がなかったので帳場に行って一万円札を崩してくれと言うと例の作務衣氏が、すまなそうに崩せないと言う。それからワンカップなら向かいの酒屋で売っていると言う。そこで、先ほどと同じように履き替えずに表に出て、橋を渡り、ワンカップを買って食堂に戻ってくる。夕飯は一重の松花堂弁当と飯と味噌汁である。普段、家で食べるのと同じくらいの豪華さである。昼飯を抜いたのがうまくいって不味くはない。

酒を終え、飯を食べる段になって、やはりおかずが少し足りない気がしたので掛かりのおばさんに海苔とか卵とかはないかと聞くと無いのだという。まあ贅沢を言わないことにして、どんぶりの飯を平らげる。

このまま寝るのはなんとなく物足りなく思えたので、お茶をつぎ足しに来たおばさん（食事係が何人かいる）に、近くにスナックはないかと聞くと、橋を渡ってまっすぐ行ったところにジョイというスナックがあると教えられる。すると隣で食事をしていたおばさんから「私たちも、これから行くんです」と声が掛かる。それがきっかけで隣のグループと少しお話をする。隣は一組の夫婦と二人のご婦人のグループで、男性は足利で会社を経営しているらしい。皆、七十代の後半である。前の日は草津に泊まり、ここでは二泊するのだという。ここの常連客である。ここに来た時は、食事を程々に済ませ、スナックの先にある鮨一で寿司を食べ、それからスナックジョイでカラオケをやるのだそうだ。なるほどうまいやり方だと関心する。これなら安い宿に泊まり、いい湯に浸かり、夜もたっぷり楽しめるというわけだ。この話を聞いたら私も真似ようと思い、それではお先に、後ほどお会いしましょうと挨拶して退散する。

宿から一直線の路地はかつては、この町きっての繁華であったらしい。スマートボールや射的があって、浴衣掛けの酔客がそぞろ歩いたのだろう。この夕べ、歩いているのは私だけであった。ジョイはすぐ見つかった。その先に寿司屋もあった。寿司屋の先は川で、橋が掛かっていたが渡ったところは山の麓であった。

鮨一は老夫婦がやっていて、先客が一人、カウンターにいた。先客は愛想のよい老人であった。隣の大ホテル「四万グランドホテル」（たむらの経営）の従業員だという。積善館本館の湯を褒めると、自分は入ったことはないがと言いながら自分の在所を褒められたように喜んでいる。昔、川口にいた人で、皮膚病を治すために四万に来、そのまま居着いてしまったらしい。六十七歳といった。定年が無いのかと聞くと、給料は下がるが辞めなくてもよいのだという。よい会社ですねというと、その通りだと言って「たむら」を褒めるのであった。大体、酒を飲めば自分の会社を貶すのが相場である。私は、美しい温泉場の立派な会社に勤める好ましい人間とお話をしたらしい。

途中で例の老人グループがやってきて、私に挨拶すると座敷に上がり込み、一緒盛りにしたにぎりを注文していた。私は、旅館の飯を腹一杯食べていたので、つまみと酒を一本注文しただけであった。つまみはマグロの赤身と鯛であった。勘定をしてくれるように言うと二千円だという。うーん、これも安い。カウンターの相客に別れの挨拶を言うと、どうぞよろしくお書き下さいと言った。む、この老人はいくらかの眼力を備えているのである。その夜、ジョイはパスした。

寝る前に新館の湯に入り、戻ってから、どうせ部屋には洗面が付いていないだろうと思って共同の洗面所で歯磨きを済ませ、部屋に帰って見ると縁側の隅に洗面器が備え付けられていた。

翌朝、ここのお勘定は七五〇〇円ぴったりであった。

三　房総の鉱泉宿——養老渓谷温泉と亀山温泉

養老渓谷の温泉宿は小湊《こみなと》鉄道の養老渓谷駅を右に見て県道を進み、まもなくして養老川にぶつかる地点をはじまりに点々とある。一番初めにある宿が鶴乃家で、次に隣接して喜代元《きよもと》がある。

鶴乃湯は養老渓谷に接していないが、その裏の喜代元は渓谷に面して建っている。喜代元は宿全体の雰囲気が文人墨客が泊まるのに適しているように思えて好ましい。ここで私にあてがわれた部屋は駐車場越しに渓谷の対岸である森と対峙している。なかなかよろしい。ただし部屋としては渓流に面した離れ（幾部屋もある）が、断然よい。私が希望しても一人客ではぜいたくを言えないのである。

浴室は男女一つずつあるだけで、流行りの露天風呂など無い。黒い湯が湯舟にどんよりと溜まっている。鉱泉なので流れ込んだり、流れ出したりしていない。よく見れば、常に沸かしているらしく湯面に多少の動きが認められる。それにしてもここの湯は本当に黒い。湯舟中に腰を下ろせば、臍辺りまでしか見えない。養老渓谷温泉の宿の湯は、みなこの黒湯である。

従業員は一様に愛嬌良く、しっかりしているようだ。夕飯は、部屋に持ってきてくれるが、品数は多くもなく少なくもなく料金相応だ。

夕食後、再度風呂に入り、八時過ぎには床についた。起床したのは翌朝の七時である。自然の中で充分な睡眠をとるという目的が果たせたように思う。

縁があって養老渓谷の温泉（鉱泉）宿には喜代元の他にも随分泊まっている。ほとんどの宿に泊まっているといってよいかもしれない。

喜代元の斜め前にあるのがホテル岩風呂である。この地区の宿は、みな道路の右側にあるのに、この岩風呂だけが左側にある。コンクリートの四階建てで、道路越しに渓谷に面し、前面が開けているせいもあって、いつも陽が当たっている。実は、養老渓谷の宿はみな日陰にある印象である。渓《たに》にあるせいでもあるし、低層であるためでもある。

養老渓谷（弘文洞跡）

次に、少し離れてあるのが元祖を名乗っている養老館。旅館が並ぶ街道の中程に位置し、この宿の手前が渓谷散策のメインとなる中瀬遊歩道の入り口である。ここから道路は渓谷と離れてゆく。養老館は何の装飾もない殺風景なコンクリート建てである。一人で泊まるより、宴会しに大勢で来るのがよさそうだ（私もむかし仲間と泊まった）。風呂は別棟になっている。竹塀をあしらった浴室内がなかなか風情がある。湯は黒湯である。ここも高層であるのに関わらず岩山に挟まれ、日陰の宿という印象である。

養老館の少し先に嵯峨和《さがわ》がある。街道に接して建っているが入り口が少し下がったところになっており、なにやら暗く寂しい雰囲気である。低料金を考えると食事は申し分がない。風呂場は、いかにも田舎風で面白くもおかしくもない。茶色い湯が循環していていつでも入れるようになっている。循環させているのと関係しているのかもしれないが、どんよりと溜まっている喜代元や養老館の湯のように真っ黒ではない。薄まっているのかと思う（これに関しては鶴乃家も岩風呂も同じである）。ただ、それにしても癖のある湯である。湯から出てから櫛を入れると、まるでポマードでも付けたように粘る。他の宿の湯は、これほどは粘らない。源泉の違いなのか、あるいは天候によるのだろうか。

嵯峨和の先、この地区の一番終わりに天龍荘がある。見るからにこじんまりした宿である。嵯峨和のような見た目の暗さがない。夕食時に温かい鮎が出てきたので感激した。当たり前の話なのだが、旅館の夕食というと冷たくなった鮎の塩焼きばかり食べさせられてきた。もう、そういう時代も終わりになるのだろう。風呂場に行くと、広めの湯舟に例のトロンとした黒い湯が溜まっている。もちろん湯気が上がっている。ヨード臭がし、湯を舐めると少し味がある。いささか辛く、多少甘味もあるようである。もちろんこれは、養老の湯に共通している。

以上の宿屋群に共通した欠点は、街道に面して両側を岩の壁に挟まれいるせいか、夜分に通過する車の音が少々うるさいことである。

さて、養老温泉全体は大きく三か所に分かれている。以上に記したのが一番川下にあるメインの温泉宿の塊である。この温泉群から五キロ程上流に一軒宿の滝見苑がある。滝見苑は県道脇に建つ瀟洒なコンクリート造りである。ここいらは全体に高台になっている。宿の下方に養老川の名物の一つ粟又《あわまた》の滝がある。これは滝というより、丸みをもった大きな岩盤上を渓流が流れ落ちているといったもので、それなりによい景観である。

ここは本当に山の中という感じで気分がよろしい。部屋の窓から山々を眺めていると、なんだか「ドングリと山猫」なんかの宮沢賢治の童話が思い出される。穏やかな山の形がそういう気分を誘うものと思われる。平和な山中である。湯は二十年ほど前に掘削によって湧出したという。この湯は前述の養老の湯と違って、無色無臭に近い。なかなかよい湯と思う。沸かしているのだが屋内の湯舟にも露天風呂にも常時湯が豊富に流れ込んでいる。浴室からの景観は部屋からの景観と同様まことによい。「観光」温泉旅館が少ない千葉県において貴重な存在と思う。手軽に、自然に親しみ、湯を楽しみ、それなりの食事を楽しみたいという向きにはお奨めできる宿である。

滝見苑と初めに紹介した温泉群のちょうど中程に三軒の宿が固まっている。そのうちの一軒、ホテル十万石に泊まった（ここの湯は無色透明で、私としては、とても温泉とは認めがたい）。西洋料理の夕食がまことに美味い。それにしてもよい立地である。まさに「渓谷」の宿というの

亀山湖付近

にふさわしい。先の滝見苑は山上にあり、十万石は渓底にあるといったらよいだろう。滝見苑は陽の宿で、十万石は陰の宿である。

十万石と同じ地区に福水がある。滝見苑や十万石と同様、養老渓谷の宿としては上級に属する。低層和風の外観、内部は真新しくきれいである。だいたい養老渓谷の他の宿には仲居さんの類がいないのに、ここには仲居さんがいて作務衣姿で出てくる。夕食は部屋の卓に食べきれないほどに並ぶ。どれもよい味付けである。湯は薄茶色をしている。片隅の湯口から冷たい源泉がちょろちょろと流れ込み、どこかで湯舟全体を温めているらしい。湯はかなり癖が強い。

ここの立地はいかにも養老渓谷らしい。部屋は対岸の黄土色の凝灰岩壁と対峙し、秋なら、そこに真っ赤な紅葉があしらわれる（この渓谷は懸崖峡《けんがいきょう》と名付けられている）。居ながらにして養老渓谷の典型的な風景を楽しむことができるわけだ。

養老渓谷から、そう遠くないところに亀山湖があり、湖畔に亀山温泉ホテルがあるので、こちらも紹介しよう。亀山湖は昭和五十四年に完成した多目的ダムである。水は飲料水や農業用水として使われている。湖は山中に広々と拡がっているといったものでなく、グニャグニャと山を縫う谷川が堰き止められて、その川幅をてんでに拡げてしまったといった具合である。それで湖水形状は幼児のいたずら書きのようである。ここら辺りの人造湖は皆そうした傾向を持つが、亀山湖はその雄である。温泉は、ダムが出来る前に谷底にあったらしい。ダムの完成に伴い湖畔に(上方に)引っ越している。このホテルの印象は一昔前の国民宿舎といったふうだ。宿泊料も安いが、とても「ホテル」といった高級感もモダンさもない。ただ、部屋からの山と湖面の景観は悪くない。朝など、湖水越しに朝日をまともに浴びて、ここは御来光を仰ぐ宿ではないかとさえ思える。大きな湯舟には、湯が加熱されて豊富にそそぎ込んでいる。湯は茶褐色で、ゴミのような茶色の固形物が沢山浮いている。従業員は付近のおばさんたちである(らしい)。夕食時、食堂でちびちびやっていると、ご飯も出ていないのに、ご飯のお代わりはどうですかと聞きに来る。気にしてはいけない、ここは千葉県のど真ん中なのだから。少し離れたところで食事をしていた夫婦が、鍋焼き用の固形燃料がセットされていないと言っている。まあ、怒ってはいけない、何しろここは千葉県のど真ん中なのだから。

ホテルから見えるところに三石山《みついし》がある。頂上まで車で登れる。頂上には大きな三つの石が露出していて、石下に這いつくばるように観音堂が建っている。頂上の石は古代信仰の磐座《いわくら》と考えられる。神の降りる石である。古代信仰の霊地を、後年、仏教が占拠したものと考えられる。磐座は関西や瀬戸内に多く見られるが、千葉県では珍しい。石を巡る小路が付けられ、石と石の間の狭い空間を通り抜ける「胎内潜り」まである。古代人や修験者によって石を巡る行が行われたのだろう。胎内潜りの壁に大きなナメクジが貼り付いていた。体長一〇センチもあった。何年生きてきたのだろう。さすが古代信仰の地である。

四　嫁入り船と鰻

明日の日曜日は、どこかに写真を撮りに行ってやろう、九十九里浜に行けばちょうど浜昼顔がきれいかもしれないと考えつつ床についた。ところが朝九時近くに目を覚ますと雨が降っている。これでは浜は駄目だ。そうだ、そろそろアヤメも咲く頃だ。水郷の水生植物園に行ってアヤメを撮ってやろうと決める。それで朝食もとらずに車に乗って水郷を目指す。雨降りなので東関道はガラ空きなのはよいが、時々強雨となった。

車を走らせながら考える——どうせなら久々に潮来《いたこ》に行ってやろうか、水生植物園はその後にすればよい。潮来の脇はちょくちょく通ることがあっても、なかなか寄ることがない。やがて小降りになり、理想的な気象となる。アヤメを撮るのに晴れすぎていては面白くない。といって土砂降りでは困るが、小雨に煙っていたり、少し湿っているほどがよい。

東関道の終点で降りてＪＲ潮来駅を通り越してすぐの前川の橋の右手が、ここの観光の中心のアヤメ園である。アヤメ（実は花菖蒲とのことである）がほどよく咲いている。今年は咲くのが早いのだそうだ。さすがにこの天候で、日曜というのに客足はよくない。私は傘をさしてアヤメを撮影しながら歩く。前川に沿って客が集まっている。何か催しがあるのだろうと思っていると櫓舟《やぐらぶね》乗り場より嫁入り船が離岸した。これはよいタイミングだ。そばのおばさんに「あれ、本当の花嫁さんですか」と聞くと、そうだという。「美人ですね」というと、審査で選ばれているとのこと。私は舟を追いかけて撮って歩く。

　こういうのの撮影は、実は私のように突発的に撮るのではいけない。背景のよいところにあらかじめ陣取って待っているのでなくてはいけない。嫁さんの顔立ちがふくよかで、いささか古風なのがよい。紅い蛇の目傘もよい。私は、この突然のイベントに出くわしてかなり気分が高揚し、また幸せな気分になる。

　嫁入り舟はこの時期の土日ごとに出るとのこと。後で観光案内所の人に「嫁さんを沢山用意しなくてはいけませんね」と話しかけると、その日に婚礼という人もいるし、近くに式を挙げる人もいるとのことであった。かつての水郷は水路が縦横に走っていて、農作物も物資も嫁さんもみな舟で運んだのだ。

　先ほど、何が始まるのだろうと川辺に立っていた時に飯屋の奥さんらしい人が、「お食事がまだでしたらどうぞ」とチラシを手渡していった。私は朝食をせずに出てきたので丁度よい。

撮影を済ますと地図を頼りに「日本料理店いろは」を訪ねて行った。アヤメ園からは少し離れている。探し当てた店は古風な飯屋といった構え。チラシの効果はそれなりにあるようで、小座敷はみな客が座に着いていて私はカウンターを指定された。小さな店だが、調理場で若い料理人が三人働いている。恰幅のよいこの家の大奥さん（八十を超えているだろう）が、客を案内したり、茶を淹れたりしている。

京都の小料理屋では老齢の女性がよく働いているのを目にする。私が知る限り、だいたいその人の息子氏が板前で店主である。私は、そういうのをよい風景だと思っている。立派な親孝行だ。関東では、そういう姿は珍しい。

「まだ降っていますか」

と大奥さんが声をかける。

「いえ、上がってきたようです。——さっき嫁入り舟を見ました」

「なんにも無いところですから」

そうなのだ、ここは何もないところなのである。アヤメと、十二橋巡り。その他に何があるのだ。それに、目玉の十二橋《じゅうにきょう》の河岸も、いまではコンクリートできれいに固められてしまって、正直なところ、とても写真にならない。潮来はアヤメが咲いていない時節なら観光地とは言いがたい。新設の潮来の伊太郎像や嫁入り舟は客を呼ぶ苦肉の策だろうが、それも起死回生の策になっているとは言いがたい。

実は、私は潮来が大好きなのである。豊富な水と、うらぶれた情趣。そう、ここの佳《よ》さは独特の風土であり、雰囲気なのだ。他に求めたって何もありはしない。歴史の余韻ならある。古代に栄え江戸時代も賑わった鹿島神宮が近い。古来水陸交通の要地で東北から江戸へ物資を送り出して繁盛した港。軒を連ねる遊郭（渡辺崋山のスケッチが残っている）。そして今は昔の東京からの一泊の観光地。いまでは飯屋の大奥さんさえ、ここの旅館については良く言わない。実は鉄道も出来、高速道も開通して便利になりすぎてしまったのだ。ここは「旅人」が一泊しようがない所になってしまった。「単なる通過地点」が現状である。私が四十年も以前に初めて訪れた頃は、まだここには「一つの天地」があった。何もかも過ぎ去ってしまったのだ。そして、うら寂れた詩情だけが、わずかに残っている。ただ現代においても、こういう独特の雰囲気をもつ所は他のどこにもにない——と私は確信している。

飯屋を出ると常陸《ひたち》利根川の川縁に出る。ここが潮来の原風景であろうか。川幅は広い。川を渡り対岸の水門をくぐったところが十二橋である。客待ち顔の女船頭さんに「十二橋巡り、如何ですか」と勧誘される。私は「あまりにも度々乗っていますから」と断る。

駐車場に戻り車に乗ると常陸利根川沿いに遡り、やがて左折して橋を渡る。実は本日はこの先の水生植物園に寄るのが目的であったが、このところ私はいささか疲れている。もう、アヤメを撮る目的も十分に果たしたので水生植物園は他日に回し、本日は佐原《さわら》のインターから高速に乗って帰ることにする。与田浦《よだうら》の橋を越えて間もなくのところの街道脇に鰻屋があったはずである。

もう十五年以上昔に一度寄って食べたことがある。まだあるかしらと注意しながら行くと以前のとおりに在った。「長谷川」という店である。昔は本当に田んぼの中の一軒家であったが、さすがにこの辺りも少し人家が増えたようだ。

さて、二週間後の土曜日である。この日もこの前と同じような小雨模様であった。私は先日見過ごした水生植物園を再び見に出掛けた。まず「長谷川」に寄って昼飯に近い朝食を取る。ここは店内の具合も、窓から見える景色も昔のままである。田園の遥か先に数軒の人家とJRの高架橋が見える。この店のメニューを見ると、ウナギと刺身と親子丼しかない。鯉もドジョウも天ぷらもない。ここに入ればウナギを食うと決まっているらしい。奥さんが出てきたので、十五年前に一度寄ったことがあると言うと、丁度この店ができたばかりの頃でしょうと言う。ここの鰻重は実にうまい。

水生植物園は、拡がる水田の果てに与田浦に接してある。それなりの人出である。今日は菖蒲、アヤメ類が満開。水草共々、雨に濡れて美しい。写真をフィルム二本ほど撮り、その収穫に満足して帰る。

五　海と岩と砂——鵜原理想郷と平砂浦

海水浴場より房総半島先端方向を望む

まず、鵜原理想郷《うばら》について説明したい。外房線の鵜原駅で降りて海に向かい、隧道《トンネル》を二つ抜け、勝場港《かつばこう》という小さな漁港の手前を右に折れて狭い道を登る。この先は海に突き出た岩山になっている。この岩山は上空から見ると手芋形《ていもがた》をした岬である。つまり岩山が五指の形となり、指先といわず指間といわず、端はみな断崖になって海に落ち込んでいる。この断崖上からの景観は見事である。ここは大正の頃「鵜原理想郷」と名付けられ別荘分譲地として売り出された。こんな平地も無いようなところをどう別荘地にしようとしたか知らない。だいたい危ないこと、この上ない。私は、ずいぶん以前だが夕暮れ方にこの岬を廻ろうとしたら「転落すると命がないから行ってはいけない」と、道を聞いた地元の人に止められたことがある。いまは別荘らしき建物の跡が、いくらかあるだけで、全体として別荘地の気配はない。遊歩道脇の窪地に屋根らしきものが見えるのは、各地の学校の寮だそうだ。この探勝コースは三十分ほどで廻れる。

探勝コースに沿って小岬を幾つも巡り、道なりに下ると勝場港とは反対側の海水浴場に出る。海水浴場から前方(房総半島先端方向)を見ると「絶景」といってよい。遠く、いくつもの岬が重なり、その雄大さにおいて千葉県有数の景観と思える。

鵜原館（上方）と勝場港（左に岬が続く）

海水浴場には、わざわざ探勝コースを巡らなくても、勝場港と細く長い隧道で結ばれている。つまり手芋形の岬の手首の下に隧道が穿たれているのである。そして、この細まった手首の尾根上に建つのが、温泉宿鵜原館である。

よくこんなところに旅館を建てたと思う。旅館は前述の勝場港手前の探勝路入り口から登り、ごく短い隧道を二つ抜けたところの右手にある。岬を探勝する人は、右に折れずにそのまま進み、さらに少し長めの隧道を抜けて前進すればよい。実にこの岬の付け根はトンネルだらけなのである。岩盤は固く、刳《く》り抜いても崩れる心配がない。宿では「活き石」と言っている。

鵜原館には昭和九年に与謝野晶子が有島生馬ら錚々たる文化人と一緒にやって来て百首にものぼる歌を詠んでいる。第二次大戦中には軍に接収され人間魚雷基地になった。そして平成になってから温泉を掘り、温泉旅館となった。

館内に湯が三つある。一つは勝場港を見下ろすメインの浴場である。もう一つは、この大浴場の廊下を隔てた反対側にある「洞窟風呂」である。館内に露出している岩に穿たれた入り口の木戸を押すと脱衣所である。正面にも岩の壁があり、その一郭を刳り抜いて奥の浴室に通じている。

脱衣所も浴室も、壁、天井面ともに黒色に近い岩で、手ノミ跡が付いている。浴室の隅が掘り込まれて湯舟となり、その上方に明かり採りの窓が空いている。まことに珍しい浴室である。

脱衣場にこの不思議な浴室の説明板が掲げられている。

洞窟風呂の由来

第二次大戦のさなか、日本軍は当館を特殊潜航艇基地の兵舎に接収し人間魚雷の発進基地を眼下の勝場港周辺に建設した。その色や形から、俗に青がえるの名で呼ばれ、船先に爆弾をつけ、一人で敵艦船に体当たりするものであった。飛行機の特攻隊と同じである。

営業用とはいえ小さかった貯水槽を大勢の兵隊が、つるはしのみで掘り広げ、特攻部隊の飲料水等の確保のため大きくして使用していたものです。

爾来幾星霜……

平成五年超音波ミネラル温泉の洞窟風呂として蘇りました。

ごゆっくり入浴されて、日頃のお疲れをお愈し下さい。

戦時中、軍は周辺の漁港に人間魚雷の発進基地を建設したという――これを読んで、茨城県の五浦の海岸（岡倉天心が晩年に居を構えた）が、やはり戦時中、風船爆弾の基地になったことを思い出す。あそこも岩地で海に突き出しており、ここの地形によく似ている。両者は実際には二百キロくらい離れているが、目標がアメリカとなれば、ほとんど同地点といってよい。五浦は松の密集地であるが（そのために、きわめて東洋的な雰囲気になっている）、ここには高木がないところが両者の違いである。

ここは岩地で、かつては飲料水が得られなかった。それで貯水槽を作ったのであろう。その後、水道が引かれたに違いない。貯水槽は不要となった。ところが十数年前に温泉が掘られ、面白いからこの貯水槽を湯舟に利用しようということになったのであろう。私はふと、この飲料水も得られない岩山のどこに温泉を掘ったのだろうと不思議に思った。夕食後に布団を敷きに来た年配の従業員に聞くと、ずっと下方、漁港に行く道から、ここに登ってくる道の分岐点に温泉を汲み上げている小屋があるという。低温泉を引いてきて、温めて湯舟に注いでいるのだ。湯にはいくらか臭いがあり、いくらか塩気があるように思う。

さて、浴室がもう一つある。「トンネル風呂」である。旅館の母屋に続く脱衣小屋で裸になり、階段を幾段か下りて、これも手掘でようやく人一人が通れるほどの狭くて長い隧道を行った先にある。真っ裸で隧道を歩くなどめったにできない経験である。行き着く先は、やはり岩盤を刳り抜いた湯屋だが、先の洞窟風呂に比べるとずいぶんと開放的だ。前面一面がガラス窓で、先に説明した海水浴場方向に開かれている。

前述のごとく、海水浴場方向の景色はまことに見事である。海と空と遠くの岬群が望める。湯に漬かって、窓外を眺める気分は格別である。この旅館は岬の付け根の尾根上にあるので、母屋は勝場港に臨み、この湯屋は反対の海水浴場方向を向いている。先ほどの長いトンネルは尾根のすぐ下に掘られている。眺めのよい浴室を作るために、わざわざトンネルを掘ったということもなかろう。何かのために掘った隧道の二次利用と考えられるが、なんのために掘ったものか類推しようがない。あとで宿の人に聞くと、このトンネル風呂もかつての水溜場だそうだ。ずっと前からあって、トンネルも前からあったのを、狭かったので掘り広げて風呂への通路にしたとのこと。

さて、旅館のパンフレットを見ると、ここにはもう一つ、貸し切り露天風呂に抜ける隧道があるらしい。さらに私設の隧道があって、直に東方の海水浴場に通じているとのこと。ここは、もうトンネルだらけだ。

それにしても、この旅館を温泉旅館にしたことを賞賛したい。温泉がなければ、単なる海に臨む宿屋というのに過ぎない。海水浴シーズン以外は閑古鳥が鳴こう。しかし、温泉を掘り、面白い浴室を作ったことで、まことに風変わりな観光スポットとなった。

食卓に海の幸が並ぶ。食べきれないほど出すというのでなく、全体に品があってよい。

ここからの帰路はいろいろあるのだが、たいがい房総半島を海岸沿いにぐるっと回り、館山自動車道の始発点より高速に乗ることが多い。ある時の帰路、このルート上で写真に撮りたいところがあった。半島の先っぽの布良を過ぎてから左に折れた道は平砂浦《へいさうら》——弓なりになった長くて

平砂浦の砂場

美しい砂浜——に沿う。いつだったか、ここでサンドスキーができるほどの砂が堆積した場所をテレビで映していた。私は、この道を何回か通りながら、その存在を知らなかった。私は砂が大好きだ。砂丘ならぜひ実見したい。そして写真に収めたい。そこで、この道路に入ってすぐの南房パラダイスに車を入れて、従業員のおばさんに聞いてみる。それなら少し先の館山カントリークラブの裏手だと教わる。そこで館山カントリークラブに付属する立派なホテル（館山グランドホテル）のロビーに行って尋ねると、このすぐ裏手だという、ただし本式の砂場は、その先、山を越えた裏側だとのこと。それで、ここの駐車場に車を止めて行ってみると、なるほど山の一角が開けて砂が堆積している。それではと、教えられた通りに山を越えることにする。砂の急坂を歩くのはちょっと嫌なので脇道（ただし道があるわけではない）を行くことにする。てっぺんの方は岩が露出していて低い木がまばらに生えている。木につかまりながら、それを越え、林の中を下りてゆくとなるほど砂場が見えてくる。特に表側より豪華というわけではない。大したことは無いなと思いながらも、せっかくなので幾枚か写真に収める。

それにしても、なぜここだけ砂が堆積したのか。砂は平砂浦から吹き上げられたのだろうと思われるが、海岸からは何百メートルも離れているし、周囲には無くてここだけが砂場というのが、どうも解せない。もしかしたら、この砂の下は岩盤で、木が生えなかったので砂が堆積したのかもしれない。それにしてもサンドスキーをするたって、こんなリフトもなく道も無いところで、どう遊ぶのだ。理解不能だ。さて、帰ろうということになったが、先ほどの岩場を下るのは気がすすまない。別の道を行こう（と言ってもちろん道があるわけではないが）。

木々をかき分けて登り、続いて下るのだが、この道なき下りは私にとってはジャングルかと思われる。木につかまっては下り、滑っては何度も斜面に寝転ぶことになる。方向としてはよいはずだが、どこにいるのかよく分からない。「こんなところで遭難するのは嫌だなあ」と考えたりする。

やがて小さな沢に出る。水深は脛くらいまでである。この沢を下流方向に向かって行けばいいだろうと考え、靴のまま水の中をじゃぶじゃぶ行くとようやく道に出、それから山間の畑に出る。これで安心だ。

丁字路に出たのでホテルに至る道を聞こうと、ちょうどやってきた軽自動車を止めようとするが、たぶん私の風体に恐れをなしたらしいお姉さんが止まらない。人が難儀をしているのにけしからん、この人にバチが当たりますように。まあ、仕方がないのだろう、私は泥だらけなのだ。そして髪振り乱し、膝から下は水浸しだ。

しばらくして、やはり軽でやってきたおばさんが止まり、「どうしたんですか」と何か異常なことが起きたにちがいないといった顔つきである。そこで経緯を話すと送るから乗れという。先ほどの方とは大違いな対応である。

さらに軽トラのおじさんが来合わせ（ここいら辺の人はみな顔見知りなのだ）事情を聴くと自分が送ってやろうと言う。ここいらの人は約一名を除いて、みな親切なのだ。おばさんは、いいからと言って断り、この哀れな落とし物を無事ホテルの駐車場まで届けてくれた。

六　茨城の海

千葉県の九十九里浜と茨城県の鹿島灘《かしまなだ》を分かつ犬吠埼《いぬぼうざき》は実に風光明媚な処である。私の好みによほど合うらしく幾度も訪れている。ここから太平洋沿岸を北上して次なる名勝が大洗であり、さらに北上して鵜の岬、それから五浦《いづら》、さらに北上しての名所が松島であると愚考する（ただし福島県の海岸はほとんど見ていない）。

銚子のすぐ北、茨城県の海岸の南半分を占める鹿島灘は、私見によるとまことに面白くない海岸である。一番南の波崎《はさき》辺りは、かつては砂丘で有名であったようだが今は砂浜が痩せ、見る影がない。

私はある時、水戸の少し南の岩間に早朝の用事があったので、その前夜に付近で泊まってやろ

大洗海岸

うと地図を見て検討し、大洗が妥当であるとして手頃な値段のプチホテル魚来庵《ぎょらいあん》に予約を入れた。前日の昼を過ぎてから家を出て、常磐道から北関東道に入って終点まで行く。終点は阿字ヶ浦《あじがうら》（大洗より少し先である）で、今度は戻る格好で海を左手に見て戻り（ここらは海水浴によさそうな砂浜が続いている）、やがて岬（磯崎）に至る。この辺りの風光がなかなか優れている。岬を回り終えたところが那珂湊《なかみなと》の町で、そこから那珂川の橋を渡ったところで海側に折れると大洗の海岸だ。ここに来るのは三十五年ぶりである。吃驚したのは、そこが私が知っているかつての大洗そのままであったことである。白砂青松というのはこういう風景をいうのだろう。

実は私は十数年前に、大洗経由で鹿島灘を南下した時、大洗の海岸のあまりの変容ぶりに仰天させられたのだが、その時見たのは、ここいらより四キロほど南で、新しく開発された大洗港の周辺であった。私はそこが昔の大洗だと思って大いに嘆いたものだが、実は私が求める大洗海岸はその北に昔どおりの姿で残っていた。昔と違うのは、路地みたいだった路が立派な車道になったことと、木造二階建て、瓦葺き、下見板張りの旅館群が、一様に高層の鉄筋コンクリート建てに変わったことである。

宿泊する宿は大洗磯前神社の鳥居前である。私はチェックインの前にカメラを持って海岸に出てみた。小さな岩場（神磯の鳥居が立っている）、急角度に海に入る玉石《たまいし》の浜、遠くの松林――実に美しく懐かしい。

魚来庵は本当に海岸縁《べり》に建っている。どの部屋からも太平洋が一望できる。暮れ方、一階の食事処で夕食を摂っていると、はるか水平線上に二艘の船が見える。漁船ではない。大きな船である。女将さんに何かと聞くと、女将さんはやおら大きな双眼鏡を取り出してきて覗き、一艘は日立港に入る外国船籍の貨物船で、もう一艘は北海道から帰ってきたフェリーが、出航するフェリーと入れ替わるために時間待ちをしているのだという。この宿は台風時が大変で、いつかの大台風時には眼前の大きなガラスが割れるのではないかと思われるほど内側に脹らんだそうだ。また、津波が来たことがあり、水は道路反対側の神社下まで押し寄せ、その時、打ち上げられた魚を捕まえようと表に出たら消防署員に叱られたとのこと。この宿の料理は価格相応である。館内の作りは簡素、湯は温泉ではない。部屋から眺める日の出が美しい。

「奥座敷」という言葉があるが、大洗は水戸の「前座敷」なのだろう。昔は色町があって、そこで磯節が生まれた。

〽水戸を離れて東へ三里　波の花ちる大洗……

かつては今にも増して雰囲気のある処だったろう。

私は茨城県の海岸の北の方――南中郷《みなみなかごう》（磯原の一つ南のＪＲの駅）と福島県の四倉《よつくら》漁港（塩屋崎の十二キロ北）との間――は車に乗ったり、歩いたりして今までに大体見ているので、ある時、まだ未見のひたち海浜公園と鵜の岬間を見学してやろうと思い立った。鵜の岬には、いつも混んでいるので有名な国民宿舎がある。丁度よいので泊まってやろうと電話すると、五月から九月までは満室ですとの答えであった（ウィークデイもである）――すごい。

実は茨城の海というと私は雨に煙る松林越しの海を期待する。といっても、今では松林の海岸がそれほど多いわけではないし、この日は梅雨っぽいとはいえ晴れている。

北関東道の終点から国道二四五号を北上する。国道が海岸に近づくと、私は海に向かう枝道に入って行く。そうした路は少し海岸縁を走ると自然とまた元の国道に合流するのであった。そのようなことを繰り返して進んだが、私が求める松の風景にお目にかかれたのは、やはり鵜の岬に近づいた辺りである。岬の一帯は海に突き出した岩山に黒松が配され、私がもっとも美しいとする五浦（ここの北方二十キロ）の景色に似ている。ここは既に関東平野ではない。阿武隈《あぶくま》高地が海に迫り、その一部が海に突入して岩の岬を形成している。景色は実によい。鵜の生息地でもあり、海岸下の岩山に鵜が憩っているのが見える。鵜の岬の北は目路の限り砂浜が続いている。なんと美しい海だ。有名な国民宿舎が鵜の岬を独占しているといってよい。ここは温泉も湧いている。人気があるはずだ。私もいつか泊まってやろう。

ここから十キロ北の南中郷から大津港までの海岸はかつて歩いたことがある。特に磯原、大津港間がよい。海鵜の棲息地として知られている。ゆったりした浜と静かな陽光を堪能することができる。

大津港から先が岬になっていて突端が五浦である。私は学生時代に岡倉天心（明治の美術界の指導者）の『茶の本』を読んで強い衝撃を受けた。——天心の見識と詩精神。そして、その波瀾とロマンに満ちた人生。まさに文化の領域の英雄といってよい。私は若い頃よく、天心が晩年の本拠地にした（門人の横山大観、下村観山、菱田春草なども共に住んだ）五浦を訪れた。

黒松の巨木が繁る岩地——そのまま日本画になりそうな純東洋的景観である。天心は屋敷の前の、海に突き出た岩頭に書斎兼瞑想処としての「六角堂」（夢殿を模したというが、実際は粗末な小屋である）を建てた。ここは波の音が半端ではない。私にとってはうるさいほどである。ただしこの音は天心の燃えるような意欲には均衡していたはずである。

この先がアンコウで有名な平潟《ひらかた》港（茨城県北端）で、私は五浦から平潟に至る車道から見下ろせる浜（長浜海岸）が好きで、五浦訪問の後はよく歩いた。浜を見下ろす食堂で食事を済ますとタクシーを呼んでもらった。行き先はいつも、ここから五キロほど山に入った湯ノ網鉱泉小泉屋である。ここの建物は、長い縁側と木の雨戸という本当に昔ながらの日本家屋である。私のお気に入りは若き日の尾崎士郎が逗留したという離れ座敷である。宿のおばさんはまだ元気にしているだろうか。最後に泊まってから、もう四半世紀になる（小泉屋はかなり前から営業をやめている由）。

七　鉱泉宿——横川鉱泉

常陸太田から茨城街道を北上する。山に囲まれているとはいえ、平地を行くなんとも長閑《のどか》な街道である。実はこの街道の西を、この街道と平行に大宮から袋田温泉に向かう道は、平和な山村を繋いで、さらに趣深く、私のお気に入りの道である。

横川鉱泉

三〇分も走り、折橋《おりはし》の交差点を右折すると民家が幾軒か見える。その辺りが目指す横川鉱泉である。山に入ってゆく始まりのようなところだ。道路沿いの渓流を渡った台地に茅葺きの二階屋が建っている。巴屋旅館の母屋である。母屋の左脇が風呂場棟、右側に母屋と直角に客棟が繋がっている。母屋の前は農家の庭風の空き地である。母屋中央の入り口を入ると、大きな土間になっている（今では床が張ってある）。正面奥に囲炉裏があり、その右手は座敷に

巴屋旅館の母屋

なっていて家人の居住部分である。囲炉裏と居住部分との間に大黒柱がある。囲炉裏の上は天井が無く、屋根裏が見えている。つまりここだけが吹き抜けで、それ以外は天井が張ってあって、二階になっている。二階は全部かつての客室である。囲炉裏の奥は今も現役の調理場になっている。現在ではこの母屋から直角に繋がる客棟に専用玄関があり、客はそちらから出入りしている。母屋は、今では客棟から風呂場に行くときの通り道になっている。

外から母屋を見上げると、茅葺き屋根がかなり傷んでいる。下の竹の骨組みが一部見えるほどである。女将さんに聞くと「葺き替えをしてくれる人がいなくて」と言う。近頃、囲炉裏に火を入れていないことも影響しているらしい。燻《いぶ》さないと萱が弱るのである。それに虫も付くらしく、それをカラスがつつくのでよけい酷くなるのだという。

客棟の玄関を入ると、そこは簡単な応接空間になっている。帳場などない。応接空間の右脇が階段で、その右が宴会用の広間である。階段を上がると両側に客室が並んでいる。二階の廊下を歩くと、なにやらふわふわする。客棟もかなり傷んでいる。通された客室は六畳である。本当にただの六畳。押入れが付いているだけで、洋服ダンスも縁側もない。テレビだけはあるが、金庫もないし、電話もない。鉱泉宿なのに手ぬぐい掛けも置いていない。部屋の窓から覗くと、前庭と、渓流越しにアスファルト道と山の斜面が見える。ここは山でも里でも街でもない。なんとも興趣に欠ける立地である。

さて、ひと風呂浴びに行こうと思うが、この部屋には鍵がない。実はあるにはあるのだが、内から掛ける専用らしい。だいたい部屋の鍵など渡されていない。これについて異議を唱えようなどという気は更々起きない。ここは、そういう宿ではないのだ。どうしても鍵を掛けたいと思ったとしたら、かえって不自然だろう。階段を降り、母屋を通って風呂場に行く。小さめの湯舟に蛇口より湯が滴り落ちている。多少加熱されているらしいがかなりぬるい。

先に若いお父さんと三、四歳だろうか、男の子と女の子の兄妹が入っている。先ほど若い方の女将さんが、お母さんが一緒に来ていないのを不信がっていた。子供に聞くと、お母さんは土浦とかに行ったと答えたそうだ。べつに不信でも何でもない。ここの宿は聞きもしないのに、他の客の説明をしてくれる。

父子が出て行くと、入れ替わりに、やせ形の年輩者が入ってきた。窓の湯気を拭いて外を覗き、また曇ってきましたなと言う。野鳥の写真を撮りにここに通ってきているのだそうだ。今月は二度目だという。アマチュアとしては顔つき体つきに緊張感がある。プロですかと聞くと「まあ、高いレンズを買ってしまったもので」と答える。蛇口を開けて湯を出し「あっ、湧かしていない、気が利かねえ」と独り言を言う。この宿では源泉を温めて蛇口から出し、さら湯舟に溜まった湯の追い焚きができるようになっていて、リモコンで操作しているらしい。湯に多少の濁りがあり、いくらか硫黄臭がする。入っていると肌がぬるぬるしてくる。宿ではいろいろ効能を宣伝しているが、もしかしたら本当に効き目があるのかもしれない。何しろ、何の変哲もない土地に湧く微温湯が平安時代頃より入られ続けてきたというのは尋常のことではない。

五時半くらいになると、少し早いですがといって女将さんが夕食を運んでくる。ここでは、子供夫婦や孫も手伝ってはいるが、いくらか腰の曲がったこの女将さんが全てを取り仕切り何でもやっている。この女将さんを見ていると刀自《とじ》という古い言葉を思い出す。

不思議なことに鉱泉宿には、ここと似ているところが幾つもある。千葉県の先っぽの山中に湧く曽呂《そろ》温泉がそうである。畑のはずれにある一軒家で、元気なおばあさんが一人で取り仕切っている。そこは家族はいないようで、使用人がいる。縁があって三度ほど訪れている。平和な里のいで湯である。仁右衛門島に近く、サーファーが帰りがけに立ち寄って入っていったりしている。もうひとつ似ている宿は「五浦付近」の項で紹介した湯ノ網鉱泉小泉屋である。こちらも元気なおばあさんが取り仕切っている（いまは曽呂温泉は閉館している由。小泉屋も同）。

燗をした酒を二本注文する。ごく近くの醸造所の酒とのことだがまずくない。ここは、かなりの低料金のはずであるが、ちゃんとした食べ物が出る。食事が済んで室外に出ると、階下で何やら音がする。ちょうど部屋から出てきた痩せがたの老人に、カラオケですかと声を掛けると、困ったものだという様子で「カラオケですな」と答える。夕方より車が何台も庭に着いて女性らが降りていた。同窓会か会社の宴会でもあるらしい。本当の地元人は一人だと先ほど女将さんが説明していた。

カラオケがいよいよ本格的となる。私は、床につく前に、もうひと風呂浴びようと階下に下りてゆくと、先ほどの老人が車から取ってきたのだろう、書物を数冊抱えて玄関より入ってくるのに出会う。この老人は引退した学者か郷土史家といったところであろう。かつて教育委員会で郷土史を編む仕事をしていたといった風情である。

今度は湯が熱い、見ると追い焚き釜が作動している。よくかき回して入る。丁度よい湯加減である。この度は誰も入ってこない。

湯から出て客棟に戻り、階段を上がったところで女将さんに会う。「どうもすいません、カラオケが始まって。いつまで続くのかと聞かれたので、九時頃には終わると思いますけどと答えたんですが」とすまなそうである。「いや、いいですよ」と答える。まあ、田舎の宿といったらこんなものだ。九時に終わるなんてのも当てにはなるまい。

それにしてもカラオケは階下から筒抜けである。カラオケといえば会社の若い女の子たちと飲んだ後にカラオケボックスに行くことがある。私はカラオケが好きというわけではないが、あれは酔いさましに適している。悪酔い防止になる。唄を歌うというのはよい運動になるのだろう。歌ったり踊ったりするのは人間が生きる上で、きっと必要なことなのだ。

ただ若い女の子らとカラオケに行って不満なのは彼女らが横文字の唄ばかり歌うことである。

そういう歌は私にとって、歌詞も面白くなければ、メロディもリズムもほとんど共感できない。聞いていても退屈なだけである。私の観察するところ歌における彼女らとの接点は、かろうじてテレサ・テンである。彼女らもよく歌うし、私にも理解できる。まあ、そうはいってもカラオケは歌謡曲に限る。本日の階下の歌は、みな私に理解できる。つまり今夜の宴会人の年齢層は低くないのだ。面白いもので人間が愛して歌う歌は彼ら彼女らの青春時代に流行り、自ら歌った歌なのだ。女性らの集まりだと思っていたら男の声もする。

カラオケは私の予想に反して九時十五分くらいになるとお終いになる。まずは目出たい、快い眠りにつく。

朝、目が覚めると湯に入りに行く。湯舟から窓の外を見ていると、目の前の国道をＲＶ車が通り過ぎる。む、運転しているのは確かに昨夜のカメラマン氏である。

朝食を終え、出しなに勘定をする。ここの料金は、お酒二本の料金と消費税を入れて七千五百六十円である。うーん、安い。私が、ここ数年の間（あるいは十年間か）に泊まった宿で一番の安さである。ここに着いた最初は何やら面白くもおかしくもない宿に着いたと思ったが、一夜を過ごし料金を払う段になると、なんとも良い宿と思えてくる。これなら、また訪ねてきてもよい。

ここは本来の姿を残した鉱泉宿と思う。低温なので湧いたままでは使えない湯。薪を燃やして少量の湯をこさえ、地元の人たちで慎ましく入る。華やかな高温泉に較べると、何やら地味で、ひっそりとしていて、いくらかもの悲しい。宿も貧相で、食事も貧しく、料金も安い。そのかわり気が置けず、訪ねれば暖かく迎えてくれる。ここは、そうした宿なのだ。背伸びして温泉宿みたいになった鉱泉宿が多いが、私は鉱泉宿には鉱泉宿の個性と宿命があると思う。私は巴屋旅館のありようを肯定する。現在の温泉法では泉温が低くても、規定の物質さえ含んでいれば「温泉」である。だから横川の湯も立派な温泉なのだが、巴屋ではわざわざ「横川鉱泉」と標示している。まず、この構えが立派だと思う。

支払いを済まして宿を出ると、すぐ上にある下滝という滝を見に行く。上流に上滝があるのだろうか。もしかしたらあるのかもしれない。下滝は国道の脇にあって専用の駐車場ができている。小振りながらよい滝だ。

八　紅葉の渓谷を訪ねて――母畑温泉、塩原の散歩路

秋になると、毎年紅葉の写真を撮りにゆく。この年はいろいろ立て込んでいて、ずっと出掛けられずにいたのだが、もう紅葉の時機を逸しようとしている。数日来、シベリアから寒気が流れ込み、日本海側や山間部は、いつもより早い雪になっているという。それで、この機を逃してはならじと、なんとか用を済ませた日曜日（十一月十日）、福島方面に向けて出発する。

まずは、少し以前に車で通り過ぎて、ちらっと見た茨城県の花貫《はなぬき》渓谷がよさそうなので、この度は遊歩道を歩くことにする。常磐自動車道を高萩《たかはぎ》で下り、いくらか内陸に入ったところにある。紅葉の盛期で、さすがに観光客で混み合っている。

再び乗車すると郡山に向かって国道をひたすら北上させる。福島県に入ると遠く高山も見え、茨城県内とは少し景色が変わる。この道は、福島県内に入ると水郡《すいぐん》線と併走している。時たま二両編成のおもちゃのような電車が走っているのが遠望できる。実は今日は白河の東方にある母畑《ぼばた》温泉に泊まろうとしている。母畑温泉には、もう四十年以上前に友人と一緒に訪ねたことがある。五月の連休時であった。水戸で水郡線に乗り換え、いい加減乗り疲れた頃に石川駅に着いた。あの時は杉の山の中をどんどん進んだように思ったが、どうも記憶とは違って電車は開けたところを走っている。実は私は母畑温泉を目指したというより、この、むかし通った水郡線の車窓からの風景を懐かしみ、この度は車で走ってみようと思ったのである（記憶に残っていたのは茨城県内の景色だったようだ）。石川の町に入り、さらに温泉街を目指す。道脇の所々に雪が残っている。今回は紅葉を求めてやってきているので、この地より北には行かない方がよいようである。

母畑温泉は全国区の温泉というわけにはゆかない。しかも沸かし湯である。今夜泊まることにしているのは「母畑元湯」である。温泉旅館を紹介したマイナーな本に、この宿の風呂場の写真が掲載されていて、その古風さと単純さがなんともよい。タイルの床に小判型の湯舟が穿たれている。この写真を見て気に入ったので、泊まりたいむね宿に電話を入れると、主人が出て、よろしいが、それで何泊かと聞く。もちろん私は一泊だと答える（この宿では一泊しかしない客などいないのだ）。するとさらに、ここは初めてかと聞く。そうだと答えると、うちは湯治旅館で、風呂に入って、ただくつろいでもらうだけだがよろしいかと念を押される。私は、それで結構と応える。

旅館は木造三階建て、切り通し脇で道路より一段高いところに建っている。玄関から腰が曲がった老人が出たり入ったりしている。逗留している人たちだろう、まことに湯治宿である。三階の、階段を上がったところの六畳間に案内される。部屋には押入れがなく、寝布団が隅に積まれている。電話もない。本日は冷えそうだが暖房（部屋を暖める）設備といったものはない、電気こたつがあるだけである。窓からうら寂れた温泉街の家々の屋根が見える。

風呂場は写真にあったとおりなかなかよい。風呂から上がり入室する際に隣室のお婆さんと顔を合わせたので言葉を交わす。一人で四～五日逗留していて、明朝娘さんが迎えに来るのだそうだ。

午後五時になると夕食が運ばれてくる。見ると、お櫃《ひつ》を別にすると一つの膳《ぜん》に納まる量である。私は、この膳を前にしてしばし考え込んだ。この膳は私が普段食している夕食より特に豪華ということはない。ここが旅館だと思えば、貧しいほどである。しかし、この食事は生存を保つ上で十分な栄養と品数を揃えている。この食事は、あまり元気ともいえず、特に運動もせずに長逗留する老人が生存できるということを目的に作られているのだ。また、食費を安く抑えることも、

箒川

この宿の重要な仕事だろう。だいたい普段の私が贅沢をしすぎている。現代人が日常腹を減らしていないというのも基本的に間違いだろう。むかし、私の尊敬する内科医の吉田寿三郎先生が言ったものだ。

「動物というのは腹が空きだしてから餌を探しに出掛ける。それで空腹には耐えられるように出来ているが、飽食に耐える訓練は出来ていない」

　まことに至言である。文明国の現代人は生物として間違えた生活を常態としている。我々はもっと簡素で、質素で、慎ましい生活に戻らねばならない。膳を前に私はしばし、そのように愚考し、おもむろに酒を飲み始めた。

　翌日は北上するのを止めて塩原の渓谷を訪ねることにする。まずは塩原温泉郷《しおばらおんせんきょう》の入り口の紅葉谷《もみじだに》大吊り橋を訪れる。ここは塩原に来た人なら誰もが立ち寄るようなところであるが、私にとっては見る価値がほとんど無い。写真にもならない。近代的な大きな吊り橋が架かっているだけである。こういうのが、おおよそ「観光名所」といわれるものの実体だろう。それから、この少し上流に掛かる回顧《みかえり》の吊り橋まで車を進め下車すると、いよいよ山道を歩き始める。塩原温泉郷は箒川《ほうきがわ》に沿ってとぎれとぎれに続く温泉宿群の総称である。川に沿った遊歩道ができている。遊歩道の上《かみ》半分はかつて歩いたことがあるので、今回は下の半分に挑戦しようというわけである。

この遊歩道は私の解釈によると家族向け散歩コースのはずであったが、なんとしたことか進むと山登りの路になった。私は平地を愛する人間で、普段から坂道を嫌悪している。しかも路は渓流からどんどん離れて行く。さらに悪いことに針葉樹の森で、肝心な紅葉が無い。山の上方に至るとなんと雪が堆積しているではないか。わがバックスキンの靴は透水してグジョグジョである。歩いては休み、歩いては休みしながら進む。普段、階段など上らないせいもあって実にしんどい。なんという不運か。少しオーバーなことに「汝が性《さが》のつたなきをなけ」という「野ざらし紀行」の一節（富士川の河原で、泣いている捨て子を見過ごした時の芭蕉の言葉）を思いだす。それでも、コースの後半になると、下りとなり、落葉樹もぼちぼち見えだして私の不機嫌もいくらかやわらぐ。約二時間ほど歩いて、このコースの終点の留春の滝に至る。

結局のところ、それなりに好ましいコースであった。帰りは歩道がないアスファルト道路（湯の香《か》ライン）をいくらか危険を感じながら出発の駐車地点まで戻る。

古町《ふるまち》は塩原温泉郷で唯一の街というべきところで温泉気分も一段と濃い。昨夜、ここの上会津《かみあいず》屋《や》に電話を入れると、この時期にかかわらず一部屋空いていて（ただし眺望のない部屋と言われた）予約することが出来た。入館してホール前方を見ると、大きなガラス越しに箒川対岸の紅葉群がまことに見事である。ここは紅葉を眺める宿なのだ。川側の部屋なら、部屋にいながらに紅葉狩りが出来よう。渓流と反対側の私の部屋からは、山を背にした高層の旅館群が見え、それぞれに白い湯気を立ちのぼらせている。

明日は日塩《にちえん》もみじラインを山越えして鬼怒川の竜王峡を訪ねよう。

九　イリュージョンは商売になる

湯西川《ゆにしがわ》温泉——ここはまたなんと山奥だろう。五十里湖《いかりこ》より車は湯西川（鬼怒川の支流）をさかのぼってゆく。五十里湖から十キロの間、湖拡張のために今は廃村になっている小さな集落の他ほとんど人家らしい人家がない（ただし近年では、昔の道と違う立派な道路（バイパス）が作られて、かつての山奥イメージがかなり薄らいでいる）。日本は山国だから山深い地は、いたるところにあろうが、湯西川の里が驚異なのは山深いところに孤島のようにしてありながら、大繁盛している観光スポットである点である。旅館の数は十三軒くらいか。ここはけっして景勝地とはいえない。関東のどん詰まりの単なる山中である。よい温泉であるとしても、特筆すべき湯と

天鏡閣より猪苗代湖を望む

会津三島町冬景色

葡萄蔓を編む（三島町　栗城さん宅）

羽黒山の石段

黒川能

三内丸山遺跡

十和田湖

小樽

北海道大学構内

も思えない。ここは、ほんのちょっとした理由で売れてしまった温泉地なのである。

ご承知のように、温泉に加えての、あるいは温泉に先立つ売りは「平家落人部落《おちうど》」である。町のはずれに「平家の里（かつての家屋や生活や歴史を紹介する野外展示場）」ができている。どこの旅館も、夕食は囲炉裏を囲んでの「落人料理」と決まっている。その他、「平家」あるいは「落人」の名がつく施設、旅館、料理、土産品のオンパレードだ。宿泊客を平家の里で一夜を過ごしたような気分にさせる趣向である。

実はこのイリュージョンこそ何よりの馳走なのである。そのためには、山深く不便なところに位置していなくては話にならない。人間というのは、実はイリュージョンを求めて旅に出るのかもしれない。

湯西川温泉

平家部落というのは日本の各所にあるが、どうも信用ならない。平家部落は、かつて落ち武者（平家とは関係がない）が流れ着いた事実があって、それに全国的に行われた「平家語り」が結びついて誕生したらしい。湯西川は落人伝説を見事に観光資源化してしまっているのである。

二十年ほど前にここの一番の老舗「本家伴久《ばんきゅう》」に会社の仲間と来て泊まったことがある。華やかなよい宿である。今回は、もう少し安そうなKホテルに連絡した。仲間五人で泊まるから——と交渉して、一人一泊一万五千円にしてもらう。それでも、山奥の温泉としては安い方ではない。湯西川は現在では珍しく、高料金が取れる温泉場なのである。

Kホテルは高層のビルである。裏が湯西川で部屋から見下ろせる。変化に富んだ美しい谷川だ。眼前に川向こうの山が迫っている。浴場が沢山ある。ホテルの敷地内に源泉があるということだが、いずれの湯船に流れ込む湯も流れ出てゆかない。循環させているのであろう。夕食処は例によって囲炉裏の間である。美味い、まずいは別としていろいろ沢山出る。仲間と来てガヤガヤやるには丁度よい温泉場である。ただし一人旅行者にはまったく向かない。

実をいうと、ここから一山越えた福島県側の檜枝岐《ひのえまた》村の方が、ずっとオーソライズされた平家部落である。全国的に言って、宮崎県の椎原、熊本県の五箇庄、徳島県の祖谷《いや》山、岐阜県白川郷、新潟県秋山郷、そして福島県檜枝岐が平家伝説の地とされる（『世界大百科事典』平凡社）。檜枝岐は湯西川温泉から一山越えたところにあるのだが、通常ルートをとると会津高原、舘岩村《たていわむら》経由で大回りするので、ここからは二時間以上かかる。

舘岩村を過ぎ、沼田街道にぶつかって左に進むと両側にだんだん山が迫ってくる。檜枝岐は温泉旅館が数多く建ち、山中に一つの街を形成している。旅館「ひのえまた」の風呂場で一緒に入っていた客が窓外を眺めて、「どこが秘湯だろう」と呟いた（この宿の玄関に「日本秘湯を守る会」の提灯が下がっている）。一時代前ならともかく、現在においては全国有数の豪雪地帯で、東京から遠いという点を除けば、秘湯に相応しい理由は見当たらない。この村が知られるのは、平家落人伝説の地としてであり、この村に残る檜枝岐歌舞伎であり、また尾瀬に行く際の基地としてである(私がやって来た道の少し先が尾瀬への北側の入り口になっている。入り口を無視して真っ直ぐ行けば奥只見湖があり、さらに新潟県の小出に出る)。この村では星、平野、橘の姓が古く、このうちの平野姓が落人の子孫であるという。しかし、この地は湯西川のように「平家」を売りにしていない。その理由は、先ほどの「どこが秘湯か」の客の一語に尽くされる。山奥の印象と行き止まりの印象と隠れ住んでいる印象がなければ「平家落人部落」にはならないのである。そこで、ここの（この宿の）料理は落人料理ならぬ山人《やもーど》料理である。この地は昔より蕎麦を主食にし、山で働く人はそば粉、酒、味噌、塩を持って山に入り、食材を山で採取して料理したのだという。これが山人料理である。歴史民俗資料館内には、ここの人が山で泊まり込んで杓子やヘラを作った小屋（ムコウジロ小屋）が復元展示されている。旅館の山人料理は、蕎麦料理とキノコ料理のオンパレードといえる。私が泊まったのは、ちょうど新蕎麦の季節で、女将さんの「まず汁をつけずに食べよ」の言に従って食べてみると、彼女の言う通り十割蕎麦がそこはかとなく甘い。キノコ料理は、知っているキノコと知らないキノコがいろいろ調理されている（ただし松茸はない）。また、ここの食事で感心したのは岩魚の塩焼きが焼きたての熱々で運ばれてきたことである。岩魚は各所で出されるが温泉旅館では、こういう例は少ない。さらに蕎麦の実を煎って淹れる蕎麦茶が美味である。

温泉の発見は新しいようだが、湯量は豊富で、村の全戸に配られているそうだ。無色無臭で口に含むといくらかの塩味がある。まことによく温まる湯である。

ここに泊まった翌朝、檜枝岐歌舞伎の舞台を見に行く。檜枝岐歌舞伎は、かつては全国いたるところで行われていた田舎歌舞伎のうち、現在も行われている珍しい例である。舞台を一見して驚いたのは山の斜面を利用した観客席が「これはローマの円形劇場ではないか」と思えることである。茅葺きの常設劇場に常設観覧席が付帯している。神に奉納する演劇で、今は年三回の上演である。

村の中央にある資料館を訪ねる。係のお嬢さんに檜枝岐歌舞伎のビデオをかけてもらう。二〇分ほど。村民で組織された一座が熱演する。「下手は下手なりに」の座長の言葉が耳に残る。その後、村を貫通する道（檜枝岐は山間の細長い町で中央を道路が貫通している）を散歩。戦後大火があったということで古い民家は見当たらない。道路に沿って断続的に墓所と板倉が並んでいる。道路に面して墓が並ぶのは珍しい光景である。

檜枝岐の六地蔵

凶年の年に餓死者を出し、赤ん坊が間引きされたのを弔って作られたという六地蔵が、帽子を被され、華やかな衣装を着せられ、個々に花が供えられているのが、観光的な意味があるのかもしれないが、今でも大切に祀られているようで、まことに有り難く感じられる。実は後のことだが、奥会津の地方出版社から出された冊子を見ていると、雪に埋もれたこの六地蔵の写真が掲載されていて、なんと綿入れを着せられ、やはり綿入れの帽子を被せられていた。石地が隠れるほどに丸まると着ぶくれた姿——危うく涙がこぼれそうになった。

ここに散見される板倉は板を横にして組んだ校倉《あぜくら》造りで、この地が古い古い土地であることを物語っている。村中央の道に火の見櫓がよく似合う。

檜枝岐村の火の見櫓

北日本編

一　縄文と湖と渓流

夏の終わりに、いつも数泊の旅行をしている。観光地が空いたところを狙っての夏休みである。今回は今まで訪れたことのない地に行ってみよう。まずはこの時期、北東北がよかろう。なんとも、清々しく涼しげなイメージがある。北の方は最近では、岩手県の平泉や宮城県の鳴子峡《なるこきょう》、秋田県の小安峡《おやすきょう》を訪ねている。まあ、その辺りまでは気軽に行けるのだ。ただ、その先となると車で行くのに決意が必要だ（私は写真を撮るので、機材をある程度運ぶ必要があり、また自由な移動を望むとなると、どうしても車で行くのが便利である）。運転というのは一面、労働なのである。

さて、少し長い旅といっても、制限が全くない身ではないので、北の観光名所をくまなく回るのは無理なこと、とりあえず、以前から行きたいと思っていた三内丸山《さんないまるやま》遺跡（青森市内）と奥入瀬《おいらせ》渓谷と十和田湖を目標とすることにする。津軽半島や恐山や三陸海岸にも行きたいが、またの機会にしよう。

花巻で一泊した翌朝、高速で北に向かう。前方に岩手山が聳えている。実は私は今度の旅で、

大湯の環状列石

岩手山も八甲田山も岩木山も初めて眼にする。今朝、高速道はガラ空きといってよい。安代《あしろ》で東北道が二手に分かれる。左の本線を行く。ここいら辺は山また山である。山頭火の「分け入っても分け入っても青い山」を思い出す。十和田インターで高速を降り十和田湖を目指す。

実は十和田湖に行く前に寄るところがある。大湯温泉の手前で道を左にそれる。坂道を少し行った台地上に有名な大湯の環状列石（ストーン・サークル）がある。縄文時代（約四〇〇〇年前）の遺跡である。環状列石は二か所あり、ともに多数の小規模の組石が二重の同心円状に並べられている。中でも「日時計」と呼ばれる組石が有名である。両環状列石の中心は冬至の日の出と夏至の日の入りを結ぶ線上に位置しているということである。基本的には太古における墓地であるらしい。私はこれを一見した時、むかし我が旧屋（明治時代築）を取り壊した跡に束石《つかいし》だけが並んでいた光景を思い出す。両者とも使われているのは川原石なのである。

それにしてもここは何とよいところなのだ。遠くに山並みが望め、何とも清々しい。縄文人は常によい地を選んで住み、また墓には特によい場所を選んだ。墓を高台の良地に据えるのは古墳時代も同じであり、また近世近代における村落でも同じである。

それから十和田湖に向かう。道を登り峠に出ると、いきなり眼下に十和田湖が見える。私が吃驚したのは曇り空の下の十和田湖が、林武が描く十和田湖と全く同じ色をしていることであった。彼は事実を無視して勝手に着色したわけではないのだ。林武は十和田湖を連作している。連作はみな同工異曲である。空も湖も暗い青色で、手前の樹の幹を真っ赤に塗っている。ここの、あまりにも寂しい空と山と湖を描くと、彼は樹の幹をマゼンタでギュと塗らざるをえなかったのだろう。そして、それが彼の好みに合って、彼はこの湖の連作をしたに違いない。

湖畔まで下りると車が止められる空き地があり、かつての桟橋らしき突堤があったので下車して歩いてみる。私は久しぶりに美しい水面を見た心地がして幾枚も写真を撮った。

湖を半周し有名な乙女の像も見物すると十和田湖も充分に味わえた気分になる。

昔、司葉子と加山雄三が主演し成瀬己喜男《みきお》監督が撮った「乱れ雲」という恋愛映画があって十和田湖が主要舞台になっていた。あれは、なかなかよい映画なのでテレビで放映されたらぜひご覧になるとよい。私としては十和田湖というと、この映画と林武の絵の印象が強い。優れた芸術作品はまことに偉大である。我々のイメージを作ってしまう。

次に、湖から流れ出る奥入瀬にはいる。ここは不思議な場所だ。川と歩道と車道がほとんど一体になっている。もちろん歩道と車道は別々になっているのだが、三者が隣接して走っているといってよい。この渓流のお終いの方、車が止められる石ケ戸《いしげど》に車を置いて少し歩く。いま来た道を戻る恰好である。今日、水量は豊富で、水は滔々と流れている。三〇分ほど歩いたが、あまり景色の変わり映えがしないので引き返す。

次は、前々から一度泊まってみたいと思っていた蔦《つた》温泉旅館に向かう。かつて仕事を手伝ってもらっていた大川さんは友人らと年に一度蔦温泉旅館に行っていた。東京から行くには、だいたい遠すぎる。それに温泉というならもっと近くによい温泉が沢山ある。それを毎年訪ねて行こうというのだからかなり魅力的なところに違いない。

温泉は奥入瀬を終えてから道を八甲田方面に取って少し上ったところにある。ブナの森の中の一軒宿である。前庭が広く、人気の宿らしく車がたくさん止まっている。少し早く着いたので入館する前に裏の散歩道を回ることにする。森の中にいくつもの沼があって、それを廻るようになっている。約一時間の散歩コース。上ったり下りたりするが、歩いているとまことに気持ちがよい。

宿の建物は大正七年の創建という。二階の廊下の幅が一間もあり、黒く光っている。襖を開けて室内に通される(踏み込みが無い。いきなり部屋である)。隣の部屋との間も襖に違いないと思ったが、こちらの方はちゃんと壁であった。六畳の部屋に一間の床の間と一間の床脇が付いている。違い棚は自然木をとって付けたようで原始的である。早速行った風呂もいかにも原始的である。木の床、木の壁、木の大湯舟である。源泉が湧出する上に板を敷き、板で囲って湯船としている。まだ時間が早いので、日帰りの人が沢山はいっている。無色無臭のよい湯だ。

大町桂月という明治大正期に活躍した紀行文作家が、この地を気に入りここに本籍を移し、この地に没している。こんな話は他に聞いたことがない。森も温泉も他に幾らでもある。なんでこ

三内丸山遺跡

の地なのだ。しかも、いくら天涯孤独だとて本籍を移すとは。先の大川氏といい、大町桂月といい、ここには何か余所にない人を惹きつけるものがあるのだろう。

夕食は、なんてことはない。今夜はゆっくり休めるだろう。

翌朝食事を済ますと早速出立する。八甲田山の脇を通り、酸ケ湯《すかゆ》温泉経由の一本道を青森に向かう。どんどん上ってからどんどん下る山の道である。まず目指すは、長年行ってみたかった三内丸山《さんないまるやま》遺跡（青森市郊外）である。

三内丸山遺跡は千五百年の間も続いたという縄文の大集落跡である。江戸時代からその存在は知られていたらしいが平成になって本格的に発掘調査が行われた。この調査により、新発見があり、縄文に対する認識が大いに変わり、また我々の縄文像が確定してしまったといってよい。

少し以前に江戸東京博物館でポンペイ展があった。私はこれを見てびっくりした。ポンペイはほとんど一瞬のうちに埋まったので、掘り返されると二千年前のローマ時代の生活がすっかり分かってしまったのである。まるでタイムカプセルである。三内丸山遺跡は日本のポンペイだろう。あるいはそれに近い存在だろう。まことに目出度い遺跡である。そして、ここも大湯の環状列石に似て何とよいところであろう。牧歌的な村である。ここなら私も住んでみたい。北東北のこれら遺跡を世界遺産にする活動がされている。実際に登録されるかどうかは別として、その価値は充分にあるように思われる（令和三年に世界遺産に登録された）。

大湯とここを見て感じたことは、両者とも死者を大切に扱っているということである。葬送こそ人間の特質ではないか。死者を葬るものこそ人間であり、また文明の基底ではないだろうか。

玉川温泉の岩盤浴用の小屋

二　療養浴の人々

玉川温泉は田沢湖の北方二十五キロ、八幡平《はちまんたい》の西隣にある。かつての会社の先輩が、仕事序でに地元のディーラー氏に案内されて訪ねた折りの、温泉場の豪壮な景観と、その時受けた感動を身振りを交えて語った姿が忘れられない。さらに度々テレビの旅番組で紹介され、その岩盤浴（熱せられた岩盤に寝て療養する）の情況を見るにおよんで一段と興味をかき立てられた。焼山の麓の広大な敷地の至るところから噴煙が上がり、また熱湯が噴出している。岩盤浴専用の小屋（屋根だけで壁はない）がいくつもあり、ある者は着衣のまま、あるものは裸になって筵の上で毛布を被って寝ている。実は宿の効用にうたっているわけではないのだが、岩盤浴は癌に効くということになっている。

ある時、私はここに早めに到着するとチェックインする前に、この荒々しい風景を写真に撮って廻った。岩盤浴場全体が一つの観光景観といってよい。実に面白いところに来た。

ここは日本のルルドであろう。ルルドはフランスのピレネー山麓の都市で十九世紀中頃にこの地のベルナデッドという少女が洞窟で聖母を目撃し（何回も）、少女が触れた岩から泉が湧き出し、その後この泉に浴する病人が癒される奇跡が続出した。いまは大霊場になっている。玉川温泉では、ルルドのように即座に直る奇跡は聞かないが、病を癒そうと全国から病者がひっきりなしに訪れている。

宿泊棟の方も大規模である。旅館部の他に自炊棟もある。私はここの旅館部に予約の電話を入れた時に相部屋なら八千なんぼですと言われて吃驚した。今どき相部屋の宿泊があるのか――こう問われたのは初めての経験である。もちろん相部屋の方は丁重にお断りした。部屋に通されると広さが四畳半、もちろんバス、トイレはなく、テレビさえない。専用のテレビ室があるので、そちらで観るように言われる。

内湯は総木造でそれは広い。中央に木の歩道ができていて両側にたくさんの湯舟が小分けされて並んでいる。源泉、五十パーセント源泉、熱湯、微温湯、寝て入る湯、蒸し湯、打たせ湯……。

ここは愉しんで入る湯ではなく、あくまで療養のために入る湯である。実際、漬かっていても、「へいい湯だな〜」という気分にはならない。目をつむり、まるで修行僧のようにして入っている人がいる。多分これが、ここの正しい入り方である。酸度がかなり高い。口に入れれば恐ろしく酸っぱいし、目に入れれば目を開けていられない。私が入った温泉では蔵王温泉と北海道の川湯温泉に並ぶ酸性度だと思うのだが、実はここが一番酸度が高いそうだ。旅館の指示によると、温泉から上がる時には必ず掛け湯をして温泉水を洗い落とし、湯中では身体を擦ってはいけないとしている。私は、かまうことなく打たせ湯で顔をゴシゴシ擦ったが、その結果は翌日以降に出、身体のあちこちが炎症し、顔の擦り傷などは五日間も消えなかった。

食事は食堂でのバイキングである。質は高いとはいえない。だいたい酒の肴にする類のおかずがない。一人で食事をしていると、ここでは一人で食事をしている人が多いことに気付く。老女が一人食事をしている姿はなんとなく哀れをもよおす。隣の年配者が話しかけてくる。この人は大阪のお菓子屋さんの主人（従業員が二十名で、いまは息子氏に社長業を譲っている）で、癌の疑いがあるというのでやって来て二週間泊の今日が一週間目だという。顔が艶々しているのでとても病人とは思えない、誤診ではないでしょうかと言うと嬉しそうだ。帰ったら別の権威ある病院で診てもらうようアドバイスすると、そうしましょうと同意する。毎日、岩盤浴をしているが、周りの人たちを見ていると、人間の生きる執着というのはすごいものだとつくづく思うと言う。それで「でも私達がこうして食事を摂るのも、若い者が女の子を追っかけるのもみな生きる執着

鹿教湯温泉街

でしょう」と私なりの感想を述べる。こういうところでは他人同士が話し合えるバイキング形式が悪くない。そういえば、ここでは客同士が廊下ですれ違うと挨拶する。みな戦友なのである。

話を信州の鹿教湯《かけゆ》に移そう。

鹿教湯は中風（中気）、高血圧の名湯として夙《つと》に名高い。設備の整った国立の温泉病院と温泉療養研究所がある。つまりこちらは、玉川温泉よりずっとオーソライズされた療養温泉地なのである。昔、脳溢血で倒れた土門拳が滞在し、この地で何点かの紅葉の傑作を撮っている。

私は幾度も訪れているが、行く時はいつも裏（青木村）の方から山越えをしてゆく。山の谷に食い込むようにして温泉街が形成されている。昔ながらの風情を保ったなんとよい温泉場——それが初めて訪れた時（平成十七年）の印象であった。その折りのことを記したい。

いづみや旅館は街のほぼ中心にある。文殊堂や薬師堂、その前にかかる屋根付きの五台橋など、この地の名所に向かう湯端通りの途中にある。館内の、なんとも中途半端な古び方が、この温泉場の宿屋らしくてよい。療養宿で（この地の宿のあらかたがそうだろう）何日も逗留している人が多いようだ。宿では「逗留さん」と呼んでいる。風呂場もなんとなく古めかしい。洗い場を這って移動している人がいる。見ると、片足が膝関節のところから無かった。

私は就寝前に再び風呂に行ったが、なんとなく気品が滲み出たような老人が、湯から上がって籐のスツールに腰掛けて憩っていた。私は普通、見ず知らずの人に話し掛けたりしないのだが、この時は声をかけた。この老人は常に笑顔で応えた。元気そうだというと、それどころでないという。右のこめかみを示し、日支事変の時にここから鉄兜を貫通して弾が入ったという。一か月半ほど意識不明でいて奇跡的に助かったのだそうだ。戦友に後で会うと、おまえ生きていたのかとびっくりされたという。それ以来、常に頭痛がし、耳鳴りがする。ただし、風呂に入ると、それらが収まるので毎日風呂に入り、たまにこうして温泉に逗留するとのこと。愛知県のどこそこの市の傷痍軍人の会の会長をしていると言っていた。障害を負って長生きしているのがいいことだかどうか分からないと言う。歳を聞くと八十八歳である。

私は実は裸になって話をしていたので、先ほどより寒かったのだが、風邪を引いても、こういう人の話は聞いておいた方がよい。いい人に会った。この人の元気と奇跡にあやからねばならない。私は最後に握手を求めた。こんなのも初めてのことである。――鹿教湯温泉は、こういう人たちが集う温泉である。

三　大平温泉——うーん秘湯だ

夏の終わりになると都会の猛暑にうんざりして山中の霊気に浸りたいという思い切なるものがある。ただし、登山はしないので車で行けるようなところの温泉場がよい。それで今回選んだのが吾妻山裏《あずまやま》である。この辺りの希望に沿う温泉として滑川《なめがわ》温泉、その奥の姥湯《うばゆ》温泉、大平《おおだいら》温泉、白布《しらぶ》温泉などがある。滑川温泉に近い五色《ごしき》温泉には何年か以前に訪ねている。この温泉の立地は山中とはいえ開けたところで、今回の私のイメージにいささか合わない（展望はすこぶるよい）。滑川温泉は、五色温泉よりずっと奥で、冬は雪に降り込められる僻地である。雪に降り込められている間は客を取らないが、建物維持のために雪下ろしが欠かせず、主人親子が、ただ雪下ろしのためにだけ冬季逗留する様子がかつてテレビで放映されたのを観て、今回ははずしたが、いつか是非訪ねたいと思う。白布温泉は、山中ながら国道に面していて、ここに挙げた温泉のうちでは一番垢抜けており都会人向けである（今回求めている山奥の気分には欠ける）。

前日に那須湯元温泉に一泊した。翌日、大平《おおだいら》温泉に行くのに、東北道に出て（福島飯坂《いいざか》インター経由で）行ったのでは、あまりにも早く着きすぎてしまう。それで、甲子峠をトンネルで抜けて会津下郷に出る道（国道二八九号線）が数年前に開通しているので、是非走ってみたいと思っていたところなので、この道を行くことにする。開通間もない二八九号線は広々とした快適な道である。

山越えした後は会津西街道を北上し、猪苗代湖に出て、翁島《おきなじま》の辺でちょっと湖の写真を撮る。それから磐梯山の脇を行って檜原湖《ひばらこ》脇をさらに北に進んで、道なりにスカイバレーに入り白布峠を越える。白布温泉の脇を下っていったん米沢盆地に出ると、今度はUターンするかっこうで大平へ直行する道に入る。田んぼの中の一本道である。山が迫っている。九月の初めで、空があくまで青い。山の端近くに姿の佳い雲が浮かんでいる。それで私は車を止めて雲の撮影にかかる。写真を撮っていると、同じ方向に行く乗用車が止まって、おばさんが首を出し、大平温泉へ行くのはこの道でよいのかと聞く。私は、この道でよいので進むように言い、もし迷ったら私も大平温泉に行くので、止まって待っているように伝える。私も乗車して進む。田んぼの中の道が終わって、いよいよ山道となる。さすがに舗装はされてはいるものの、くねくねと曲がるまことに狭小路である。この路には車のすれ違い場所も設けていない。対向車が来ても知ーらない――と思いつつ進

大平温泉の最上川と露天風呂

むと、はたして軽自動車がやってくる。旅館の関係車なのだろう、傾斜地の崖に乗り上げて道を譲ってくれる。謝謝。もう一つ、この道の特筆すべきは、わが車（都会用のセダンを四駆仕様にしているので、最小回転半径が大きい）が曲がりきれず、切り替えさねばならない曲がり角がある。それも二箇所も。ふつう観光地の道路というのは、一見急カーブに見えても実はちゃんと曲がり切れるように作ってあるものだ。この道はルール違反だ！

この道が異常というのは私一人の意見ではない。先の車の旦那氏（かなり旅行慣れた人である）も、後で話したのだが、こういう道は初めてだと言っていた。少しヒヤヒヤしながらも無事駐車地点に到達する。ここは未舗装で単に道路が拡がった空き地ある。駐車場の片側は崖であるが、ガードレールも車止めもない。先のご夫婦が到着しているので脇に止める。私が少し勢いよくバックすると奥さんの方が、いささかオーバーな叫び声を上げる。旦那氏も、危ない、もっとゆっくりやり直せと言って誘導にかかる。私だって、こんな所で転落などしたくない。オーバーな人たちだと思いながら親切な誘導に従う。この縁で、このご夫婦とは懇意になる。年は私より、ほんの少し若い。最後まで名前を聞かなかったので仮にAさんとしておこう。私の家から近い柏市の住人である。宿は谷底にあり、ここから急峻な坂を二十分ほど下らねばならない。

さて、いよいよ歩行にかかろうとすると、奥さんの方が、私の靴を見て「その靴では……」と言う。私はサンダルに毛が生えたような靴をドライビングシューズにしている。そこで、こういうこともあろうかと用意してきた予備の（歩行用の）靴を取り出して履き替える。いろいろ意見を言う人たちだ。

ちょうどそこに旅館の女将さん（若くない。旅館の社長でもある）が軽自動車で到着する。客はここから歩かされるが、女将さんの車は旅館の最近地点まで行く。荷物と、奥さんの方だけなら車に乗せられると言う。もう、それが重量の限度らしい。そこで奥さんは乗車して先発し、Aさんと私は歩いて旅館に向かう。旅館に近づく頃には私の足は疲労のため痙攣してうまく動かない。こういうのを膝が笑うというのだろうか。私も旅人を自認するなら、もっと足を鍛えておかねばならない（深く反省）。

下りきったところが谷川で対岸に旅館が見える。狭小敷地にしがみつくように二階屋が建っている。旅館の奥に滝（火焔滝）があり、渓流が旅館の前を流れ下る。この流れは、なんと最上川の源流だそうだ。「最上川舟歌」に歌われるゆったり流れるイメージは全くない。旅館に行くには、ここからいささか貧弱な吊り橋を渡る。女将さんが、軽自動車で運んできた荷物（食糧だろう）は、軽油で動くゴンドラで対岸に渡すのである。

実に、正銘のどん底のどん詰まりだ。常識的に言って、ここは建物を建てるようなところではない。温泉が見つかったので無理むり宿所を建ててしまったのだ。

さて、「秘湯」という言葉がある。「秘境」から連想して近年になってから誰かが作ったのだろう。あるいは「日本秘湯を守る会（社団法人）」が発信源かもしれない。旅館が勝手に加盟申請して入る団体だが、特に「秘湯」の定義はないらしい。それで、この加盟旅館を訪ねると、玄関に会員を証明する提灯は出ているものの、一体どこが秘湯なんだと思わせるような旅館もある。しかし、ここ大平温泉滝見屋は正銘の秘湯である。登山途中に寄るような湯を別にすれば、ここぞまさしく秘湯中の秘湯といってよいだろう。

宿の従業員に、ここに来るのに転落したり、負傷したりした客はいないのかと聞くと「いない」と言う。これを後でAさんに告げると「そんなはずはない。営業上まずいので言わないだけだ」と全く信用しない。

宿の下の谷川べりに葦簀《よしず》囲いの露天風呂が幾つも出来ている。私は早速一番奥の露天風呂に入りに行く。小さいながら、奥の滝を望観するまことに開放的な露天風呂である。湯は無色、無味、無臭である。湯中に微塵のような湯の花が舞っている。穏やかな湯に見えて、癖はかなりありそうである（長く漬かると湯当たりしそうだ）。

ここは標高が千メートルを超しているので、かなり涼しい。布団が分厚いので夜中は窓を開け放しで寝た。翌朝の気温は一八度である（下界は三〇度を超す猛暑が続いているというのに）。

部屋にはテレビも電話も、もちろんエアコンもない。夕飯時になると従業員が、用意が出来たことを告げて廻る。

一階の食事室に行くと各膳が用意されている。Aさん夫妻が既に定位置に着いていて隣りに来いと手招きする。そこで私は自分の名札が乗った膳をAさん夫婦の隣りに運ぶ。まずは、私は清酒で、Aさん夫婦はビールで乾杯となる。ここの食事はなかなか立派である。山の幸、里の幸が誠意をもって調理されている。味もよい。料理で分かるのだ――ここは立派な宿である。Aさんの奥さんは年が私より一つ下。ご主人はさらに四、五歳下だそうだ。

私が、白山に事務所があるというと、白山教会で式を挙げたのだと言う。推察するに、良い恋愛をして一緒になり、四十年後に仲良く連れ添っている。まことに目出度い。子供さんは既に独立していて、Aさんは只今定年延長中、休暇を取っては、夫婦であちこち旅行を楽しんでいる。昨日は阿賀野川《あがのがわ》沿いの麒麟山《きりんざん》温泉に一泊し今日、会津若松経由でここに来たそうだ。麒麟山温泉は私も一度訪ねたいと思っている温泉である（早速、この数か月後に訪ねた）。いつも、ご夫婦で読んだ小説の舞台になったような温泉地を訪ね廻っているらしい。趣味を同じくする理想的なご夫婦である。朝食も一緒にとる。ご主人の方は、奥さんが駐車場所まで無事に歩いて行かれるか心配している。なーに、休み休み三十分も掛けて登るつもりなら大丈夫ですよと告げる。食事後にロビーで女将さんが淹れるコーヒーを呑んでいると、九時になったら車（例の軽トラ）を出すので奥さんだけなら駐車場まで送ることが出来ると告げられ、ご夫婦の心配が解消される。私が部屋に戻って帰り支度をし、ロビーに戻ると、もう帰り支度を済ませたご夫婦がソファーに掛けている。「もう、行かれますか、昨日と同じように荷物だけ運んでもらったらどうです」と言うAさんに「いや、一足お先に出掛けます」と言うと、Aさんは手を出して握手を求める。私はご夫妻と握手を交わして外に出る。

なにほどでも無かろうと思っていた駐車場までの登り坂道が実に大変。私は六〜七回ほど休み、それも休むごとに道脇の岩に腰掛け、息も絶え絶えになって駐車場所にたどり着く。車を発進させようとしているとAさんが一人が追い着く。「息を整えてから出発したらどうですか」と言われたが、私は「息を整えても同じです。お先に」と言って車を発進させる。来る時は二度ほど切り返したが、今度は様子が分かっているので「ノー切り返し」で下りてやろうと目論んだのはよいものの、現実には四回も切り返して下りねばならなかった。なんという道だ。

私は夏の終わりに気分を一新させるために今回の旅をしている。場合によってはどこかでもう一泊してやろうと思っていたが、この大平温泉で自然を堪能し、都会の邪気を払うことが出来た。満足して家路につく。

四　滑川温泉

関東から見ると吾妻山の裏側にある滑川《なめがわ》温泉が気に入っている（以下は初めて訪ねた時の記録である）。実は、ここの一軒宿「福島屋」の冬ごもりの様子が、この半年ほど前の（多分NHKの）テレビで紹介された。

ここは冬季、積雪四メートルにもなる豪雪の地で、もちろん、この時期は営業休止である。ただし、雪下ろしをしないと建物が潰れるので、主人、息子氏等は、ここで越冬する。朝から晩ま

滑川温泉「福島屋」

で長大な建物の屋根の雪下ろしである。雪に閉じこめられて越冬するのは、小説『月山』の村（それも昭和三十年代のことである）だけではないのである。ここでは用事があって最寄りの峠駅に出る時は、スノーシュウを履いて行くのだが四時間もかかるのだそうだ。遭難の危険があるから命がけだろう。宿の人は雪崩が怖いと言っている。

泊まりたいむねの電話を入れたのが十月の終わりで、あと一週間で営業終了の時である。

東北自動車道の福島飯坂を下りて国道十三号線を西進し、長いトンネルを抜けたところを左折し、次のT字路を右に折れて峠駅方向に向かう。クネクネした山道で、とても、この先に駅があるとは思えない。私としては絶対に思えない。誰がこんなところに駅を作ったのだと呟く。後で聞くと、ここでかつて鉄鉱石が取れたので、峠駅はその積み出し駅ということである。私は千葉県から乗りっぱなしで来ているので、ここに至って、この山道は少々きつい。だから、わざわざ峠駅に寄らずともよいのだが、ちょっとわき道を下って見学とゆく。そして人も人家も一切ない谷底みたいなところに峠駅があった。付近にはなにもないが、よく探せば壊れかけた二階屋と茶店を見つけることができる。それから、この駅はなんとしたことか、雪除けであろうか、長大な覆い屋に囲われている。まるで山中の秘密工場跡であるかのようだ。しかし、ここは奥羽本線のれっきとした駅である。しかも山形新幹線まで が、この覆い屋根の中を通過するという。なんというアンバランス。新幹線中の人は、あっという間に通り過ぎるから気が付かないであろうが、山中をやって来て、いきなりこの覆い屋を見た人間が、もし偶然に新幹線の通過に遭遇したら、それこそ腰を抜かさんばかりに驚くはずである。

この駅より、さらに四キロほど山に分け入ると目指す福島屋である。谷間にあるのだが、多少開けた地で、旅館脇を渓流が滝になって落ちている。建物は傾斜地に建っているので、二棟のうち、前面の建物は木材を井桁に組んで人工地盤を作り、その上に乗っているから、まるで「かけ造り」のようである。奥の棟は築二百年という。廊下などが黒光りしている。

部屋に通されて驚いた。目の前が滝である。滝を落ちた流れは大きくカーブして河原の大岩の間を下っていっている。前面に迫る山が、盛期は少し過ぎたとはいえ、見事に色づいている。奥の露天風呂からの景観はさらに山奥の様を呈している。実に川合玉堂が描く世界である。景観のよい宿は沢山あろうが、ここはそのトップクラスに入ろう。宿奥の吊り橋を渡り二十分ほど行くと一枚岩を下る滑川大滝に至る。この紅葉の山を歩くのは魅力的なのだが、本日は撮影時刻として少し遅いし、明朝の出発が早いので、残念ながら訪ねられない。湯は実によい。無味無臭で、いくらか白濁している。

夕食は質素ながら美味い。観光地の大方の旅館の、格好だけついていて、美味いのやらまずいのやら分からない食事とは大違いだ。それに、これはというほどの鯉づくしである。鯉コクがないだけで、私が知っている鯉料理は全て出てくる。珍しいのは鯉の皮を揚げて味付けしたもの。これは鯉の洗いの余り利用だろう。

この宿で書かねばならないことがある。寝布団に湯たんぽが仕込まれていたことである（この宿は水力による自家発電をしている。電気は貴重なのである）。私も古い人間なので湯たんぽは知っている。ただし使ったはっきりした記憶がない。だいたい私は真冬でも足が温まらない人間ではない。少し暖かければ布団から足を出して寝るような人間である。母は晩年まで電気あんかを使っていた。そういうわけで湯たんぽは初体験に近い。私は湯たんぽから足をよけて寝た。熱かった湯たんぽも夜中にはぬるくなり、明け方には人肌くらいになった。ここが電気あんかと違うところだろう。湯たんぽは人の足も温めるが、湯たんぽ自身も布団によって保温されているのである。私は新発見をしたような気分になった。

福島屋に三度目に訪れた時には八月の末にかかわらず分厚い羽布団が掛けられている。ここは高度の関係で涼しく、これでちょうどよいのである。もちろんこの部屋に冷房など無い。ここの湯と、ここの環境のせいで、一段と心地よく眠れる（実は普段もよく眠っているのだ）。

翌朝はレンタカーを返す都合があるので朝食が済むとすぐに出立する。まあ、休み休み行っても自宅まで五時間はかかるはずだ。宿を出てすぐの山道とガードレール上に猿の群れがいる。親猿が五、六匹、人間なら小学生くらいな子猿が四、五匹、赤ちゃんをおんぶした母猿が一匹。かわいいのでそばで止まるが、さすがに藪の中に行ってしまう。残念だなあ、僕は君たちと仲良くしたいのに。心を残して去る。

近ごろ、旅行の楽しみというと、写真を撮ることから、こうして旅の後に紀行を書くことに移っている。両者とも旅を、どこかに行って何かを見て、そしてご馳走を食べるということに終わらせずに、いくらかの創造作業に結びつけるのが共通している。詩歌を作ったりスケッチしたりする人もいる。実はこういうのが本当の旅の楽しみだと思う。

五　行き止まりの佳さについて

庭の園路が行き止まりになってはまずかろうし、現代の狭い住宅内もぐるっと回れるような平面計画にしたほうが広さが感じられてよい。ただし、旅の場合となると少し様子が違う。

福島県の中通り（東北道や新幹線が走っている）と会津（西の山間部）を分かっているのは、北の方で磐梯高原の山々、南の方で大白森山《おおしろもりやま》や甲子峠《かっしとうげ》や三本槍岳である。これから書こうとするのはこの後者のあたりである。この山岳の西側を流れる大川に沿って会津鉄道が会津若松から関東に向かって南下している。この鉄道は、かつては会津田島の南で終点になっていた。沿線の観光スポットは芦ノ牧《あしのまき》温泉、湯野上《ゆのかみ》温泉と大内宿《おおうちじゅく》、塔のへつりなどである。

もう三十五年も前になるが私は友人と大内宿（会津若松城下と栃木県の今市を結ぶ旧街道の宿場）の見物に出掛けた。まず会津若松から会津鉄道に乗って湯野上駅に着き、駅前の温泉宿で一泊、翌朝タクシーを雇って大内宿に行って見物すると、待たせておいたタクシーに乗って、今度は中通り方面に山に入った二股《ふたまた》温泉を訪ねた（二股温泉には平地というものがない。数軒の温泉宿が山の斜面にへばりついている。大丸あすなろ荘が、この後、建て直してはいるがかつても今もよい宿である）。新幹線もなかった時代とはいえ、大内宿を見物するのに二泊しているのである。湯野上温泉の宿で「いま、私は都会と隔絶した地にいる」ことを実感した。東京は雲煙遥かな彼方であった。鉄道が関東に通じ、道路も整備された今日においては、もうそうした感懐は得られない。東京から一日がかりで来て、もうこの先は行き止まりなのだという状況が、ここを別天地にしていた。

今の大内宿は、当時に比べると隔世の感がある。湯野上から直線に近い観光道路ができ、村の手前の大駐車場では大型バスが次々に発着している。村は雪の季節でさえ観光客でごったがえしている。かつては湯野上から谷川に沿った隘路を行ったものだ（舗装もしていなかったかもしれない）。雪の季節には大内宿に観光客など、ほとんど一人もいなかった。四十年ほどの間にこんなに変わった観光地を私は他に見たことがない。

近くの観光名所「塔のへつり」に寄ったのはずっと後である。ここいらは赤くなるモミジは少ないが、最寄りの無人駅で下りて秋たけなわの落葉樹の中に立っていると、まるで金色《こんじき》の中にいるような心地がしたものである。

さて、数年前の地図を見ると塔のへつりの少し南の会津下郷から中通り方面に向かう道があるのだが、その道は甲子峠の辺りで無くなっていた。中通りの白河から甲子峠に向かう道も峠の手前で行き止まりだった。つまりこの道は長いこと「作りかけ」だったのである。そして峠のてっぺん（標高千メートル）といった地点に人気の一軒宿甲子《かし》温泉大黒屋がある。

大黒屋には白川からしか行けなかった。

私は旅をして感じていることがある――便利にしてしまったためになくなってしまった佳さ、通過地点にしてしまったためになくなってしまった佳さというのが確かにある。もちろん気分の問題である。しかし、気分は重要である。だいたい旅の佳さなんていうのは大いに気分のものだ。甲子温泉は冬季休業である。道路が開通したら、建物を建て替えて通年営業にするらしい。山深いひなびた温泉は、便利で華やかな温泉に変身するかもしれない。実は華やかな温泉場なら他にいくらでもある。ここでしか味わえない佳さがなくなるというのは、まことに重大な問題である。

甲子温泉「大黒屋」の大岩風呂

快適と安直は「現代」の「目的」であり、実は「ある貧しさへの志向」でもあるだろう。湯に漬かっても、ここには観光バスで寝ている間に着いたというのと、ずいぶん苦労して来たものだと思うのとでは、同じ湯の味わいも雲泥の差となろう。ここは行き止まりの地点で、これより先は人界でなく、マタギや猿や鹿や山の神の居場所と思えれば、それだけで都会に棲息する私にとって特別のご馳走になる。

まだ開通していないため通せん坊がしてある道路から少し下った谷間に大黒屋があった。本館の隣には白河藩主が度々訪れた別荘「勝花亭《しょうかてい》」が残されている。その先に大黒天を祀る小さな祠があって宿の名の由来になっている。宿の脇を流れる渓流は阿武隈川の源流だそうだ。宿の奥は渓流に沿った登山道（前述の二股温泉に通じる）で、流れは滝になって落ちてきている。宿の対岸の平屋が自慢の大岩風呂だ。宿からはトンネルや階段や橋で繋がっている。

平成二十年八月に大黒屋を再々訪した。会津に抜ける道路の開通に合わせて、この宿もいよいよ来月より解体、新設にかかるという。——渓流脇の大湯屋、共同トイレ、一人あるいは二人を受け入れる六畳間、冷暖房無し、大部屋の食事、家族的な接客、低料金——みんな、この立地環境に合っている。あまり立派な建物にしたらテンやハクビシンもびっくりするだろう。

平成二十三年一月に冬季閉じていた大黒屋が建物を新しくして冬場も営業するようになった。新しくなった大黒屋の具合を見てやろうというので一月六日の予約を入れた。白河から甲子温泉に向かうにつれて雪となり、いよいよ大黒屋に着くと吹雪であった。ここは谷になっているので風が吹きやすいのである。ここを初めて訪れた時は、もちろん冬ではなかったが、風が強く、山がゴーッとなった。私は風の又三郎が現れるのではないかと思った。本日はヒューッと吹いている。まるで雪女が現れるような音だ。

新築の大黒屋はイメージ的には前建物と変わらない。鉄筋コンクリート三階建て、内装はしゃれた民芸風で、木がふんだんに使われている。かつての湯治宿的な各部屋は洗面トイレ付きの広々とした部屋に変わった。一番変わったと思えるのは食事処で、洋間になり個々のテーブルが軽く仕切られたような造りである。昔の大座敷での食事が、寮か下宿屋風の味があってそれなりに良かったのだが、なんとなく現代的で醒めた感じになったのは残念なような気がする。建物を新築して冬季開業を図ったものの冬のウィークデイは訪れる客も少なく、いたって閑散としている。

実は私は翌朝、峠を越えて開通した道路を会津に向かうつもりにしていたが、あまりの寒さ（マイナス七度）に走り込んでいる私の車の調子が、いまいちよくないので昨日来た道を白河に戻ることにした。

——道路は開通したが、冬の甲子温泉は私にとってやはり行き止まりの宿であった。

柳川

第3部
日本の紀行文

自分で紀行文などを書くようになると、雑誌で旅の特集なんかをする際に「紀行の名作」といった記事が載るのが気になるようになった（目につくようになった）。

まず、こういう記事において必ず紹介されるのが深田久弥《きゅうや》の『日本百名山』である。私は登山をしないし、山にまったく興味がないので、これはどうせ、登山者向けの読み物であろうと、この書の存在は知っていても、長らく自分とは無縁のものと思っていた。しかし、旅をし、次はどこに行こうかなと考える時、この国は、おおよそ山の国であることを思い知らされる。この国土はあらかたが山で、ごくわずかな平地に町や里があるのであった。道路も鉄道も山を避け、わずかな平らなところを走っている。そして、町と里だけを求めていれば、この国土に訪ねるべき地は、きわめてわずかでしかない。山を無視しては、この国土の真の姿を捉えることはできない。そう気が付いて、急に山登りに挑戦しようという気になったのではないのだが、私は評価の高い『日本百名山』という本を読んでみようと思うに至った。

それで求めて読むと、この本は決して登山家向けの本でも、山登りについて書いた本でもないことを知る。この本は、いわば山の評論である。一人の人物を評論するように、一つの山を取り上げて紹介し、深田氏なりの論評を加える。簡潔で品がある文章。そして十分に面白い（面白いことが書いてあるという意味ではない）。と言って私は全部を読んでいない。私が知っている（登ったということではない）半分くらいの山の項を読んだ。そして評価といえば――まことに名作である。

この本は一般的には、そこに書いてある内容や文章について云々されるより、彼の選び方に注目が集まっている。彼がどの山を選んだか。私なら、こう選ぶ。この山が選ばれていないのはおかしい、彼がこの山の存在を知らないからに違いない、などなど。しかし、私にいわせると、そんなことはどうでもよいことなのだ。これは「百選び」の本にあらずして、なにはさておいて山をテーマにした文学なのである。

もちろん、この本が昭和三十九年に書籍になって以来三十年後の今日においても人気を博しているのは、人々がこの百選びに大いに興味を持つためだということは否めない。しかし、いくら適切に百選んだところで、何十年の時間に耐える読み物になろうはずがない。これはなによりも、立派な「作品」と見なさねばならない。

序でながら、この本で感心するのは『日本百名山』というタイトルである。リズムもよいし、少画数の漢字を並べて見た目にも美しい。

また、紀行の本として必ず取り上げられるのが、内田百閒《ひゃっけん》の『阿房列車《あほうれっしゃ》』である。だいたい文学作品を読まない私が内田百閒を読んでいるはずがない。内田百閒は映画「まあだだよ」の主人公になったので、その存在を知っているだけである。ただ『阿房列車』については新潮文庫巻末の既刊書一覧で毎度目にしていて、その度に、これはなんと読むのだろうと思っていた。それが、評判の本だと分かり、これも求めてきて読み出した。ところが、第一話からして、なんの用事もないのに大阪まで行き、その当時の列車は時間がかかって、その日のうちに帰ってこられないので、一泊して翌日帰ってきたというはなしである。これはなんと暇な著者だろう。そして、この読者もなんと暇人たちだろう——というのが、私の読み始めの感想であった。そしてこれは、とても読んではいられない、切りのよいところで止めにしよう——と思いつつ、なんてことなしに読み了えてしまった。それがなんとしたことか、続いて『第二阿房列車』を買い、読み了えると今度は『第三阿房列車』を買ってきて読み出した。この人のエッセイは癖になる。正直に言うと面白いのだ。ここには、好悪がはっきりした「確実な人間（著者）」がいる。世間にうじゃうじゃしている、あっちふらふら、こっちふらふらのナマクラ人間ではない。文章は、用件を簡潔に書き、きわめて正確である。著者は、よほど推敲を重ねているのだろう。あるいは、そんなことはしていないのかもしれない。それなら天才的な文章家である。いずれにしても直截で力強い。われわれは、この人の文章に大いに学ばねばならない。

最初に馬鹿にしていた、目的無しの「阿房列車」についても、考え直さねばならない。私は、人生において目的を持たずに何かをすることを嫌っているし、また原則的にしない、と実は思っていた。しかしである。現在の私は、毎日五十分かけて都内の事務所に通っている。来ればなにかをしているが、半分引退したような身で特に何かをしなければならないというわけではない。いってみれば暇つぶしでなくもない。現役の時もそうであった。忙しい時は仕事に熱中した。しかし四十年近いサラリーマン時代、年がら年中、忙しかったわけではない。暇な時にも出勤した。

何にもしないわけにもゆかないので何かをしているような振りをしていたが、ただ時間を潰していたような時もあった。また、現在の私は休日ごとに車に乗る。気分転換のために、そして孤独な楽しみのために、そして暇な時間を潰すためにである。多くは九十九里浜に出掛ける。途中で車を降りて風景を眺めたり、食事をしたり、お茶を飲んだり、買い物をしたりもするが、乗りっぱなしで、ぐると回って帰ってくることもある。いずれにしても確たる目的はない。なんてことはない「阿呆ドライブ」をやっているのである。つまり私の人生の何割かは「阿房列車」を運行している。私は、こそこそと、あるいは意識することなしに「阿房列車」を運行する。内田氏は堂々と「阿房列車」を運行し、それを文章にし、なんと原稿料を稼いでいる。彼の堂々とした姿勢を私は恐れねばならない。

さて、思いめぐらすに、内田氏は列車に乗るのが好きである。また旅館に泊まるのも好きである。温泉は好きでない。名所巡りは嫌いである。それでよいのかもしれない。列車に乗り、遠くに行き、旅館で酒を酌み、飯を食べて眠るのも立派な旅である。例えば、私は写真を撮り、その場についての感想を書くのを一つのワークとしているので、内田氏の真似はしないが、内田氏のやっていることも私の旅の半分ほどには相当する。個人の自由が許される以上、私は彼の旅のやり方を認めなくてはいけない。馬鹿にするなどとんでもないであろう。

世間的にいささか、旅といっては片手落ちな（欠落気味な）阿房列車にも、旅の醍醐味がある。旅する楽しさがある。

ただし『阿房列車』では、それを目的としていないせいもあろうが、地域の書き分けが全然できていない。九州も房総半島も読み手が受け取る印象に違いがない。

司馬遼太郎の『街道を行く』も、現代の紀行の代表のように取り上げられるが、私はその数編を読んだにすぎないが、これは歴史随想と言えても紀行とは認めがたい。

国木田独歩は、わずかな期間だが、渋谷村の小さな茅屋に住んだ。そして周辺を散策し、『武蔵野』を書いた。小品ながら、まことに清々しい――名作である。私は読みつつ、ここに描かれた風景は、私が少年時代に見た千葉県市川（私の生地）北方の台地（下総台地）上の風景に、よく似ていると思った。違うのは、「武蔵野」の光景ほど広々としていなかったことと、台地上に田んぼがなく（台地下が田んぼだった）、秩父の連山が間近に見えなかったことである。いずれにしても、武蔵野の風景も下総台地の風景も、いまは見る影もない。

「地域」を基盤にして小説を書く人がいる。代表的なのは川端康成で、彼の小説から地域を除外することはできない。『伊豆の踊子』の伊豆、『雪国』の越後湯沢、『千羽鶴』『山の音』の鎌倉、『古都』の京都……。彼は「地域」から発想する人である。それで、生涯の作品を鳥瞰すれば、彼は旅人であり、ある意味で紀行の人である。いずれも、その地域の美しさを感じることで筆を執り、そこに相応しい人物を創造する。氏は、物語を構築する人でなく、初めに現れた人物が時間経過に従って、ごく自然に動き出して、物語を形づくるような書き方をした。それで、小説にはいつ終わってもよいし、いつまで続いてもかまわないような趣がある。全体としてはこの美しい国に棲息した生きもの（業を負った者）の流浪、流転譚である。

永井荷風は日和下駄《ひより》を履き、こうもり傘を杖に、嘉永《かえい》版江戸切絵図を懐にして東京市内（隅田川両岸と山手線内くらいの地域）を巡った。この人は散歩が好きなのである。そして街を観察するのが大好きなのである。実は彼が愛したのは、近代化、西洋化、俗悪化以前の、まだ美しさと調和に統《す》べられていた東京であった。つまり彼は、既に目視しにくくなった江戸の街を慕って明治、大正、昭和期の東京を彷徨い歩いたのである。

彼が好きなものがもう一つある。女である。女性というより、女体といったほうが適切であろう。川端康成は心情としての女性を求めて旅をし、荷風は生身の女を求めて彷徨った。つまり根っからの好色漢である。もちろん、それ以前に、教養人であり、趣味人であり、江戸文化の体現者であり、江戸の追想者であり、卓越した詩人であった。人間観察にも優れ、まことに多面的に突出した能力の持ち主であることが認められる。

彼の作品から「地域と散策」を切り離すことはできない。というより「地域」こそ彼の作品の基盤である。自作『すみだ川』について「わたくしは洋行以前二十四、五歳の頃に見歩いた東京の町々とその時代の生活とを事知れずなつかしく思返して、この心持を表すために一篇の小説をつくろうと思立った。」と記している。

江戸の街をこまめに歩いた人に三河町の半七親分がいる。明治五年生まれの岡本綺堂は江戸生き残りの人々に接して、江戸についてのはなしを色々聞いていた。自らも勉強し、江戸時代の風俗、習慣、法令や町奉行、与力、同心、岡っ引きの生活について豊富な知識があった。そして、『江戸名所図会』を愛読した綺堂は、ここにシャーロック・ホームズ（綺堂はドイル作品も愛読した）のような探偵を登場させると面白かろうと考えたようだ。そして『半七捕物帳』が誕生した。

半七は事件を追って江戸の街を歩き回る。作者は、単に興味本位の面白い物語を組み立てようと考えたのではない。『半七捕物帳』には、当時既に忘れられつつあった「江戸」を後世に伝えようという強固な意図があった。それで、これは後に続く捕物帳の走りであると同時に、いつまでも古びない江戸風俗誌なのである。

『半七捕物帳』の江戸の地理について、真山青果《まやませいか》が「あれは正確だ」と言ったという。私も江戸研究家の川崎房五郎《ふさごろう》先生と話をしていて「そういうことは『半七捕物帳』に書いてありませんが」と言った覚えがある。もう、この作品は小説の域を超えているのである。

森敦《もりあつし》は人生の盛時を、辺境を彷徨うことで過ごした。そして、若い時に一冬を過ごした月山の麓の村を舞台に、晩年にいたって小説『月山』を書いた。一応小説仕立てにしているが、生存記録であり、感想文であり、私には、一種の紀行であるように思える。一箇所に留まって紀行というのも変だが、著者の遍歴の人生を考え、また、来たって去ってゆく主人公を思うと、フィクション性の希薄さとも相まって、どうしても紀行に分類したくなる。私は、この人の悠揚迫らぬ生き方や、遍歴の実人生に大いに共感し、氏の小説は別にしてエッセイ類なら、あらかた読んだように思う。氏は最晩年に「想えばわたしの生涯がすでに遍歴で、敢えてなにを目指すかということはなかったが、それでも到達すべきところがあって、到達したかのごとき心地がする」と書いた。まことに幸せな旅人であった。

『大菩薩峠』は中里介山が一九一三年から書き始め、一九四四年まで書き継ぎ、彼の死によって未刊に終わった大作（全四十一巻）である。発表されていた当時も評価が高かったようだが、世紀を越えた今日、ますます評価が高い。基本的には仇討ち物語である。著者としては、初めのうちは未刊の長編にするつもりはなく、ある程度のところで仇討ちが成り、目出度し目出度しにするつもりであったようだが、途中で気が変わり、終わりがない物語にしてしまった。つまり舞台は全国各所を移り、そのたびに登場人物が増え、場面場面を描写することに熱中して、仇討ちは遠く置き去りにされてゆく。筋として面白いのは、仇討ちが主テーマであった第九巻あたりまでで、後は、いささか単調で冗漫になってゆく。介山はこの作品の趣旨を「人間界の諸相を曲尽《きょくじん》して、大乗遊戯《だいじょうゆげ》の境に参入するカルマ曼陀羅の面影を大凡下《だいぼんげ》の筆にうつし見んとするにあり」と述べている。

この大作が紀行的なのは、場面が次々と移動するためであり、またそれに従って、人物が流れゆくかの感があるためである。ただし、この作者は偉大な「創作者」であって、場面となる地の多くを実際に訪れていない。たとえばこうである。ある人が介山に聞いた。「先生は幾度ほど大菩薩峠に登られましたか」。介山「一度もない」。信州の白骨《しらほね》温泉も舞台となり、この場面が実に長々と記述されるが、介山は書く以前に白骨温泉を訪れていない。訪れたのは書いた後であった。紀州の龍神温泉も舞台になっている。山奥の温泉場の記述が実にうまい。私はこの湯を訪れ、美女が水垢離《みずごり》をとる龍神の滝を訪れてみたが、この滝は滝とはいいながら、小さな流れが山肌を流れ下っているだけで水垢離をするような滝壺などない。「また、介山にしてやられたか」といったところである。

しかし、それはさておいて、これが実に立派な紀行的作品であることに間違いない。介山は、これを大乗小説と称しているが、私に言わせると「正銘の大河小説（滔々と流れる大河の観がある大作）」である。

この小説を読んだのは三十になってからである。友人が「どうだ、読み了えたか」と聞くので、「介山が、一生かけて書いたものを、なにも急いで読む必要はない」と答えたものだが、じつはそのウン十年後の今日に至って、まだ読了していない。

この小説は何度も映画になっている。それを小学生の時に見ているので、題名も、粗筋も幼少の頃より存じている。中学一年の時の担任の眉山《まゆやま》先生（僧侶が本職で、後に流山市長になった）が、いま面白い小説を読んでいると言って、教室で最初の方を話してくれた。同じ頃にラジオの朗読（たぶん徳川夢声であった）でも聞いている。例の水垢離の場面である。この小説は芥川龍之介が絶賛し、なんと肌合いが似ているようにはとても思えない宮沢賢治が即興詩に書き、曲までつけている。実に国民文学の名にふさわしい。

「間《あい》の山の巻」で女芸人お玉が歌う「間の山節」は、この小説を流れるテーマ曲のようであり、その哀調が、いつまでも心に残る。

夕べあしたの鐘の声
寂滅為楽《じゃくめついらく》と響けども
聞いて驚く人もなし
花は散りても春は咲く
鳥は古巣へ帰れども
行きて帰らぬ死出の旅

介山は、他にも小説を書いているが、結局『大菩薩峠』以外には書かなかったとしてよい。彼はこの作品を書くことを己の人生にした人である。

紀行作品として感心しているのは小川国夫の『アポロンの島』である。私は三十代の中頃に住宅会社でPR誌を作っていたが、アルゼンチン人のドメニコ・ラガナという方に日本の家について、どなたかと対談してくれないかと申し込んだ。すると氏は仲良くしている小説家の小川国夫と話したいと言い、実現する運びとなった。私は元来小説を読まない人間で、もちろん小川国夫も読んでいなかったので、慌てて、氏の処女作であり、また代表作である『アポロンの島』を買ってきて読んだ。これは氏がフランスに留学していた時に一台の単車を手に入れ、それで、単独ギリシャ旅行をした時の紀行である。なんでもない短章の累積なのだが、それが実に良い。独特の文章に魅せられた。私は読みつつ、教科書で読んだ志賀直哉の短編を思い出した。それで後書きを読むと、小川氏の意識に志賀直哉があることが記されていた。たぶん志賀直哉の文章とは違うのだが、学ぼうという意欲は、書く文によく反映されるのである。

『アポロンの島』は最初自費出版され、何年もの間一般に注目されることがなかった。ただ、私家版を読んだ島尾敏雄氏が新聞紙上に取り上げ、それが機縁となって、やがて世に出ることになった。

対談の当日である。私は対談場所の銀座のレストランに早めに行き、会場の一室で待機していた。すると、電気工事人風の男が入ってきた。黒いズボンに、ノーネクタイの白いワイシャツを腕まくりし（暑い時であった）、小さな布製のボストンバックを手にしていた。銀座のレストランには不似合いななりであった。それから男は「あのー、小川ですが……」と言った。それで、私は、それが小川国夫であることを知った。そう認識するや私は、久しぶりに美しい男を見たという気がした。この印象には前日に読んだ『アポロンの島』が影響していただろう。

やがてラガナ氏が現れ対談が始まった。小川氏は談論風発といった人ではないので、司会の私が対談に立ち入って大いに語る結果となった。対談後にラガナ氏とトイレで連れションをすると、ラガナ氏は「君のはなし面白かったよ」と言った。それ以後、私が小川国夫を読み出したというわけではない（『アポロンの島』以外、ほとんど読んでいない）。ただ、『アポロンの島』は優れていると三十年後においても思っている。「詩人」が、南欧を旅したのである。そういう意味では一個の詩人が伊豆を旅して『伊豆の踊子』が誕生したのに似ている。

私は長く編集業をしていたが、分野が文学と無関係だったせいか、あるいは私自身が文学（小説）志向でないせいか、いわゆる小説家と呼ばれる人とはあまり付き合いがない（馴染みになったのは学者や、評論家等の、いわゆる文化人といわれる人々である）。文学系統の人に原稿依頼しても（ただし、小エッセイである）、電話と郵送で済ましてしまって、あえて会いに行かなかった。水上勉氏には「お前、よく会わずに本が作れるな」と言われた。電話でよく意志が通じたのは、森敦、井出《いで》孫六《まごろく》氏くらいのものである。個人的に文通らしきものがあったのは中河与一氏であろう。

畑正憲氏とは、縁があって長い付き合いをした珍しい例である。

三十代の初めにPR誌を編集していた時、氏から編集室宛に年賀状が届いた。もちろん印刷物である。それで、もしかしたら、この方は我が社の縁者ではないかと思って連絡すると、はたして我が社の住宅の入居者であった（北海道の動物王国の中に住宅を建てた）。それで、原稿を依頼。「家に関するエッセイか、動物の住まいづくりについてのエッセイを六回ほど連載して欲しい」とお願いした。それで始まったのが「ムツゴロウの転々記」である。

私は最初の原稿をもらう時、この方は売れっ子の超多忙者だから、文章もかなり荒れているだろうと覚悟していた。そして原稿を受け取り南青山の畑氏の事務所前から新橋行きのバスに乗って、さっそく車中で読み始めて、その均整の取れた文章に吃驚した。この人は、原稿に絵画的と思えるほどの配慮をしている（ここで止めて、改行し、全体のバランスをとって……まあ、氏は無意識に、そうやっているのである）――恐れ入りました。

六回ということでお願いしていたが、「なかなか終わりませんで――」と畑氏は笑顔で原稿を渡される。こちらとしても文句のあろうはずがなく、ずっと原稿をいただき続けた。ただ、ご自分の転居の記なので、やがて現時点に至り、終わらざるをえなくなった。

この記事は単行本化されていないが、畑氏のエッセイの中でも傑作だと思っている。それでは引き続いてというので「自然界の建築家たち」が始まった。これは動物の巣作りをテーマにしたものだが、その頃テレビの番組作りで世界中を飛び回っていた氏の生活が反映され、私が目するところ、ある種の紀行であった。それで、私はいつも（編集者であるから当たり前だが）一番目の読者であって、氏の書き方が大いに勉強になった。特に情景描写するわけでなく、もちろん写真が付くわけでないのに、紹介される場所が、まるで映像でも見るかのように理解できるのである。それで私は紀行というのは、このように書くのだなと理解した。

同時代の旅人として山下清を忘れることができない。彼は浅草の人だが、私の地元（市川市）の知的障害児施設「八幡学園」に入所していた。彼は時々施設を抜け出しては放浪の旅に出た。思い立って出奔するなんて、とてもうらやましい。暑い時は北の方に行き、寒い時は南の方に行った。山下清については先の書『夢幻論』（春秋社刊）で書いたので省略しよう。

旅の文学を考える時、近代の詩を忘れることができない。本文の方でも取り上げたが（「千曲川いざよふ波の」参照）、まずは島崎藤村――「千曲川旅情のうた」「椰子の実」。藤村の文章で『千曲川のスケッチ』が有名だが、これは不思議なことに読んでもなんの感興も催さなかった。次いで北原白秋の「からまつ」。そして折口信夫の一首。

葛《くず》の花　踏みしだかれて　色あたらし　この山道を　行きし人あり

みな、少ない文字数のうちに、旅の思いが尽くされている。旅をしていると、若山牧水や与謝野晶子のうた（石碑だったり、旅館や観光地のパンフレットであったり）に度々遭遇するが、不思議と心打たれたことがない。

幾度か泊まった湯檜曽《ゆびそ》温泉林屋旅館に晶子の軸が掛けられている。

毛越《もうえつ》のさかい清水の峠よ里《り》　南乃野山紅葉しにけり

竹久夢二の碑もあちこちで目にする。

『東海道中膝栗毛』というのはなんという作品であろうか。この度、改めて安岡章太郎訳を読んでみた。一応紀行的物語だろうが、作者が、その「地」を書こうと意図しているとはとても思えない（作者は取材の旅行を頻繁にしたということだが）。本質的には、物語を旅行仕立てにしたというところだろう。そして、なんと低俗な主人公たちであろうか。もう、この二人を動かしているのは動物的な本能と欲望と冗談でしかない。詩や理想とは無縁である。わずかに駄洒落的文学趣味が顔を出す（時々、彼らによって狂歌が作られる）。この本が、国民的評価を得、二百年後の今日も読み続けられていることは、どう理解したらよいのだろう。

「膝栗毛」によって国民的な旅行熱が喚起され（あるいは国民的な旅行熱が、この作を産み）、それは安藤広重の「東海道五十三次」に結実した。「東海道五十三次」というのは絵に描かれた紀行である。広重は宿々《しゅくしゅく》の特色を上手に捉え、誠実に描写した。一所一所の個性をこれほど上手く引き出して定着させるとは、なんたる技量。もちろん、申し分なく美しい。我々はそれらを眺めて興に入り、面白がり、加えて多くの情報を得ることができる。書かれた紀行に似ているのは、印刷されて多部数出回った点である。書籍と違って目出度いことに、版画は「写しもの」ではない。それ自体がオリジナルである。

広重は次いで「名所江戸百景」を出した。これも見事な江戸紹介である。この作によって、我々は失われた江戸を、どれほど身近なものにすることができるだろう。私は広重を、絵画による紀行作家と呼びたい。

芭蕉は偉大すぎて、とても私などが論じる対象ではない。日本各地を歩き、その土地と、この国土の四季の美しさを俳句という短詩に凝縮してみせた。私は、「偉大」というのは、この詩人のためにある驚きと賞賛の言葉であろうと思っている。文学形式としての俳句は、この人によって一挙に完成され、彼を銀河とすると、後の句作者はその周りで、わずかに単発的に光る星々に過ぎない。

能の脇僧が登場すると「これは諸国一見の僧にて候――」と語り出す。この僧一行は修行者でもなければ宗教者でもなければ世捨て人でもない。いわば物見遊山者なのである。そうはいっても、迷える霊にゆきあえば、にわかに本領を発揮、読経し、霊を鎮めて成仏させる司祭の役を務めるのである。脇僧――気ままに諸国を巡る者――実は、これぞ旅人としての理想型である。そして日本人の一つの理想像である。

テレビでお馴染みの水戸黄門は、実際には諸国漫遊していない。そんなことは承知していたのだが、学生の時、常陸太田の西山荘に向かう畦道を歩いて、この路を助さん格さん（両人は実在人）も歩いたのだと思うと、とても嬉しかった。弱きを援け、強きを挫く存在は、いつの時代においても必要とされる。それで彼らは、講談にも、歌舞伎にも、紙芝居、漫画、映画、テレビにも常時、手を変え品を変えて登場する。

「伊勢物語」は、もちろん紀行ではない。在原業平の歌に尾ひれをつけて一代記風に纏めた。多くの段が、「昔、男ありけり」と書き出される。ハイライトは、都に居にくくなった主人公が東《あずま》下りをする段である。後に琳派の主要画題となった。「伊勢物語」は成立以来、多くの人々に愛され、「百人一首」と並んで、日本文化の中枢に位する存在である。私は隅田川を見ると「名にしおはばいざこと問はむ都鳥わが思ふ人は在りやなしやと」の歌を口ずさんでいる。主人公は「身を要なきものに思いなして（値打ちのないものと思いこんで）」東に下るのである。なんと格好良く潔い姿であろう。私は落ち込むことがあってもこれほど潔くなれない。これほど潔くなるためには、英雄的資質が必要なのだ。おそろしい才能といってよいかもしれない。壇一雄の初期の短編作品群には、こういった気分の主人公が登場する。私はかろうじて西行の「鈴鹿山うき世をよそに振り捨て　いかになりゆく我が身なるらん」という気分に浸るのがせいぜいである。この西行の歌は失意の青春時代の私の愛唱の歌であった。

伊勢物語の男以前の英雄は日本　武　尊《やまとたけるのみこと》であろう。我が家の一キロ少し北方、国府台《こうのだい》の台地の端に武尊《たけるのみこと》を祀る国府《こくふ》神社がある。神奈川から東京湾を渡り、富津岬《ふっつみさき》辺りに上陸した武尊は、千葉、船橋を経由して、この地に立ち、武蔵（東京）の低地を望んだ。私は我が家が、この台地の下にあり、私がここで生まれ育ったことを大いに誇りにしている。

また、若かった時、秩父の鉱泉宿に泊まり、翌日三峰山《みつみねさん》に登った。下の方が紅葉の盛りで、ケーブルカーで登るにつれて雪となった。山上に大きな日本武尊の銅像ができていた。武尊は大きく両手を拡げて降る雪の中に立っていた。私は大いに感激し、像の下で武尊に倣って両手を拡げ、同行の友人に写真を撮ってもらった。

シナ（古代中国）には、沢山の旅人がいる（唐や宋の時代）。彼らの作った詩文は、我々の血となり肉となっている。また、彼の地の人の描いた水墨画も、すでに我々の身体の一部になっている。シナの風土は、わが父祖の地であり、シナの人文はわが詩の源である。

いまの高校ではどうか知らないが、私らの時には漢文の授業があった。それで、有名な漢詩文は一応その時点で学んでいる。また大学受験に失敗して一浪した時の予備校でも漢文の講義があった。私は新垣淑明先生（成城学園高校教諭）の漢文の講座を受講しはじめたが、すぐに私の志望大学の試験に漢文がないことを知った。ただ、新垣先生の授業が面白かったので、あえて一年間受講しつづけた。授業は土曜日の午後だったと思う。午前中の授業を休んだ時にも、土曜の午後には、この講義を聴くために出掛けたものである。

新垣先生が、ある時話されるには、ある受験生が、受験を一か月後に控えて、血相を変えて相談に来た。実は受験科目に漢文がないものと思って勉強をしてこなかったが、漢文の試験があることが分かった。どうしたらよいか、という相談であった。先生は、その受験生に、ひたすら蘇東坡の「前赤壁《ぜんせきへき》の賦《ふ》」を読むようにアドバイスした。多分それを聞いたことが切っ掛けだと思うが、私は「前赤壁の賦」を読み出した。読むと実によい。何回も読み、暗唱するまでに至った。私が、それほど読んだ詩は、これ以外には宮沢賢治の「雨ニモマケズ」しかないように思う。

この賦（賦は韻文の一つ。私にとっては詩的な文章である）は、リズムもよいし、気分も、語られる内容（思想）も私の気持ちにぴったりした。いや、日本の多くの画人が絵に描いているところからして、すべての日本人にぴったりする作品なのだ。これは明月の晩、友人同士が、赤壁のもとに舟を浮かべて酒を酌み、音楽を奏で、人生について語り合ったという内容である。実は場面は一か所であり、紀行には分類しがたいが、ここには静かに旅の気分が流れている。人生という旅であろうか。

私はこの賦に文章の理想を見てしまった。今でも、この賦と、芭蕉の「奥の細道」の出だしの文章（月日は百代の過客にして——）は、おこがましいことながら、不肖佐子武の文章の理想型になっている。

あとがき――この本の成り立ちについて

この本は大きく二つに分かれている。つまり第1部の「日本風景抄」と第2部の「日本紀行（抄）」である。両者それぞれの成り立ちが違うので、それを記したい。

まず第1部の「日本風景抄」である。

風景写真を撮るのが趣味で、過去に五冊の私家版写真集を作っている。初めの写真集ができた時、高校時代の友人に送付すると、各写真に説明が付いていると、もっと楽しめたのにという便りをもらった。それで第二集からは巻末に各写真の簡単な説明を付けた。それを書きながら、我ながら、あまり上手でないなと思った。この手の風景説明や紀行の類なら、もっとうまい人が沢山いよう。私は文章を書くのは好きなのだが、得意とするのは自分の感懐を記すことで、情景を描写したり、自分が行動したこと、見聞したことを記述することに興味が持てず、従って修練もできていないのである。ところが、私の写真説明を読んだT君が「なかなかなものだ」と予期しない感想を述べた。しかもT君が始めた「目入（メール）」という俳誌に短文を寄せろと言う。それで書いてみたのが第1部の初めに載せた文章で、「風景抄――潮来付近」というタイトルを付けた。

それを書くと興が乗って折々に続編を書き足すうちに一冊にするほどの分量になった。実は俳誌に書いた当初から、幾篇かは書くつもりでいたが、こんなに沢山書くとは思っていなかった。書き上げてみると、読んでもらいたくなるのが人情で、いつもの伝で私家本（『日本風景抄』）に纏めた。

記述に当たって、原則的に改めて調べたりしていない。私の記憶と個人的な判断によっているので、記載に幾らかの誤りがあるかもしれない。お気づきの点はご指摘いただけるとありがたい。

私家版『日本風景抄』を知人や、存じよりの文化人にお配りすると沢山の返信をもらった。そのうちのいくつかをご紹介したい。

文芸評論家の佐伯彰一氏より、次のような便りをいただいた。

気取ったり、いい気な詠吟調の紀行文くらい、嫌いなものも少ないのですが、この本は、淡々としすぎるぐらいのサリゲなさで、気に入りました。

実は、なぜこの文章をここにわざわざ紹介したかというと、このお便りが、この本の性格をうまく説明していると思えるからである。第1部初めの文章を寄せたのが「俳誌」であったため、私としては、なるべく感情を入れずに俳句のような雰囲気にして書きたいと思った。それで、そのあとの文章も同じような構えをもって書いたのである。佐伯氏は、その意図を見事に嗅ぎ取ったのである（ちなみに氏は三島由紀夫の盟友で世田谷文学館館長であった）。

序でに、ちょっと自慢になるのだが、もう少し紹介したい。小説家の井出孫六氏より、

その観察のこまやかさに一驚しながら娯しませていただきました。

という便りをいただいた。また中国文学者の白川静氏より、

本書は小生憧憬の景色備わり折々に拝読楽しみ度く存じております。

（いずれも鬼籍の人であり、ここへの掲載の許可をご家族から得ていない。なにとぞお許しいただきたい。）

それからお断りしておきたいのは、この第1部において××年前と記しているのは、この私家版『日本風景抄』を出した平成一四年（二〇〇二年）より数えての年数である。旅館料金等も訪問時のものである。

第2部の「日本紀行（抄）」は、『日本風景抄』と私の私家版写真集（六冊ほど出している）を

見た隔月誌『庭』（建築資料研究社刊）の編集長の豊蔵氏が、うちの雑誌にカラー写真とエッセイによる「日本風景紀行」を連載せよというので、大いに喜んで書いたものである。期間は二〇〇九年九月から二〇一三年七月までである。この連載は編集長の交代に伴い途中で止まってしまった。

この執筆の間、取材費（原稿料）をいただけることもあって私は大いに旅行をしまくった。そして紀行文を書き写真を撮った。『庭』誌に書いた紀行と、私家版『日本風景抄』発行以後に勝手に書いていた紀行文を合わせて第2部「日本紀行（抄）」とした。

私はこの雑誌（『庭』誌）が届くとコピーをとって近隣の知人に配りまくった（「まくった」というほどではないが）。そうすると毎号もらうのを楽しみにしてくれる人が現れた。近隣の人だから、有名人でも特に文化の人でもない。乾物屋の親父さん、理髪店の若い職人、ラーメン屋の主人、大工の棟梁などである。この紀行がなぜ喜ばれたか、まず理由として挙げられるのは、「旅行」はみんなの楽しみなのである。そして、この文と写真が、あまり旅行することがない庶民の「代理旅行」になったらしいのである。それに、毎号届くという、書籍にはない雑誌という媒体の魅力も加担したのかと思う（続編を読むような楽しさがある）。

いずれにしても私の予想に反して多くの人に喜んでもらった。わざわざ「抄」としたのはページ数の関係で、たくさん書いた紀行（雑誌掲載分と新たに書き下ろした分）のうちのほんの一部しか載せられなかったからである。作者としては身を切るような思いで削っている（まあ、いささかオーバーだ）。この落とした分もお読みいただける機会があればと思っている。

以上のようにこの本は二つの媒体（私家本と雑誌掲載エッセイ）と、新たな書下ろしとの合本である。そこで、謝りたいのはどうしても重複が出てしまう。重複部分は極力削ったが、削り切れなかった部分と、私が重複もよしとしたところがある。もし気になるようであったら、それは著者の責任である。ご批判いただき、あるいは大目に見いただだいて、お許しを願いたい。

また、記述に著しく事実と異なる点などありましたらどうかご教示をお願いします。

最後に春秋社編集部の丁寧な仕事に深く感謝申し上げます。

令和6年夏

著者識す

口絵「美しい日本」目次

資料編

本紀行における旅行年月であるが、第1部「日本風景抄」は二〇〇二年までの旅行記録。そのなかで、「一　潮来付近」と「二　五浦付近」は一九八一年三月である。

第2部「日本紀行（抄）」の旅行年月については、

西日本編

一　長崎物語　二〇〇四年十月

二　水辺の光景――柳川、佐原、下田　二〇一一年六月（柳川）

三　遥かなる温泉津　二〇一二年五月

四　投入堂登攀記――三徳山三仏寺　二〇一二年五月

五　天然と人工　二〇一二年五月

中部編

一　越前の海　二〇一一年十二月

二　御柱祭　一九九二年四月（初回）

三　大沢館と中の湯　二〇〇五年二月

四　千曲川いざよふ波の——中棚温泉、高峰高原　二〇一一年十月

関東編

一　北温泉旅館　一九八八年二月

二　積善館　二〇〇一年三月

三　房総の鉱泉宿——養老渓谷温泉と亀山温泉　不明

四　嫁入り船と鰻　二〇〇九年五月

五　海と岩と砂——鵜原温泉郷と平砂浦　二〇〇八年九月

六　茨城の海　不明

七　鉱泉宿——横川鉱泉　二〇〇〇年四月

八　紅葉の渓谷を訪ねて——母畑温泉、塩原の散歩路　二〇〇二年十一月

九　イリュージョンは商売になる　二〇〇五年四月、二〇一〇年十一月

北日本編

一　縄文と湖と渓流　二〇〇九年九月

二　療養浴の人々　二〇〇九年九月（玉川温泉）

三　大平温泉——うーん秘湯だ　二〇一二年九月

四　滑川温泉　二〇一五年八月

五　行き止まりの佳さについて　二〇一一年一月（最終訪問）

付記

本書の各地を訪ね、記述してより、かなりの時間が経過しており、また本書の性格としては個人的な随想ですので、旅行ガイドブックとして利用するにはいささか無理があります。それでも本書の記述を縁に、訪ねてみようと思う方がいるかもしれませんので、本文中でもいくらか指摘しておきましたが、出版に当たって改めて記事中の旅館をネットにて検索してみました。その結果、本記事とは事情が異なる旅館が、いくらかございましたので、次にご報告いたします。

第1部　日本風景抄

四　**伊豆**　旅館いな葉は閉館しており、営業を再開しているかどうかは不明。大沢温泉ホテル依田之庄は只今立ち寄り湯のみの営業。大滝温泉天城荘は火災により休館していたが、現在は営業。

九　**旅人たち**　白布温泉三館はいずれも営業。ただし茅葺家屋は西屋のみ。

十　**山陰と山陽**　夢乃井は日帰り入浴のみ。

十二　**北海道**　藤屋旅館は閉館。

十五　**奈良**　奈良の日吉館は廃業。
十六　**庄内**　七内旅館は廃業。
十七　**会津**　竹の湯は竹のや旅館に改名。さゆり荘は閉館。ホテルぼなりはボナリの森に改名。
十八　**風景拾遺**　湯ノ峰温泉は湯の峰温泉「湯の峯荘」として営業中。

第2部　日本紀行（抄）

「西日本編」
二　**水辺の光景**　かんぽの宿柳川は「亀の井ホテル柳川」に改名。

「関東編」
三　**房総の鉱泉宿**　ホテル岩風呂、養老館ともに閉館。
七　**鉱泉宿**　巴屋旅館は日帰り入浴のみの営業。

（他の所載ホテル、旅館に変更はないもようです。）

初出一覧

第1部「日本風景抄」『日本風景抄』竹枝庵文庫、二〇〇二年、私家版。

第2部「日本紀行（抄）」の以下の項目は建築資料研究社刊の隔月誌『庭』の二〇〇九年九月号より二〇一三年七月号に掲載された。

「長崎物語」「遥かなる温泉津――温泉津再訪」「投入堂登攀記――三徳山三仏寺」「天然と人工」「越前の海」「御柱祭」「大沢館と中の湯」「嫁入り船と鰻」「茨城の海」「紅葉の渓谷を訪ねて――母畑温泉、塩原の散歩路」「縄文と湖と渓流」「療養浴の人々」「滑川温泉」「行き止まりの佳さについて」

そのほかはすべて書下ろしです。

佐子　武（さこ・たけし）

昭和二十年千葉県市川に生まれる。

千葉大学工学部工業意匠（工業デザイン）学科卒業。

（株）講談社出版研究所に入社。百科事典の編集に携わる。その後、住宅会社の研究所に移り、住まいに関する書籍を編集。

随筆家、写真家、書籍編集者。

著書
『夢幻論――「死なない」思想』春秋社、『四畳半再生記』（智書房）、『おじさんの骨董論』（智書房）
編集作品
「住まいの文化誌シリーズ」全十七巻（ミサワホーム総合研究所刊　日本図書館協会選定図書　平成四年に建設大臣表彰）

日本遊歩録――旅の風景

二〇二五年一月三〇日　第一刷発行

著者　佐子　武
発行者　小林公二
発行所　株式会社　春秋社
〒一〇一-〇〇二一
東京都千代田区外神田二-一八-六
電話 03-3255-9611
振替 00180-6-24861
https://www.shunjusha.co.jp/

印刷・製本　萩原印刷　株式会社
写真　佐子　武
デザイン　河村　誠

Printed in Japan, Shunjusha
ISBN978-4-393-49543-8
定価はカバー等に表示してあります